死後の世界を知ると

人生は深く癒される

Destiny of Souls
New Case Studies of Life Between Lives
Michael Duff Newton

退行催眠67ケースから分かった
魂の誕生、記憶、そして運命

マイケル・ニュートン 著　澤西康史 訳

Pan Rolling

"Translated from"
DESTINY OF SOULS :
NEW CASE STUDIES OF LIFE BETWEEN LIVES

Published by Llewellyn Worldwide
Woodbury, MN 55125 USA
www. llewellyn. com

Japanese translation rights arranged with
Llewellyn Publications, a division of Llewellyn Worldwide LTD.
through Japan UNI Agency, Inc., Tokyo

謝辞

この本を私の父、ジョン・H・ニュートンにささげます。彼は私の人生初期に文章を書く喜びを教えてくれました。そして晩年には、私の息子のポールにユーモアと励ましを与えてくれたのです。

この本の準備のために、何百もの臨床例に目を通す手伝いをしてくれた妻のペギーに感謝をささげます。また原稿を読んでくれたノーラ・ニュートン・メイパー、ジョン・フェヒー、ジャクリーン・ナッシュ、ゲーリーとスーザン・アーンズ、そして編集者のレベッカ・ジンズに心からの感謝をささげます。

一九九四年に『死後の世界が教える「人生はなんのためにあるのか」』（パンローリング）が出版されて以来、死後の生を知ったことで自分の人生がどれほど変わったか、ということを私に伝えてくれた多くの方々にも、ここで感謝の気持ちをささげたいと思います。結果的にそれがもう一度皆さんを、時間を超えた旅にいざなうきっかけになったのですから。

まえがき

私たちは誰なのでしょうか。私たちはなぜここにいるのでしょう。私たちはどこに行くのでしょう。

一九九四年に出版された『死後の世界が教える「人生はなんのためにあるのか」』の中で、このいにしえから続く疑問に何とか答えようと努力しました。多くの人が「あの本によって内なる自己に目覚め、肉体の死後も魂が生き続けること、そして再び転生してくるのには意味があることを知った」と話してくれました。ほかの言語にも翻訳されると、続編を出版しないのかという問い合わせが世界中から殺到しました。でも私は長い間これらの声に抵抗してきました。魂は不滅であるという資料をまとめ執筆するには、多くの時間を要し、困難がつきまとうからです。初刊だけで「もう十分にやり尽くした」と感じていたのです。

初刊のまえがきで、私は伝統的な催眠療法士としての自分の経歴に触れ、最初は催眠を形而上的な退行に使うことにどれほど懐疑的だったかをお話しました。私が初めて催眠術を試したのは十五歳のときで、当時から催眠に対して古い伝統的な考え方を持ち続けていました。ですから、ある被験者とともにスピリット世界への扉を開けてしまったときには、本当に驚きました。

これまでの過去世退行療法家たちは、この生と生の間の世界を「一つの生から次の生へ移るときに通るモヤモヤとした通路」と考えていました。ですからこの神秘的な場所を明らかにするには、これまでにない独自の方法を探らなければならなかったのです。

何年かの地道な研究ののちに、やっとスピリット世界の構造とここに至るプロセスが、被験者にとってどれほど治療効果があるかが分かってきました。さらに被験者の信念（無神論者や敬虔な信仰をもっているかなど）に関係なく、超意識状態にある彼らの報告はまったく矛盾がなく一貫したものだったのです。これらを明らかにしたことで、私は死後の生を専門とする退行療法家と呼ばれるに至ったのです。

私が最初の本を書いたのは、死んだらどうなるのか、どこへ行くのか、スピリット世界があるならそこで誰と会うのか、転生する前に何をするのか——それらの基礎的な情報を世に示そうと思ったからです。それは被験者が実際に語った経験内容で、まるで時間を旅する旅行記のようでした。こうして私の本はこれまでの過去世や輪廻転生本にはない、退行催眠から導かれる未知の分野を切り開くことになったのです。

一九八〇年代は本来の催眠療法はほとんど行わず、臨床を重ねるごとに見えてくるスピリット世界に夢中になり、研究に没頭しました。この数年間は外界との接触さえ断っていたのです。先入観や偏見に影響されたくなかったからです。その結果、この発見が信頼できるものであるという自信をもつようになりました。今でも慌てて公表したりせず、孤立した状態で研究を続けたことは正しい判断だったと思っています。

前著を執筆するためにロサンゼルスを離れ、シエラネバダの山中にこもったとき、私はひっそりと暮らせるものと思っていましたが、それは大間違いでした。出版社を通じて大量の手紙が届くようになったのです。大いなる先見の明と勇気をもって私の本を出してくれた出版社には感謝してもしきれませんので、それらに応じ、出版後は各地の講演やメディアへの取材も受けるようになっていきました。そして多くの読者がもっと詳しいスピリット世界を知りたいと訴えてきました。

無名の著者が出版した最初の本には盛り込まれなかった未発表の臨床資料がまだたくさん残っていまし

た。感銘を受けたという声が多く寄せられたものの、続編を執筆することには抵抗があり、第五刷でいくつかの段落と索引を追加しただけでした。が、その後も続編待望の手紙が増え続けたのです。

私の居場所が知られるようになり限定的ながら再び退行催眠を始めたところ、これまでよりも進歩した魂が多いことに気づきました。セッションを受けるには長い間待たなければならないために、緊急の判断を求める若い魂が減り、忍耐強さを備えた成長した魂が増えたのだと思います。

彼らは問題の背後にある魂の記憶を引き出して、人生の課題にもっと前向きに取り組みたいと考えています。その多くは私に全幅の信頼をもった教師や医療関係者で、彼らはさらなる情報を私にもたらしてくれました。そのお返しとして彼らの人生に正しい方向性を与えられたと思っています。

多くの読者は私にはまだ語るべきことがあると思っているようでした。そのような状況のなかで、続編執筆へと気持ちが少しずつ傾いていったのです。こうして本書『死後の世界を知ると人生は深く癒される』は誕生しました。

初刊は「永遠の大河に沿ってスピリット世界を旅する巡礼」だったと考えています。その旅は肉体の死の瞬間に河口から始まり、新たな肉体にたどり着いたときに終わります。私はこの川をできるかぎり源泉までさかのぼりました。この大枠は変わっていません。しかし誰の心にもこの旅を幾度となく繰り返した記憶があるにもかかわらず、今なお地球に転生してくる魂の中には、さらにその先まで誘導できる魂はいないようなのです。

本書は旅人を大河に沿って第二の探検へといざないますが、途中で支流をさかのぼる探検行も描かれています。この旅ではそのルートの隠れた側面をさらに明るみに出すことで、壮大な全体像を示したいと考えています。この本は時間と場所に沿って展開するというよりも、特定の話題を中心に構成されています。それによって魂の場所から場所への移動と個々のテーマとが密接に重なり合うことになります。また本書では、読者が魂の構成要素を多面的な視点から見られるように工夫しました。

この本の出版は、人類に多大な恩恵をもたらす驚くべき秩序と計画の意義を世に知らしめることになるでしょう。また同時に、初めてスピリット世界の驚異を旅する人にも分かるように、冒頭の章にその概要をまとめました。これを読めばその後の展開に無理なく入っていけるでしょうし、最初の著書にも興味をもっていただけることでしょう。

それでは第二の旅に出発しましょう。ここに至るまで多くの困難を伴いながらも、私を支援してくださったすべての方々に感謝をささげます。被験者の方々だけでなく、多くのガイドたち、特に私にエネルギーを与え続けてくれた私のガイドの助けなしには本書が世に出ることはなかったでしょう。

そして最後に、私がこの意義深い研究のメッセンジャーに選ばれたことを心から感謝いたします。

〈目次〉

第八章　進歩した魂の役割

第一章　スピリット世界の概要

❖死の瞬間に始まる世界

死の瞬間、魂は肉体から脱け出します。この魂が幾多の前世で経験を積んでいれば、すぐ自由になり本来の居場所に帰ろうとします。このような進歩した魂には出迎えの必要がありません。しかし被験者の大半はガイドの出迎えを受けます。誰かが迎えに来てくれないと道に迷ってしまうからです。

多くはすぐに目的地へと出発しますが、なかには悲しんでいる人を慰めようとしたり、あるいは何かほかの理由で出発をためらう魂もいます。肉体のない彼らにとって、もはや時間は意味をなさなくなっているのです。

物質世界から離れると、魂は輝きを増す光に包まれていくのを感じます。なかにはまだ暗いうちに光の中に入っていく魂もいますが、この違いは魂の経験度によるものです。後で登場するガイドの誘導も、魂の成熟度や適応力によって変化します。

この光のトンネルを抜けると「薄いモヤのような雲」に遭遇しますが、すぐに晴れて遠くまで見渡せるようになり、前方からモヤモヤとしたエネルギーの塊が向かってくるのを目にします。このエネルギーの存在は愛するソウルメイトの場合もありますが、ほとんどは自分のガイドです。先に旅立った伴侶や友人と出会うときもガイドがそばにいて、移行のプロセスを手助けしてくれます。

魂がスピリット世界に慣れてくると、人間の感情や性格、肉体的外観などは人間ではなくなってきます。例えば魂は人間のように死を悲しんだりしません。人間を人間たらしめているのは魂ですが、肉体を失った今、もはやホモサピエンスではないのです。死の直後、魂は急に違和感を覚えますが、それは頭脳と神経中枢をもつ肉体の束縛から解き放たれるからです。なかにはその調整に手間取る魂もいます。

魂のエネルギーはホログラムのように同等の複数部分に分かれることができます。あまり一般的ではありませんが、別々の肉体で並行した人生を生きることも可能なのです。しかしすべての魂はエネルギーの一部を常にスピリット世界に置いてきます。だからこそ三十年前に亡くなり、今再び別の人生を生きているあなたのお母さんと、スピリット世界に戻ったときに会うことができるのです。

魂グループに加わる前に行われるガイドとのオリエンテーション（適応指導）の期間は、魂によって、あるいは人生によっても変わってきます。それは穏やかなカウンセリングですが、今終えた人生への不満を発散できる機会にもなります。オリエンテーションは洞察力と慈愛に満ちた教師ガイドによる、ゆるやかな査察を伴う最初の報告の場として位置づけられています。

この会合は私たちが人生契約に基づき「何を達成したか、あるいはできなかったか」という結果によって、長くもなれば短くもなります。大きな過ちを犯してしまった魂は、すぐに魂グループに帰ることはできません。不本意にも犯してしまった過ちと、意図的な行為との間には違いがありますから、その危害の程度が時間をかけて注意深く検討されるからです。

悪い行いに関わった魂は、エネルギー浄化のために「集中保護施設」と呼ばれる特別なセンターへ連れて行かれます。犯した罪の程度にもよりますが、こうした魂はかなり早い時期に地球に送り返され、その場合次の人生で逆の立場になる選択をすることもよくあります。それでも矯正できず、しかも何生にもわたって残虐だった場合には、長期間精神的に孤立した状態を強いられ、それが何千年も続くことさえあるのです。スピリット世界では意図的であるかないかは別にして、魂が犯した過ちは未来の人生で何らかの形で是正されなければなりません。これは処罰でも償いでもなく、あくまでカルマ的な成長の機会なのです。

過酷な人生を送った魂は、ひどく疲れて仲間の元へたどり着きます。スピリット世界のゲートでガイドが魂を回復させますが、それでも十分でない場合があります。こういうケースでは仲間の元に帰る前に、静かに休息をとることが大切です。現に多くの魂が仲間との合流前に休息を希望します。

魂グループの出迎えはさまざまですが、帰還する魂を深い愛情と仲間意識とで迎えるという点ではみな一致しています。ほとんどの人が抱擁と笑いとユーモアで迎えられたと言い、それこそがスピリット世界の特徴的な出迎えのようです。

パラマウント制作の番組「サイティングス」（一九九五年）で、私の研究が紹介されたことがあります。この「死後の生」に関する番組を見た何千万人という視聴者は、コリーンという被験者を覚えていることでしょう。彼女が人生を終えてスピリット世界に戻ると、そこでは十七世紀の絢爛たる衣装に身を包んだ人々が舞踏会を開いていました。コリーンの帰還を祝うためです。彼女は自分が愛した時代と空間が存分に再現されていたことで自信を取り戻し、新たな気持ちで「再生へのプロセス」に入っていくことができたのです。

スピリット世界に着いてすぐにガイドとの適応指導に入る者もいますが、一般的には自分のグループへと戻っていきます。グループの仲間たちは教室のような場所や、神殿、庭などに集まって学んでいます。自分のグループがどのように見えるかは魂の成長度合によりますが、その雰囲気ははっきりと記憶に残っています。

魂が送られる場所は成長度に応じたもので、石器時代から何度も転生したからといってその魂が高いレベルに達しているとはかぎりません。私は講演でよく、嫉妬を克服するまでに四千年を要した被験者の話をします。今ではずいぶん改善されましたが、我慢できない性格のために進歩が遅れてしまったのです。人間の学校でも理解に時間がかかる学生がいるのと同じです。一方ですぐに克服できる魂は、知識・経験ともに進歩した魂といえるでしょう。

前著で実例を挙げながら、魂をビギナー、平均的な魂、進歩した魂に分類しましたが、その中でもさらに微妙な違いがあることに触れました。一般的に魂グループは同等の成長レベルの魂で構成されていますが、それぞれが独自の長所や短所をもっていて、そうした個々の特徴がグループにバランスをもたらしているのです。

彼らはそれぞれの経験に基づいて、今終えた人生のあらゆる局面、特に肉体のもつ感情にどう対応したかなどを分析します。よりいっそうの気づきをもたらすために、グループ内で役割を入れ替えて場面を再現することもあります。魂が中程度のレベルに達するころには、特定の能力を発揮してきた魂は、その分野を専門とするようになってきます。

私の研究で非常に意味深い点は、魂が示すエネルギーの色を発見したことです。この色は魂の成長レベルに関係しており、被験者の進歩状況を評価するうえで重要なものさしになってきました。典型的な例では、白は若い魂を意味し、進歩するにつれてオレンジ、黄色、緑へと濃くなり、最終的に青の領域へと移行していきます。より進歩した魂は深い紫色をしているように見えます。グループとしてはこのオーラの中心核の色に加え、個々の性格を表す光輪色の微妙な交じり合いが見られます。

私は魂の進歩度合いを、レベルⅠ（ビギナー）からレベルⅥ（より進歩した魂）に分類しました。もっと高いレベルがあると感じていますが、被験者から得られる情報は限られています。

実は魂を「レベル」という言葉で分類することには抵抗がありました。理由は、このレッテルが「魂はどんな段階であろうと、さまざまなことにチャレンジし達成することができる」という事実を見えにくくしてしまうからです。でも被験者本人が「レベル」という言葉を使うのです。こういうときの彼らはきわめて謙虚で、「自分は進歩した魂だ」などと主張する人は一人もいません。でもいったん催眠から覚めると、謙虚さはすっかり影をひそめてしまいます。

私たちはみな、現在の状態よりもっと優れたものへの変容プロセスにあります。今自分が課題に苦しんでいることさえも、何らかの形で全体に貢献しているのです。もしそうでなければ、私たちが創造されることはなかったでしょう。

進歩の色、成長レベル、教室、教師といった表現から、スピリット世界は階級世界だと感じるかもしれませんが、けっしてそうではありません。あるとすれば心の気づきの階層のようなものです。スピリット世界にも枠組みはありますが、それは人間社会の欲求に基づくものではなく、慈愛、調和、倫理、道徳の崇高な基盤の下に存在します。また魂を適材適所へと配置する広範囲な人事局のようなものがあります。そこにあるのも寛容や忍耐、そして絶対的愛の価値体系なのです。

❖自由意志がすべての基本

被験者たちはみな自分たちには無限の選択自由があり、これからも変わらないと信じています。自分の判断でさまざまな局面を克服し進歩していくことは、支配や階級的地位とは関係なく自分の可能性の追求です。魂は転生においてもほかのことにおいても、無理強いされることはないのです。もし孤独を求めるならそれは認められますし、課題をやりたくないならそれもいいでしょう。

ある被験者は次のように言っています。「私は多くの人生を気楽に過ごしてきました。正直、苦しい人生は好きじゃありません。でも考えを改める時期にきているようです。ガイドが何気なく言うんですよ。『君さえよければ準備はできているからね』と」。実際私たちが死後に地球を去りたくなければその意志は尊重され、準備ができるまで地球にとどまることができます。ここには完全なる個人の自由があるのです。

しかしこの選択の動機となるのは、自分にかけられた信頼に何とか応えたいという魂たちの強い欲求です。私たちはこのプロセスできっと間違いを犯すでしょう。でもこうした試行錯誤を繰り返しながら、大いなる善意であり創造主である源泉に統合されたいと努力することこそ、魂の最大の存在理由といえるでしょう。

私はよく「被験者たちは〝創造の源泉〟を見るのか」という質問を受けます。まえがきで述べたように、まだ転生を卒業していない若い魂が多いために、源泉へとさかのぼるには限界があります。進歩した魂たちは〝もっとも神聖な者たち〟との融合の瞬間について、「この深い紫の領域には全知の〝存在〟があります。うまく説明できませんが、長老たちの評議会でこの〝存在〟を感じます」と語っています。

評議会は間違った行いを裁いて刑罰を言い渡す法廷ではありません。最初の評議会では今終わった人生の失敗や、次の生でどのように修正したらよいか、といったことが話し合われます。また次の転生時期が近づいてくると、再びこの場で次の生にふさわしい肉体が検討され、自分の目標にかなう肉体の未来をのぞきに行きます。一時的に未来の肉体に入り込み体感することもできます。

魂は自ら進んでカルマを埋め合わせるため、あるいは過去に失敗した課題を別の局面からトライするために困難な人生を選びます。多くの魂は示された肉体を受け入れますが、それを拒否して人間への転生を延期することもできます。そういう場合には、地球とは異なる物質的惑星に行くことを求められたりしますし、自ら志願することもできるのです。

一般的には新しい肉体を受け入れて予習クラスに行き、次の生の手がかり、特にソウルメイトが登場する瞬間などを確認します。新しい生への旅立ちのときがくると、友人たちに一時的な別れを告げて次の旅に出発するのです。魂は妊娠三カ月目ごろの胎児に入るので、出産前から頭脳に働きかけます。胎児の状態でも頭脳回路や第二の自我に同調しながら不滅の魂として考えることができますが、誕生と同時に記憶にブロックがかかります。魂はその不滅の性質を一時的な人間の心と融合させて新たな人格が形成されるのです。

催眠退行の初期段階では被験者に系統だったエクササイズを行うことで、魂の心へと誘導します。これは被験者の過去の記憶を徐々に鮮明なものにし、スピリット世界で目にするイメージを客観的に分析できるようにするためです。最初の面接を終えると、被験者を急速に催眠へと導いていきます。これが私の得意とする深化プロセスです。

長年の経験から被験者がアルファ波の催眠状態では、超意識に到達できないことに気づきました。もっと深いシータ波催眠へと導く必要があるのです。

方法論としては約一時間かけて森林や海岸のイメージを与え、次に被験者を子ども時代へと誘導します。そして十二歳のころから十歳、七歳、そして二歳のころの初期の記憶について、詳細な質問をしていきます。その後さらに母親の胎内へと誘導し、最近の過去世を簡単に振り返らせます。被験者がその人生の死の場面を経過してスピリット世界に着いたとき、私の橋渡しは完了します。

さらに催眠を続けて最初の一時間でもっと深化させ、被験者の地球環境からの離脱を促進させていきます。またスピリット世界での踏み込んだ質問にも答えられるように暗示をかけます。ここまでに二時間はかかります。

スピリット世界に帰還し戻ってきた被験者の顔には、通常の過去世退行を経験した人とは明らかに異なる驚きの表情が見られます。ここである被験者からの手紙を紹介しましょう。彼は自分の不滅性を知ったことで、人生がどう変わったかを書いてきてくれました。

私は本当の自己を知ったことで、言葉に尽くせない喜びと自由を味わいました。驚いたことにこの知識はずっと私の心の中にありました。教師たちは、「人生で真に重要なことは〝どのように生きるか、そして他人とどう接するか〟である」という真理に私を導いてくれたのです。私は今では「自分が誰なのか、死んだらどこへ行くのか」ということよりも、「人生で大事なことは何か」を知っています。

この本で私は六十七におよぶ臨床例や引用を紹介しています。

真実への扉はいくつもあります。私の真実は長年にわたって恩恵を与えてくれた多くの被験者たちの英知の賜物です。もしこの本があなたの信仰心や思想に反し、受け入れがたいものであったなら、受け入れられると思う部分だけでもどうか取り入れてください。

第二章　死と悲しみ、そして魂による慰め

愛する人を失った悲しみを乗り越えることは、人生でもっとも過酷な試練の一つです。最初のショックから、否定、怒り、落ち込み、そして受容へと到達するプロセスはよく知られており、この感情的な混乱は数カ月から数年も続きます。「死は終わりを意味する」と考えているかぎり、親密な相手を失うと、まるで底なし沼に落とされてしまったかのような絶望感に打ちのめされます。「死＝終わり」という考えが癒しの大きな障害となっているのです。

私たちも年齢とともに死への不安が影のようについてきます。講演会でいつも驚かされることは、古風な宗教的信念をもっている人ほど死を恐れているということです。臨死体験や退行催眠を受けて、死がどんなものかを思い出したのでないかぎり死はまったく未知のもので、恐れはその未知から生まれるのです。

二十世紀に入ると、死後の考え方に大きな変化が見られました。「人生は一度きり」という概念が一般的でしたが、世紀後半になるとアメリカではおよそ四十パーセントの人たちが輪廻転生を信じるようになりました。この意識変化によって、「死は終わりを意味する」という概念から解放され、わずかながらも死を受容できるようになったのです。

この研究で意味深いことは、死んだ魂の視点で「死とはどんなものなのか」「残された人々をどうやって

慰めるのか」などを直接聞けることです。この章では大切な人を失った後に生まれる感覚が、けっして単なる願望ではないことを確認していきましょう。あなたが愛する人は本当にいなくなったのではないのです。生まれ変わっても、あなたのエネルギーの一部はスピリット世界に残っています。愛する人が再びスピリット世界に戻ってきたとき、あなたのエネルギーはすでにそこで待っているのです。そして死んだ後も魂はいつでも私たちと接触することができるのです。

❖魂によるセラピーテクニック

最初に紹介するのはガイド見習い中のタンマノのケースです。彼は何千年も転生を繰り返してきましたが、この数百年でやっと残された人を慰めるコツがつかめてきました。では前世で突然の死に直面している場面から始めましょう。

ケース1

被験者　妻に私の気持ちを伝えらません。
ニュートン　何がいけないんでしょうか。
被験者　アリスは私が殺されたショックで、感情が麻痺しているんです。
ニュートン　タンマノ、気持ちが伝えられないのは毎回ですか。それともアリスの場合だけ？
被験者　今回だけではないです。動揺して心が閉じてしまった家族を落ち着かせることが私の課題です。
ニュートン　この瞬間、あなたはどこにいますか。

被験者　寝室の天井あたりです。

ニュートン　彼女にどうしてほしいですか。

被験者　泣くのをやめてほしいです。彼女のエネルギーが混乱していて、私のエネルギーをキャッチできません。私がすぐそばにいるのに気づかないんです！

ニュートン　ではもうあきらめて出発しますか。

被験者　いえ、せめて誰かがそばにいるということを感じてほしいんです。それが私の課題ですから……。

ニュートン　亡くなってからどのくらいたちますか。

被験者　数日です。葬式が終わった時点で、絶対にアリスを慰めようと決意しました。

ニュートン　そろそろガイドが待っているのではないですか。

被験者　（笑って）ガイドのイーアンには、もう少し待ってくれるように伝えてあります……言わなくても彼女は分かっていますけどね。私の指導者ですから！

これは肉体から解放されたばかりの魂が示す典型的な反応です。多くの魂が自分のために悲しんでいる人を慰めるまでは立ち去ろうとしません。ではタンマノがどのように混乱するアリスのエネルギーを受容的に変え、立ち直りのきっかけを与えたかという経緯を見ていきましょう。

ニュートン　悲しんでいるアリスを助けるため、どんな方法を用いたのか話してもらえますか。

被験者　私は自分のエネルギーをアリスの頭の上からシャワーのようにかけました。

ニュートン　もし私がそばにいたら、それはどんなふうに見えるでしょうか。

被験者　（ほほ笑んで）綿菓子の雲のようでしょうか。

ニュートン　なぜそうするのですか。

被験者　アリスを精神的な暖かさで毛布のようにくるみ、落ち着かせるためです。実はこの方法を使うのは初めてで、死んだ後三日間アリスの受容性を引き出すために、このエネルギーを注ぎ続けていました。

ニュートン　なるほど！　すでに働きかけていたのですね。では次に何をしますか。

被験者　彼女のエネルギーをよく見ると、阻害《ブロック》の程度が薄い場所が見つかります。（間を置いて）彼女の左耳後ろです。

ニュートン　この場所に何か意味があるのですか。

被験者　アリスは耳にキスされるのが好きでした。（共有する記憶は重要です）その部分にエネルギーを鋭いビームにして投射しました。

ニュートン　彼女はすぐにそれを感じましたか。

被験者　ちょっとだけで、すぐに悲しみに負けてしまいました。そこでさらに強いビームを送りました。

ニュートン　それは効果がありましたか。

被験者　はい、彼女のエネルギーが少し明るくなりました。感情に変化が起きたんです。泣き声が止まり……周囲を見回し……そしてほほ笑みました。やっと私の存在に気づいたようです。

ニュートン　それで終わりですか。

被験者　彼女はもう大丈夫でしょう。私は行かなければなりません。これでいいんですよ。

ニュートン　ということは、もうアリスにはコンタクトしないんですか。

被験者　（ムッとしたように）そんなことはありませんよ！　必要なときはいつだってコンタクトします。私の愛する人なんですから！

平均的な魂はガイド見習いと比較すると、かなり能力が劣っています。とはいっても私の知る大半の魂は、残された人々にかなり巧みに接触していました。典型的な方法がタンマノのようなエネルギービームの集中投射です。この方法は、たとえ経験の浅い魂でもトラウマを引きずっている人たちには大きな効果を発揮します。

ヨーガやチャクラという身体部位を利用した瞑想法は、魂が人間を癒すやり方によく似ています。チャクラヒーリングを行う人たちは「私たちには肉体とつながるエーテル体があるから、ヒーリングはこの二つの要素を考慮して行われなければならない」と言っています。チャクラでは脊椎、心臓、喉、額といった身体のさまざまな部位を通して、感情や精神的エネルギーの障害を取り除き、全身を開放して調和に導きます。

❖死者からのコンタクト――身体的な接触《ソーマティックタッチ》

ヒーリングは先に話した身体のチャクラポイントに限定されるものではありません。生きている人を慰めようと戻ってきた魂は、エネルギーをもっともよく受容する場所を探します。これはケース１で見たとおりです。このように身体的な橋渡しが行われ、送り手と受け手の心がテレパシー交信によってつながると、そのエネルギーパターンがセラピー的接触となるのです。

悲しんでいる人にエネルギービームをうまく投射すると、五感を含めた感情的な反応が引き起こされます。悲しんでいる人はその感覚を認知することで愛する人の存在を感じ、本当はいなくなったのではないと確信できるようになるのです。身体的接触の目的は、後に残された人が「愛する人がいなくなっても、それはリアリティの変化にすぎず、これで終わりではない」ことに気づき、喪失感と折り合いをつけられるようにすることです。うまくいけば残された人が前向きに生きていくことができるのです。

ときどき魂が身体的接触で習慣的パターンに陥ってしまうこともあります。ガンで亡くなった四十九歳の男性のやり方は、とても雑なものでしたが、慰めようとする気持ちは本物でした。

ケース2

ニュートン　愛する人にどのようにアプローチしますか。

被験者　エネルギービームを妻の心臓に向けます。

ニュートン　どうしてこの方法を選んだのですか。

被験者　私は天井近くにいて、妻は身をかがめて泣いています。最初の投射で妻の背筋が伸びました。彼女は深くため息をつき、何かを感じて天井を見上げたので、私は散らしのテクニックを使ったのです。

ニュートン　それは何でしょうか。

被験者　（ほほ笑んで）それは天井からエネルギーを四方八方へと投げつけるんです。うまくすればその一つが正しい場所に、頭かどこかに当たります。

ニュートン　正しい場所というのは?

被験者　負のエネルギーにふさがれていない場所ですよ。

対照的に次のケースでは、エネルギーを目的の場所へ丁寧に投げかけています。

ケース3

ニュートン　エネルギーを使ってご主人をどう助けるのか話してください。
被験者　首の後ろに働きかけます。ケヴィンはかなり苦しんでいるので、すぐには立ち去れません。
ニュートン　どうしてそこなのですか。
被験者　夫は首の後ろをマッサージされるのが好きでしたから、そこがもっとも受容的な場所なんです。
ニュートン　働きかけるというのは具体的にどうするのですか。
被験者　（彼女はくすっと笑うと手のひらを出して）自分のエネルギーを放射して、触れたところに自分自身を共鳴させます。そして効果を高めるために、両手をカップのようにしてケヴィンの頭の両側に当てます。
ニュートン　彼にはあなただと分かるのですか。
被験者　（いたずらっぽく）私にちがいないと気づきました。こんなことをするのは私だけですから。
ニュートン　あなたがスピリット世界に帰ってしまったら寂しがりますね。
被験者　もちろんです。でも彼が私を必要としたらいつでも私は戻ってきます。
ニュートン　ではちょっと聞きにくいのですが、ケヴィンが別の女性に出会ったらどうしますか。
被験者　彼がまた幸福を見つけられるならうれしいです。ともに過ごした日々は失われることはありませんし、スピリット世界でそれらを再現することもできますからね。

魂の可能性と限界についてほぼ理解できたと思いかけたころ、その認識が誤っていることを思い知らされることがよくあります。長い間、魂は悲しみで泣いている人をどうすることもできないと思っていました。ここでレベルⅢの魂のやり方を短く引用しましょう。彼は悲しみの頂点で適切に対応し、私の間違いを明らかにしてくれたのです。

私はどんなに激しく泣いている人でも落ち着かせられます。自分のエネルギーを相手の声帯振動に共鳴させて、そこを踏み台にして脳へと飛び込むんです。そうして自分のエネルギーを調整し、エッセンスを相手の肉体へと溶け込ませるのです。彼らは自分でも気がつかないうちに泣きやんでいますよ。

❖死者からのコンタクト——モノを介した接触

馴染みのあるモノを使って接触する方法を紹介しましょう。次の被験者は生前にトルコ石がついた指輪をしていました。彼には指輪の石をなでるクセがあり、妻のヘレンはそれをよくからかっていたのです。

ケース4

ニュートン　死の直後、うまく接触できなかったらどうしますか。

被験者　妻のヘレンが私を感知できないので、何か馴染みのあるモノで働きかけてみました。

ニュートン　それは犬や猫ですか。

被験者　いいえ、違います。私にとっても妻にとっても思い出深い指輪です。

ニュートン　指輪をどうするのですか。

被験者　モノと人に働きかけるときには、状況が十分に落ち着くまで待たねばなりません。私が死んでから三週間後、ヘレンは目に涙を浮かべてロウソクの灯に見入っていました。そこで私は自分のエネルギーをロウソクの火の中に包んで、その火を暖かさと「柔軟性」のルートとして使いました。

ニュートン　「柔軟性」とは何でしょうか。

被験者　これを学ぶには何百年もかかりました。柔軟なエネルギーは流動的です。エネルギーを流動的にするには強い集中力と訓練が必要なんですが、そのとき火を触媒に使うととても効果的なのです。

ニュートン　それは強力なエネルギービームとは正反対のものですか。

被験者　そのとおりです。私はエネルギーを流動体から硬質なものへと、またその逆へと一瞬のうちに切り替えるのが得意なんです。この切り替えを巧妙に行えば、人間の心を目覚めさせることができます。

ニュートン　興味深いですね。続けてください。

被験者　ヘレンは火とつながることで、私とつながりました。一瞬悲しみが和らいだので、すぐ彼女の頭上に移動しました。かすかに私の存在を感じたようですが十分ではありません。そこでエネルギービームを枝分かれさせて、一方を柔軟な形に切り替えたのです。

ニュートン　エネルギーを「枝分かれ」させるとはどういうことでしょうか。

被験者　二つに分けるんですよ。流動的なエネルギーをヘレンの頭にとどめておき、枝分かれさせたエネルギービームを指輪がしまってある方向へと向けました。そうして彼女の心を指輪へ向けさせたのです。

ニュートン　ヘレンはどうしましたか。

被験者　彼女はゆっくりと立ち上がり、まるで夢遊病者のように指輪のある引き出しを開けました。そして指輪を取り出し左手で握ったのです。（深いため息をついて）彼女はやっと気づきました！

ニュートン　というのは……？

被験者　指輪には私の生前のエネルギーが残っていたんですよ。彼女は頭をおおったエネルギーと指輪のエネルギー双方を感知したんです。どうです。効果的でしょう。

ニュートン　なるほど、分かりました。次にどうしましたか。

被験者　指輪を通して必死にエネルギーを送り続けました。ほどなく私のほうを向いてほほ笑み、指輪にキスをして言ったのです。「ありがとう。そばにいてくれるのね。それなら私も頑張れるわ」。

愛する人を失って深い悲しみに沈んでいる人に、霊能者が行方不明者を探し出すときの方法を紹介したいと思います。二人の思い出の場所で故人の宝石や衣服などをしばらく握りしめ、静かに心を開いてみてください。きっと愛する人のエネルギーを感じることができるはずです。

❖死者からのコンタクト――夢による接触

死んだばかりの魂は、愛する人とつながろうとして、よく夢を利用します。押し潰されそうな悲しみも、眠っているときは意識の外にあります。断続的な睡眠状態でさえ無意識はいっそう受容的なので、死者からのメッセージを受け取りやすくなるのです。でもせっかくメッセージを受け取っても、夢から覚めると記憶から抜け落ちてしまったり、あるいは愛する人を夢で見たことを覚えていたとしても、願望を見たにすぎないと片づけられてしまうかもしれません。

ここで一般的な夢の性質についてお話ししましょう。私の夢に関する知識はすべて被験者から得たもので、彼らは肉体をもたない魂としてどんなふうに夢を利用するかについて話してくれました。結論から言えば、ほとんどの夢にはあまり深い意味はありません。多くの文献を調べましたが、「夢の大半は昼間の活動で過負荷になった脳が引き起こす無意味な混乱にすぎない」と考えられているようです。

私は夢を三つに分類しています。その一つはハウス（マインド）クリーニングです。眠っている間に散らばった昼間の思考の断片が、夢を通じて心の外へと掃き出されるのです。当然あまり意味はありません。一方で夢にはより認知的な側面があることも事実です。私はこの状態を問題解決とスピリチュアルの二つに分けていますが、その差はほんのわずかです。

夢によって未来予知を行ってきた人たちがいますし、夢は私たちの精神状態に変化を与えるのかもしれません。愛する人を失って永遠に続くかと思われる悲しみに沈んでいる時期は、人生でもっとも苦しいときです。この苦しみから逃れられるのは眠りだけです。私たちは苦悩とともに眠りにつき消えない痛みとともに目を覚ましますが、その間のことは謎のままです。ときにはこの喪失感を克服するための一歩を踏み出さなくては、という考えが浮かぶ朝もあります。夢を通じて問題解決を図ることは、心が夢を抱いて孵化させるようなもので、前に進むイメージが湧いてくることからも心を癒すプロセスの一つといえるでしょう。

この洞察はどこから来るのでしょうか。夢がスピリチュアルな世界まで及ぶとしたら、苦しむ私たちを陰で手助けしようと「夢の紡ぎ手」が訪れているのかもしれません。

スピリチュアルな夢には、ガイド、教師、ソウルメイトが関与しています。これらの夢には、スピリット世界やほかの物質的あるいは精神的世界での記憶も混在しています。皆さんも空を飛んだり、自由に水中を泳いだりする夢を見たことはありませんか。こうした神秘的な夢にはほかの惑星で生きた記憶が含まれているのです。この種の夢は、前世と現世を比べる象徴的な手がかりを与えてくれます。不滅の魂の性格は肉体が違ってもさほど変わりませんから、こうした比較もけっして無意味なものではないのです。新たな重要な気づきのいくつかは、前世での経験が夢となって現出したものなのです。

　第一章で転生する前に受ける予習クラスについて簡単に触れました。この活動は前著で詳しく説明しましたが、改めてここで触れるのは、この経験が夢と関係してくるからです。このクラスは将来出会う人々や出来事を記憶にとどめるためのもので、教師は重要な局面について何度も念を押します。このクラスを構成するのは、自分のグループやこれから関係をもつ他グループの魂たちです。ここは彼らとの出会いと交流の場といえるでしょう。特にソウルメイトを失ったときなどには、夢に現れた予習クラスの記憶が、私たちを絶望の淵から救ってくれることでしょう。

　ユングは「夢は抑圧された願いや恐れを表し、また幻想でも空想でもない不可避の真理をも表現する」と言っています。夢の中ではこうした真理がときに隠喩《メタファー》として暗示されたり、典型的なイメージとして表われたりするのです。夢の表象《シンボル》や夢の中の言葉などは、先入観にとらわれず自分自身の直観力で意味を読み解かなくてはなりません。

　一万年以上も続く文化をもつオーストラリアのアボリジニたちは、夢の時間も客観的見地から現実であると信じています。しばしば夢で知覚したことがまるで現実のように感じられることがあります。スピリット世界の時間は常に現在ですから、死後どれほどたっていたとしても、愛する人の魂は今でも自分があなたのそばにいると気づいてほしいのです。では、いったいどのように夢の中で知らせるのでしょうか。

ケース5

この被験者は一九三五年にニューヨークで肺炎で亡くなったところです。シルヴィアは三十代前半の女性で、中西部の小さな町で生まれ育ちニューヨークにやって来ました。彼女の死はあまりに突然だったので、あとに残された母親を何とか慰めたいと思っていました。

ニュートン　死後すぐにスピリット世界へ旅立つのですか。

被験者　いいえ、母に別れを告げなければ……。母が私の死を知るまではここにとどまっています。

ニュートン　お母さんに会う前に、誰か会いたい人はいますか。

被験者　（ためらったのち）ええ、昔のボーイフレンドのフィルに会いに行きます……。

ニュートン　分かりました。フィルを愛していたのですか。

被験者　（間があって）ええ、でも結婚はしませんでした。私は……彼にもう一度触れたいのですが、ぐっすり眠っていて夢を見ていないのでコンタクトできません。ああ、もう行かなければ……母が私の訃報を知るときにはそばにいてあげたいのです。

ニュートン　夢が始まるまでもう少し待って、メッセージを残してはどうですか。

被験者　（きっぱりと）フィルにとって、私はもう彼の人生の一部ではないんです。たぶん……メッセージを残しても気づくことはないでしょう。今はエネルギーの痕跡を残していくだけで十分です。

ニュートン　次はお母さんですね。

被験者　はい。母が起きているとき、思考のコミュニケーションをとってみましたが、うまくいきませんでした。私がそばにいない寂しさが母を圧倒しているのです。

ニュートン　どんな方法を試したのですか。

被験者　私の思考をろうそくの炎のような光にして、彼女の頭の回りに投射しました。深い愛を込めて……。でもうまくいきません。母は私の存在に気づかないのです。次は夢でやってみます。

ニュートン　分かりました。ゆっくりでいいですよ。お母さんの夢をつかまえたら、または自分で夢をつくったら、私に教えてください。

被験者　私は夢をあまりうまくつくれません。それよりも母の夢の中に入るほうが簡単そうです。

ニュートン　いいでしょう。では私も一緒についていきましょう。

被験者　最初のいくつかの夢は適当ではないですね。一つめは混乱していて、次は私がいません。ようやく母が一人で家の周囲を歩いている夢を見ました。私がまだ死んでいないときなので母は悲しんでいません。

ニュートン　でもシルヴィア、あなたはそこにいませんよね。

被験者　（私に笑いかけて）大丈夫です、夢の中に入ることができるんです！

ニュートン　夢の筋書きを変えられるんですか。

被験者　もちろんです。自分のエネルギーパターンを母の思考に合わせて、原っぱの向こう側から夢の中へ入ります。母が私の存在を自然に受け入れるように、最後に会ったときの私を投影します。ゆっくりと野原を横切り、ほほ笑みながら手を振って近づいていきます。お互いに抱き合って、それから眠っている母の身体に新鮮なエネルギー波を送り込みます。

ニュートン　それはどのような影響を及ぼすのですか。

被験者　この光景が母を高い意識レベルへと引き上げ、目覚めた後もこの夢が残るようにしたいのです。

ニュートン　確実に残ると言えますか。あなたに会いたいという願望だと思ってしまいませんか。

被験者　このような鮮明な夢の影響はとても大きいんです。目覚めたとき母の心には、この私がいる風景が生々しく残っていて、私が本当に来たのかもしれないという確信を抱くはずです。

ニュートン　あなたのエネルギー伝達によって、夢の光景が無意識から現実レベルへと移行するのですか。

被験者　そうです。あと何日間かエネルギー波を送り続ければ、私の死を何となく感じ始めるでしょう。私はこれからもずっと母の一部であることを分かってほしいのです。

フィルの睡眠状態に話を戻すと、シルヴィアが彼の心に長くとどまらなかった理由は明らかです。フィルは夢を見ていなかったのです。脳波の活動が急速な眼球運動を伴わない深いデルタ波レベルにあるとき、夢は見ないのです。逆説睡眠とも呼ばれるレム睡眠は眠りが浅く、主として眠りの初期と最後のころに頻繁に夢を見ています。次のケースの夢を見ている被験者はまだレム睡眠状態にあるので、おそらく夢と夢の中間あたりにいると思われます。

そのケースに入る前に、「夢を紡ぐ魂」たちの二つの手法をまとめました。

1. **夢の改変**　熟練した魂は眠っている人の心に入ると、すでに進行中の夢を部分的に改変します。これを「行間への書き込み」と呼びます。この技法では、まだ展開していない台本の行間に自分を登場人物として書き加えるので、夢を見る人は書き替えられたことに気づきません。これがシルヴィアが母親に行った手法です。すんなりと自然に入り込める夢を待っていたのです。第二の技法はさらに複雑です。

2. **夢の創作**　魂は目的に合致するような意味深い場面をタペストリーのように織り込んで夢を創作し、完璧に心に植え付けなければなりません。このように心の光景を作ったり書き替えたりするのは、メッセージを伝えるためです。私はこれを奉仕と愛情の行為と見ています。その夢が見る人にとって意味のあるものにならなければ、朝目覚めたとき夢の断片が浮かぶ程度か、あるいはまったく夢を思い出さないでしょう。

夢の創作の治療的側面を説明するために、レベルVの被験者バッドのケースを紹介しましょう。バッドは一九四二年、第二次大戦中に殺されました。ここに登場する夢を見ている男性は、生き残ったバッドの兄です。スピリット世界に戻ったバッドは夢を紡ぐことが得意なので、兄ウォルトを慰める効果的な方法を考えました。

これは「夢の紡ぎ手の魂」が眠っている人に用いる手法を考察するにあたって、幅広い視野を与えてくれたケースでした。彼はガイドのアクシナーから教わった夢の技法について語っています。

ケース6

ニュートン　スピリット世界に戻ってから、ウォルトを慰めるためにどんな策を考えましたか。

被験者　アクシナーと私はもう一人のウォルトを通じてコンタクトすることにしました。それには細心の注意が必要です。

ニュートン　それは転生している間もスピリット世界に残っているエネルギーのことですか。

被験者　そうです。ウォルトと私は同じ魂グループにいます。生きているウォルトともっと緊密に交流するため、グループ内にとどまっている彼のエネルギーとつながろうと思います。

ニュートン　その手順を説明してください。

被験者　彼の残されたエネルギーに近づくと、瞬間ですが一体化しました。おかげでウォルトのエネルギーのパターンを完全に記憶できました。私たちはすでにテレパシー的に結びついていますが、波動的にもしっかりと結合したかったんです。

ニュートン　地上へ戻る前に、ウォルトのパターンを把握したいと思ったのはなぜですか。

被験者　自分がつくる夢に確実に結びつけるためです。

ニュートン　あなたではなくて、ウォルト自身のエネルギーが地上の自分と交流できないのですか。

被験者　（きっぱりと）うまくいきません。独り言をつぶやくようなものだからです。特に眠っているときはダメです。まったくのムダです。

ニュートン　分かりました。ではパターンの記憶とともに眠っている彼に近づくと、何が起こりますか。

被験者　彼はしきりに寝返りを打っていますが、私が殺されたことで苦しんでいるのでしょう。アクシナーは自分が得意とするエネルギー伝達を、夢と夢の間でもうまくできるように私を訓練してくれました。

ニュートン　夢と夢の間で活動するのですか。

被験者　ええ、異なる夢のどちらかにメッセージを残して二つを結びつけると、いっそう受容力が高まります。私はウォルトの正確なエネルギーパターンを把握していますから、彼の心に入っていって自分のエネルギーを展開させます。私が去ったあと二つの夢に関連した第三の夢が遅れて現れ、私たちは再会するのですが、そこがスピリット世界であるとはウォルトには分かりません。このような印象的な記憶が彼を元気づけ励ますことになるのです。

ニュートン　あなたはどんな夢をつくったのですか。

被験者　三つ上のウォルトとは子どものころよく遊びましたが、十三歳になった兄は同級生たちと遊ぶことが多くなり、僕がのけ者にされるようになりました。ある日ウォルトたちは池のそばで遊んでいて、兄は誤って池に落ちてしまったのです。ほかの子たちは誰も気づかず、僕はすぐ池に飛び込んで兄を救い出しました。兄は放心したように「お前のおかげで助かったよ」と言いました。これで仲間に入れてもらえる！と思ったのに、その後のソフトボール大会ではやはり仲間外れでした。兄に裏切られた思いです。試合でボールが藪に入ってしまい見つかりませんでしたが、その晩僕が見つけ出し納屋に隠しました。みな貧しかったので、誰かが誕生日に別のボールを手に入れるまでソフトボールができませんでした。

ニュートン　あなたがウォルトに伝えたかったメッセージを教えてください。

被験者　二つのシーンを見せたかったんです。一つは池岸で血が流れている兄の頭を抱きかかえながら言葉を交わした場面。第二のソフトボールの夢は、兄をボールを隠してある納屋に連れていくところで終わりました。そこで僕はウォルトに「これまでの人生でいろいろ嫌なこともあったけど、すべて許すからね」と言いました。僕はいつでもそばにいるし、お互いへの愛情が消えることはない、と知ってほしかったのです。ボールを見つけようと古い納屋に戻ったとき、彼はそれを理解するでしょう。

ニュートン　あなたが去った後、ウォルトはまた改めてこの一部始終を夢に見る必要がありますか。

被験者　（笑って）彼は目を覚ました後、ボールの隠し場所に気づきましたから、その必要はありません。私のメッセージはもう伝わったのです。ウォルトは私の死を冷静に受け止められるようになりました。

夢が象徴するものは心の状態で変化し、抽象的だったり感情的だったりします。この夢のケースでは、過去のある場面が強調されています。この後に見る第三の夢では、スピリット世界で暮らす二人の幸せそうな姿が描かれていました。

夢の紡ぎ手《ドリームマスター》に師事する進歩した魂に出会うまでに、かなりの時間を要しましたが、この名称はケース6のアクシナーにこそふさわしいのではないかと思います。

ケース6のバッドはウォルトの心に夢をつくっただけでなく、それを兄弟愛と励ましという中核を成すテーマと結びつける複雑なテクニックを使いました。最終的にバッドは隠されたボールを使って、自分の存在を歴然と示したのです。これはケース5のシルヴィアが劣っているということではありません。なぜなら彼女は母親の夢に巧妙に入り込み、彼女を混乱させることなく安らぎをもたらしたからです。

❖死者からのコンタクト――子どもを介した接触

不安な心にメッセージを送れないとき、子どもを利用することがあります。子どもは超自然的なものに疑念や抵抗がないので受容力が高いのです。次は四十二歳で亡くなったレベルⅡの男性のケースです。

ケース7

ニュートン　亡くなったとき、奥さんをどのように慰めましたか。

被験者　最初にエネルギーでアイリーンを抱きしめようとしましたが、彼女の悲しみに触れただけで、それからうまくいきません。このまま別れも言わずに去らなければならないのかと心配しました。

ニュートン　では深呼吸をしてリラックスしましょう。この難局をどう乗り越えたのか話してください。

被験者　すぐに十歳になる娘のサラを通じてアイリーンを慰められるかもしれない、と気づきました。

ニュートン　なぜそう思ったのですか。

被験者　娘との間には特別な絆があります。サラは悲しんでいますが事態を理解できていません。近所の人たちが集まっていますが、寝室に一人でいるサラには誰も気がついていません。

ニュートン　今をチャンスと見ているのですか。

被験者　そうです。サラは私が寝室に行けば、私の波動をすぐに受け止めてくれるでしょう。

ニュートン　分かりました。続けてください。

被験者　（深く息をして）サラが握っていた母親の編み棒を通じてエネルギーを送り、さらにその編み棒を踏み台にして娘の首の付け根まで行って、あごのほうへと回り込みました。（突然笑い出しました）

ニュートン　どうしましたか。うれしそうですね。

被験者　毎晩サラが眠る前にやったように、あごをくすぐったら笑ったんです。

ニュートン　そうなんですか。次にどうなりますか。

被験者　アイリーンが娘の様子を見るために寝室に入ると、妻を見上げてこう言いました。「ママ、パパはここにいるわ。だって、今私のあごをくすぐったんだもの！」。

ニュートン　それを聞いてアイリーンはどうしましたか。

被験者　彼女は涙を浮かべ、娘を不安にさせないように抱きしめました。

ニュートン　彼女はサラの話を信じていないのではないですか。

被験者　まだ信じていませんが、アイリーンにも働きかけてみます。彼女が娘を抱いた瞬間に、二人の間の距離を越えてエネルギーを送りました。サラほどではないですが、彼女も私を感じたようです。二人はベッドに腰かけて目を閉じ抱き合いました。もちろん私も一緒です……。

ニュートン　あなたの目的は達成されましたか。

被験者　ええ、これで十分です。もう行かなくては……。私は二人から離れ漂うように家を出て、空高く舞い上がっていきます。すぐにまぶしい光に吸い込まれ、その先では私のガイドが待っているでしょう。

❖死者からのコンタクト――環境や五感を使った接触

死の直後には魂の存在を感知できず、後になって感じる人たちもいます。死という現実を受け入れる気持ちになったとき、愛する人がまだ自分を見守っていると知ったなら、それは大きな慰めになります。共有する環境や五感を使う方法は、あらゆる慰めを一切受けつけないかたくなに閉ざされた心に対して有効です。

次のケースは、突然妻に先立たれ思考が停止してしまった夫へのアプローチです。

ケース8

ニュートン　チャールズが庭でなら反応するだろうと思った理由は何でしょうか。

被験者　私が庭仕事が好きだったことを知っているからです。でも彼は好きではありませんでした。

ニュートン　なるほど。庭には興味がなかったのですね。

被験者　でもよく冗談を言い合いました。玄関脇にある白いバラを彼の鼻に突きつけては「この甘い香りに何も感じないとしたら、あなたは本当にロマンがない人ね」と言うと、彼は興味なさそうに「これは白バラだろう。僕は赤いバラが好きなのさ」と必ず逆を言うのですが、本当はロマンチストなんです。

ニュートン　では白バラを使って、あなたの存在をどうやってチャールズに知らせるのでしょう。

被験者　ある日彼がバラのそばに来て、何気なく鼻を近づけました。今です！　この瞬間を待っていたんです。瞬時に彼の心に飛び込みました。すると彼は私を思い浮かべ、そしてバラを見たのです。

ニュートン　彼の心にバラのイメージを送ったのですか。

被験者　はい。次にバラを買った園芸店のイメージを送ると、突然車のキーを取り出しました。

ニュートン　では園芸店へ行くように仕向けたのですか。

被験者　（ニコッとして）かなり抵抗がありましたが、ええ、うまくいきました。

ニュートン　次にどうしましたか。

被験者　チャールズをバラのある場所へと誘導しました。そこには赤いバラしかなかったので彼の心に白い色を投げかけると、店員に白いバラはないかと尋ねました。ないと返事があり、チャールズは私の意志を無視して、赤いバラの大鉢を購入し配達してくれるように頼んだのです。

ニュートン　「意志を無視した」ことに対してどう思いますか。

被験者　ストレスを受けている人は受容力が弱く、元の思考パターンに戻ってしまいがちです。チャールズにとってバラといえば赤でしたし、そこに白バラはなかったので、それ以上踏み込まなかったのです。

ニュートン　つまりチャールズの意識とあなたが彼の無意識に送った思考とが衝突してしまったのですね。

被験者　そうですね。それに私の死をとても悲しみ、疲弊していましたから。

ニュートン　赤いバラでもあなたの目的に使えるのですか。

被験者　（はっきりと）いいえ、使えません。そこで顔なじみの店員サビーンにエネルギーを向けたのです。彼女は私のお葬式にも来てくれましたし、私が白いバラが好きなことをよく知っていました。

ニュートン　ナンシー、チャールズはあなたの目的に合わない赤いバラを買ったんですよね。

被験者　（笑いながら）そうですよ。翌朝サビーンは白バラの大鉢を届けにきました。彼女は「これは別の園芸店から調達したものだけど、奥様が欲しがっているのはこれですよ」と言ったのです。チャールズは驚いたものの深く考えず白バラを受け取りましたが、そのときバラの香りが漂ってきました。そして私を思い浮かべたのです。（この場面を再現したとき、被験者の目には涙が浮かんでいました）

ニュートン　（静かな声で）とてもよく分かりました。どうぞ続けてください。

被験者　チャールズはついに私の存在を感じました。私は彼の上半身やバラの周辺にエネルギーを降り注ぎました。彼には白いバラの香りをかいで、一緒に過ごしたころの私のエッセンスを感じてほしかったのです。

ニュートン　うまくいきましたか。

被験者　（穏やかに）彼はひざまずいてバラの花に顔を近づけました。すると堰を切ったように涙がこぼれ落ち、長い間私に抱かれて泣いていました。やっと私がそばにいることを悟ったのです。

男性は妻に接触しようと車やスポーツ用品を使いますが、女性は庭などの環境を利用するようです。別の被験者から聞いたのですが、彼の妻はつながりをつくるために樫の木を植えさせたそうです。この妻を亡くした男性は、私と会う前、手紙にこう書いてきました。

私に起きたことが妻からのものでなかったとしても、そんなことはどうでもいいんです。大切なことは、妻が共にいることを知った私自身が、これまで知る由もなかった内なる源泉に触れることができたという事実です。私はもはやかすかな希望の光もない奈落の底にいるのではないのです。

このような神秘的とも言える体験について話し合うとき、霊的な源泉について考えることは大切です。深い悲しみの底にいても高レベルの精神状態に入っていくことができれば、自分自身を癒すだけでなくさらに学ぶこともできるのです。次に示すのは妻に先立たれたかつての被験者からの手紙です。妻の死後、悲しみに暮れていた被験者はセッションで妻からの慰めを受け取る方法を見つけ立ち直ることができたのです。

私は魂の交流能力がそれぞれ違うことを知りました。何かを伝えたり受け取ったりするには熟練した技術が必要なのです。私は無の境地で瞑想に没頭し、ついに妻のグウェンの思考に触れることができました。文学的な彼女は、映像よりも言葉で思考を伝えてきます。その閃光のように発せられる言葉を、過去の言動とつなぎ合わせて理解する必要があったのです。今では前よりも確実にグウェンと心を通わせることができるようになりました。

❖死者からのコンタクト——見知らぬ使者による接触

ケース9

六十代のデレクは人生で抱える大きな悲しみを克服したいと、カナダからやって来ました。若いころに突然四歳の娘ジュリアを亡くし、そのショックから妻と「もう子どもは生涯作らない」と決めました。私は彼を前世が終わった直後の評議会シーンへと誘導しました。そこで分かったことは、彼の課題の一つが「悲劇をどう乗り越えるかを学ぶこと」だったのです。

このケースで興味を引いたのが、ジュリアの死後二十年ほどたって経験したある出来事です。妻を亡くしたばかりのデレクは毎日嘆き悲しんでいました。ある日、公園のベンチに座って子どもたちを見ていると、遠くにジュリアによく似た女の子を見つけて思わず涙がこぼれ落ちました。そのとき二十歳ぐらいの女性が現れて隣に座ったのです。女性は自分は英国で生まれ育ったけれど、なぜか引かれるようにバンクーバーにやって来たと話し始めました。ヘザーという名前を名乗ったとき、キラキラ輝く光が彼女を包み、まるで天使のように見えました。

突然デレクは不思議な感覚に襲われ、ヘザーをずっと前から知っていたような気持ちになったのです。帰り際に彼女はデレクの肩に手を置いてほほ笑みながら言いました。「もう私を心配しなくても大丈夫。私には素晴らしい人生が待っているの。私たちはきっとまた会えるから」。ヘザーが最後に振り向いたとき、デレクはそこに成長した娘の姿を見て感動でいっぱいになったそうです。ジュリアの転生した魂がやって来て、彼女が今でも生きていることを知らせてくれた、ということがセッションで明らかになりました。

愛する人を失って悲しんでいる私たちの心が、ふと浅いアルファ波の状態から切り離されたとき、彼らは神秘的な方法で近づいてきます。こうした向こう側からのメッセージをキャッチできれば、私たちは大いに救われるのです。

❖天使やガイドの介在

信仰心の強い被験者たちは、スピリット世界で最初に会うのは天使だと思うようです。しかしほどなくこの天上的な存在が、自分に会いにきたガイドや仲間の魂だと気づきます。こうした存在は白い光に包まれ後光が差しているので、白いローブを着ているように見えるのです。

人々の心にある「誰かに助けてほしいという願望」が、天使という存在をつくり出したのではないでしょうか。もちろんこれは天使を信じる人々を否定するものではありません。ガイドはそれぞれ異なるスタイルとテクニックをもっていて、私たちのどのような性質にも対応してきました。

次の二つのケースは、ガイドとソウルメイトがどのように描かれているかは別にして、私たちが必要とするときにはいつでもコンタクトをとってきてくれるという例です。

ケース10

三カ月前に夫を亡くした四十歳のレネのケースを紹介しましょう。セッションの後、次の質問をしてみました。ガイドのナイアスに対して、日常の意識がとらえたイメージと超意識状態でのイメージとの違いを知りたかったのです。

ニュートン　催眠の中で会ったナイアスと、これまで日常生活の中で接触したことはありますか。

被験者　ええ、ハリーが亡くなって私が落ち込んでいるときに会いにきてくれました。

ニュートン　ナイアスはこの催眠セッションの前と後では違って見えますか。

被験者　ええ、同じようには見えませんね。私は……以前はナイアスを天使だと思っていました。

ニュートン　催眠下にあるときの彼女の顔や態度は、目覚めているときと違っていますか。

被験者　ハリーが亡くなった直後に現れた彼女はとても優しく慰めてくれました。（慌てて）だからといってスピリット世界で優しくないということではないですよ。ほんの少しだけ厳格なんです。

ニュートン　ハリーが死んだ後、ナイアスを呼び出そうと何かしましたか。

被験者　葬儀の後泣いていましたが、やがて心静かに耳をすますことが必要だと感じたんです。

ニュートン　つまりあなたはナイアスを見たというよりも聞いたということですか。

被験者　いえ最初は寝室で彼女が、私の頭上に浮いているのを見ました。でもだんだんぼやけてきて……彼女の声を聞かなければいけないと気づき……。それから必死に耳を傾けました。

ニュートン　つまり集中するということですか。

被験者　そう……ええと、違います……心を開放するんです。

ニュートン　メッセージをうまく聞き取れないときはどうしますか。

被験者　そんなときは私の感覚を通じて接触してきます。

ニュートン　どんなふうに？

被験者　そうですね。例えば私が運転しているときや散歩しているとき、私がすべき行動を、そうしたくなるように仕向けてくるんです。

次は一九四二年に三十六歳で自動車事故で亡くなった男性のケースからの抜粋です。彼は魂の立場から天使の神話に別の視点を与えてくれます。

ケース11

ニュートン　事故で亡くなった後、パートナーに何かしてあげましたか。

被験者　ベティの苦しみを和らげようと、三日間ほど彼女の頭をエネルギーで包んでいました。二人のエネルギーが交じり合うことで波動が調和され、彼女はだんだん落ち着いてきました。

ニュートン　そのほかのテクニックは使いましたか。

被験者　ええ、妻の顔の前に、私をイメージできる姿を投影しました。

ニュートン　効果はありましたか。

被験者　（いたずらっぽく）最初は私をイエス・キリストだと思ったんです。次の日には混乱し、三日目になると天使だと確信しました。妻はとても信心深いんです。

ニュートン　信心深いがゆえに、自分だと分かってもらえずもどかしくありませんでしたか。

被験者　いいえ、ちっとも。（次に少したcontainer めらって）そうですね……ベティが私だと分かってくれたらもっとうれしかったですが、彼女を慰めることが目的ですからね。

ニュートン　あなただと分かったら、もっと安らぎを得られたと思いますか。

被験者　そうかもしれませんが、彼女は私が天国にいると信じていますから、その私に直接何かできるなんて思いもしません。だから私は天使でいいんです。彼女を救うことができるなら何の違いもありません。

ニュートン　では、ベティはその姿を通じてはあなたとつながっていなかったわけですよね。二人が確実に通じ合うためにほかの方法はなかったのですか。

被験者　（ほほ笑んで）親友のテッドを通じてね。彼は毎日のように彼女を慰めてくれました。私は二人の上をふわふわ漂いながら許しのメッセージを送ったんです……（被験者はそこで笑いました）。

ニュートン　何かおかしいですか。

被験者　テッドは結婚していないんです。ベティをずっと好きだったんですが彼女は気づいていません。

ニュートン　あなたはそれでいいのですか。

被験者　（快活に、でも懐かしむように）もちろんです。私がもうしてやれないことを……少なくとも彼女がスピリット世界に戻ってくるまでは……彼が私の代わりにやってくれると思うと安心します。

最後に、生の合間に、困っている人々を助ける天使のような存在もいることをご紹介しておきましょう。次の引用の魂は修行中のヒーラーたちかもしれません。

ガイドと私は溺れたインドの少年を助けました。両親は彼を川から引き上げて手当しましたが、反応がありませんでした。私は恐怖心を静めるために彼の額に手を当て、彼の心臓にエネルギーを送りました。そしてしばらくお互いのエッセンスを重ね合わせていると、少年は水を吐き出し息をし始めたんです。私たちはその地上への旅で二十四名の人々を助けることができました。

❖死者が望んでいること

ケース11の妻ベティやケース3の夫ケヴィンについての発言は、後に残された人のそれから先の人間関係に触れています。

伴侶の死後に再び誰かを好きになることは、ときに罪悪感をもたらします。この二つのケースでは、残されたパートナーが愛され幸せになることを願っていました。しかし死者がそう願ったからといって、今を生きている私たちはそう簡単に気持ちを切り替えることはできません。新しい伴侶との生活は、最初の結婚を否定するものでも侮辱するものでもなく、健康な受容性が成長した証しなのです。それでも罪悪感を払拭できず、再出発した多くの被験者からよく手紙がきます。「自分がほかの人と寝室をともにしているのを見られているのではないか」と不安になるのです。

基本的に、魂は肉体から抜け出たときに負の感情も消滅します。スピリット世界の純粋なエネルギー状態へ戻ると、もはや憎しみや怒り、嫉妬などを感じなくなるのです。では肉体を離れると残した人に対してさびしさを感じることはないのでしょうか。

確かに魂は多くの人生で過ごした楽しい時間を懐かしみます。でもスピリット世界は幸福感に満ち溢れていて、そのほうが地上での楽しかった記憶よりもはるかに優っているのです。

でも依然として魂は悲しみに似た二つの感情をもっていることが分かりました。一つはカルマ的な罪悪感と呼んでいますが、これは愚かな選択によって他人を傷つけてしまったことに起因します。もう一つは、自分がいなくても地上の生活が続くことへの悲しみではなく、存在の源泉と一体化したいという強い憧れの気持ちです。彼らが転生してくる動機は「成長」なのです。

このように魂の中に見える負の痕跡は、不滅の性質に欠けている要素があるということです。その欠けているものを探すために転生して多くを経験し、英知を手に入れるのです。でもだからといって残された人たちへの愛情が失われるわけではありません。生きている人々に余計なお節介はしません。魂はもう肉体に影響を受けないので、心地よい安らいだ状態にあります。生きている人々に余計なお節介はしません。しかし、まれに人生で受けたひどい行いに不満を抱き地上を去ろうとしない魂もいます。この現象は「亡霊」というテーマで詳しく述べましょう。

このように魂も葛藤しますが、その中にあなたがほかの人と新しい生活を始めたことへの悲しみや怒りは含まれていないのです。死者が生きている人よりも有利な点は、自分がまだ生きていると知っていること、そしていつでも誰にでも会いに行けるということでしょう。

魂には愛する人が自由に残りの人生を選択してほしいという強い願望があります。あなたが望むときだけ魂は戻ってきます。それ以外はあなたはまったく自由なのです。一方でスピリット世界に残っているあなたのエネルギーは、いつも愛する人と一緒にいるのです。

スピリット世界に戻ると魂には負の感情がなくなり、同時に人間としてのポジティブな感情も変化します。例えば魂たちは愛をふんだんに与え合っていますが、それは条件や見返りを求めるものではありません。無償の愛です。それは人間社会では想像できないほど円満であり一貫しているのです。

ケース12

ジョージは新しい恋人のことで、亡くなった妻や親友に対して罪悪感を抱いていました。妻の死から二年後、新たに亡き親友の妻ドロシーとの間に恋が芽生えたのです。でも妻がこの状況を見たらきっと悲しむに違いない、そして親友の未亡人と結ばれるのは親友に対しても裏切り行為であると悩んでいたのです。

このケースは、ジョージが前世でも妻だったフランシスにスピリット世界で会うところから始まります。

ニュートン　あなたは今仲間の元に着いたところです。誰が見えますか。

被験者　（叫ぶ）何てことだ、フランシスじゃないか。美しいフランシス、会いたかった！

ニュートン　彼女はあなたがここに帰ってくるまで待っていたんですよ。死んだのではないんですよ。

被験者　そうだったんですね……今はっきり分かりました……（ジョージは泣き崩れてしまいました）。

ニュートン　フランシスのほかに誰がいますか。

被験者　あれはドロシー……そしてフランク！　フランシスとフランクが一緒にやって来ます。

ニュートン　どうして一緒に来るのでしょうか。
被験者　(イライラしながら) 二人は、私とドロシーが新しい関係になったことを喜んでいるんです。
ニュートン　あなた方四人全員が同じ魂グループにいるということですか。
被験者　ええ……でも、そんなことは予想もしていませんでした……。
ニュートン　フランシスとドロシーは魂としてはどう違いますか。
被験者　フランシスは力強い教師タイプですが、ドロシーはもっと芸術家タイプで創造的で……穏やかなんです。
ニュートン　ではフランシスとフランクから承認をもらったわけですが、ドロシーはあなたと再婚することで何を得るでしょうか。
被験者　慰め、理解、愛……私はドロシーを今まで以上に守ります。私たちはとても相性がいいんです。
ニュートン　ドロシーはあなたの第一のソウルメイトですか。
被験者　(きっぱりと) いいえ、それはフランシスです。ドロシーは多くの人生でもフランクと一緒になっています。私たちはみな近い関係にあります。
ニュートン　あなたはなぜいつもフランシスともっとも親しい間柄になるのでしょうか。
被験者　それは一緒に苦労し助け合ってきたからでしょう。お互いを知り尽くしていますからね。

セッションのこの部分で、ジョージは多くの洞察を得たようです。ドロシーとお互いに引かれ合っていたのが偶然ではなかったと知り、心から安堵し喜びました。彼らはこうなることを知っていたのです。

❖ 再び愛する人と生きる

最後に未亡人が生を終え、スピリット世界のゲートで夫と再会する典型的なケースを紹介しましょう。

ケース13

ニュートン スピリット世界に着くと、誰か会いに来ましたか。

被験者 まあ！ 彼だわ！ エリック……ああ……ようやく……私の愛する人！

ニュートン （被験者を落ち着かせて）あなたのご主人ですか。

被験者 ええ、ガイドに会う前に、先にエリックと会えました。

ニュートン あなたとエリックはどのように愛情を表現し合ったのですか。

被験者 離れたところからお互いの目をのぞき込むと……心の中に二人が過ごしたいろいろな光景が見えました。私たちのエネルギーはまるで磁石に引きつけられるかのように一瞬で一つになったのです。

ニュートン この瞬間、二人は前世の肉体の姿でしたか。

被験者 （笑って）ええ、私たちが初めて出会ったときの外見から始まり、年をとっていった姿へと急速に変化していきます。一時期に限定されていないので、その姿ははっきりとしていません。今は渦を巻くエネルギー状態です。ときどきもっと前の人生の姿が現れたりもします。

ニュートン それらの人生では女性であることが多かったのですか。

被験者 ほとんどはね。でもこれからは私が男性で彼が女性である回数が増えそうです。前にそうだったとき相性がよかったですから。とにかく今は二人で過去世のいろいろな姿になることを楽しんでいたいです。

この瞬間私たちは一体になる喜びを感じています。過去何百回の人生での触れ合いや、その合間にスピリット世界で過ごした至福に満ちた状態が渾然一体となっています。

ニュートン　では、あなたとご主人のエネルギーが混じり合うと、どんなふうに感じられますか。

被験者　（どっと笑い出して）本当に官能的で身体中が燃えているようです。（真顔になって）いいですか。私は八十三歳で死んだんです。長い闘病生活に疲れていました。まるで冷え切ったストーブだったんです。ですから私自身を温める必要があったのです。

ニュートン　冷えきったストーブ？

被験者　ええ、エネルギーにも若返りが必要なんですよ。エリックに新鮮なエネルギーを注入してもらい、すっかり温まり元気になりました。まもなくガイドが来ますので、彼に付き添われセンターまで行きます。

ここでは残された人たちを癒すという魂の視点から述べてきました。愛する人に先立たれた人たちは、たとえ肉体はなくても彼らが存在することを知り、新たな人生を歩むことが何よりも大切です。喪失の受容は突然やってきます。自分は、本当は一人ではないと信じることが、癒しへの第一歩なのです

私は、愛する人に先立たれ悲しんでいる人たちに「死とは果てしなく続く生の通過点にすぎず、一つの現実から次の現実へと切り替わる瞬間《ポイント》である。いずれまた愛する人と会える」ということを知ってほしいのです。そうして彼らを少しでも慰めることができればうれしいと思っています。

第三章　見えない存在——精霊、魂、地球以外の惑星のスピリット

被験者がスピリット世界への上昇を「ぼんやりとした光の層を昇っていく」などと説明するのを聞くと、東洋哲学のアストラル界を思い起こします。本音を言えば、東洋哲学から生まれた「実存世界が下から上へと厳密に七つの階層のように積み重なっている」という概念にはまったく興味を覚えません。というのも、私の被験者たちはこうした世界の証拠を何も見ていないからです。

スピリット世界で転生する魂が行ける空間や場所に関する報告は共通していて、例えば東洋の伝統的思想にある「アカシックレコード」を見たという被験者はおらず、彼らはこのような記録を「生命の書」と呼んでいます。

被験者の報告だけでは知り得ない事柄がたくさんあることは分かっています。たぶん宇宙内部の「界」という考え方は、障壁に区切られる物質世界とは異なる、霊妙な気づきの諸段階を概念化したものではないかと考えています。

被験者が次元間を移動する様子を聞くと、魂が界から界へと移動しているようにも思えます。彼らは地球を取り巻くアストラル界の中に、私たちの物質的世界の一部としてもう一つの共存するリアリティがあると報告しています。明らかにこのようなリアリティには非物質的存在が住んでいて、物質的現実にいる人たち

から目撃されることがあります。

またスピリット世界から魂が訓練や気晴らしのために訪れる次元間の領域についても聞いています。スピリチュアルな境界線は「ガラス一枚」のような薄いものかもしれないですし、銀河と銀河の中間領域のように広大なものかもしれません。聞いたところでは、それらの空間には波動的性質があり、魂のエネルギー波動が適切な周波数に合わないと通過できないそうです。高度に進歩した魂の説明によれば、これらの領域では私たちが知る絶対的な時間は存在しません。

そしてこの地球にも、私たちには見えない世界があるようです。ある被験者が次のような手紙を送ってきました。

あなたとワークしていて気がついたのですが、私たちのリアリティは映写機が空や山や海という三次元のスクリーンに映し出す映像のようなものです。もし異なる光の周波数や時空の配列に対応する第二の映写機があって、それが最初の映写機と同期していれば、物質的と非物質的なリアリティが同時に同じ空間で実在することになります。

被験者たちが報告するこの仮説が現実のものなら、地球を取り囲むアストラル界の中に、いえ実質的には地球そのものの中に異なるリアリティがあり、そこにはエーテル的な存在が暮らしているのかもしれません。地球の周りの波動的エネルギーは絶えず流動しています。

私の考えでは、この磁場の密度が変われば、人間の時間で何世紀にもわたって周期的な大変動が引き起こされるでしょう。したがってどんな時代の人でも、非物質的な存在を見る能力をもっていたのではないでしょうか。少なくとも古代の人々には現代の私たちよりももっと見えていたことでしょう。

❖自然の精霊

テレビで、ある女性がブドウ園で数人の小妖精《エルフ》を目撃したという報道が流れました。小妖精たちは背が六十センチほどで耳の先がとがり、だぶだぶのズボンをはいていたと証言すると、彼女は頭がおかしいのではないかと大騒ぎになりました。しかし小妖精から知恵を授けられ、周辺の農場よりも高品質のブドウをより多く収穫するようになると、人々は彼女から情報を聞き出そうと押し寄せてきたのです。

この話が広く知れわたり、あるとき彼女は脳波を調べることになりました。その結果、彼女の脳は、刺激に対して通常よりもずっと高いエネルギー反応を起こすことが分かったのです。

私の被験者にもこういう能力があると主張する人がいました。彼女はいにしえの魂で深いトランス状態でこう言いました。「妖精は私たちの文明が生まれるずっと前からここに住んでいます。私たち現代人の多くは、昔のようには彼らを見ることはありませんが、それは彼らがあまりに年老いてエネルギーがとても弱くなっているからです」。

これらのことを考えるとき、私の心には前に述べた映写機のことが浮かんできます。私たちには不可能ですが、特殊な能力のある人たちなら、この異なるリアリティの中をのぞき込むことができるのだと思います。

また民話の多くは、魂のほかの惑星体験から生まれたのではないでしょうか。被験者たちが報告する地球以外の体験は、私たちの神話や伝説などと一致する点がとても多いのです。これらの記憶には樹木や植物の精霊にとどまらず、空気や水や火の元素との結びつきも含まれているのです。

❖亡霊になる魂――大事な人を守る魂

多くの超常現象研究者が亡霊について語っています。私はこの分野にあまり詳しくありませんが、亡霊となった魂に会ったことがあります。もし私が亡霊の研究に何らかの貢献ができるとすれば、それは亡霊を見た人ではなく亡霊自身の目線で、さまざまな誤解を指摘した点にあるでしょう。

死の直後の引っぱられる感覚はごくゆるやかで、徐々に鮮明になってきます。高度な存在が私たちの死にすぐ気づくことは言うまでもありませんが、出発の時期などは死者に委ねられます。

自分が死んだことに気づかない人が亡霊になると言う人がいますが、そうではありません。確かに彼らはとらわれの身ですが、それは物質的ではなく心理的なものです。魂はアストラル空間のどこかに閉じ込められてはいませんし、自分がスピリット世界への移行途中であることも分かっています。なのに簡単に立ち去れないでいるのは、特定の場所や人への異常な執着心が原因です。

このような理由で地球にとどまるのも自由ですが、常に救い主である特別のガイドが迷える彼らを見守っています。亡霊となる魂には未熟な魂が多いようです。理由はさまざまですが、人生が予期しない形で終わってしまい自由意志が妨害されたと感じているかもしれません。彼らの死は重いトラウマに関係し、とどまっているのはきっと大事な人を守ろうとしているのでしょう。

一九九四年シエラネバダ山脈で深夜、若い女性が運転する車が急斜面から転落し女性は死亡しました。崖下の車に気づいた人はいませんでしたが、彼女の三歳の息子は五日間も生き延びていたのです。この事故が全米の注目を集めたのは、通りかかったバイクの男性が事故現場に若い女性が横たわっていたと証言したからです。その結果、五歳の息子は救い出されました。死んだ若い母親が、息子を助けようと亡霊となって現れたのでしょうか。

私の知るかぎり、迷える魂の背景には、予定したカルマの方向が突然変えられて、それが予想外だっただけでなく不本意に感じられることが多々あるようです。ごく一般的な亡霊は、他人に殺されたり不当な目にあった魂たちです。

❖亡霊になる魂――見捨てられた魂

ベリンダが私に会いに来たのは、現在抱えている悲しみに耐えられなくなったからです。最初の面接で、彼女は四十七歳で未婚であることが分かりました。

彼女は二十年ほど前に、新生活に憧れ東海岸からカリフォルニアへと移ってきました。当時スチュアートという男性と婚約中でしたが、カリフォルニアへの夢を捨てきれず、彼に一緒に来てほしいと頼みました。彼はベリンダを愛していましたが、仕事や家族のことを考えると踏み切る決心はできず、二人は愛し合いながらも別れたのです。彼は大きなショックを受けましたが、彼女の後を追うことはなく、その後ほかの女性と結婚しました。

数年後、ベリンダはバートと出会って激しく愛し合いましたが、結局彼は別の女性の元へ去りました。私はこれが大きな悲しみの原因かと思いましたが、そうではありませんでした。彼女は傷つきはしましたが、バートと結婚しなくてよかったのです。今になってやっとバートが不誠実な恋人で、しかも性格的にも合わなかったことがよく分かったからです。さらにベリンダは、なぜか分からないけれど男性たちと付き合うずっと前から、この見捨てられ迷子になったような奇妙な感覚があった、と言いました。

ケース14

私はいつも被験者をスピリット世界へ移動させる前に、直前の過去世へと誘導します。こうすることで死の場面から心の通路へと自然に入っていくことができるのです。前世に退行するにあたっては、もっとも決定的な場面を見つけるように言いました。すると彼女は屋敷でのあるシーンを選びました。

エリザベスという名の若い女性だったベリンダは、一八九七年の英国、バース近郊の大きな農園で暮らしていました。決定的場面はそこで起こります。エリザベスはひざまずいて夫スタンレーの上着の裾にしがみついていましたが、夫はそのまま荘園屋敷の玄関まで彼女を引きずっていきました。五年間の結婚生活の後、スタンレーは彼女の元を去ろうとしていたのです。

ニュートン　この瞬間、スタンレーはあなたに何と言っていますか。

被験者　（泣き出して）「悪いとは思っているが農園を出て広く世界を見たいんだ」と言っています。

ニュートン　あなたはどう答えたのですか。

被験者　私は「出ていかないで」と懇願しています。彼をとても愛しているし、何でもすると言いました。

ニュートン　彼の答えは？

被験者　（まだ泣きながら）スタンレーは「悪いのは君じゃない。この場所にうんざりしたんだ。また帰ってくるから」と言っています。

ニュートン　それは本当だと思いますか。

被験者　ええ……彼は確かに私を愛してはいますが、この生活すべてから逃れたいという欲求がとても強いんです（そう言うとブルブルと震え出しました）。
ニュートン　（少し落ち着かせて）次はどうなりますか。
被験者　もうおしまいです。これ以上つかまえていられません……。召使いの前で、私は階段を転げ落ちました。スタンレーは馬にまたがって、呆然としている私を残して去っていきます。
ニュートン　彼にはその後再び会えましたか。
被験者　いいえ、彼がアフリカに行ったということしか知りません。
ニュートン　あなたはどうやって生活していくのでしょう。
被験者　彼は領地を残してくれましたが、私は管理できません。でもここを去るわけにはいかないんです。
ニュートン　エリザベス、次は人生の最期の日まで移動してもらえますか。その年とその日までの経過を教えてください。
被験者　それは一九一九年（被験者は五十二歳）で、私はインフルエンザで死のうとしています。ここ数週間ほど私はただ生きているだけで、ほとんど抵抗力を失っています。孤独と悲しみ……農園を維持する苦労……私の心はもう壊れてしまいました。

私はエリザベスを死の場面から光の中へと誘導しようとしましたがうまくいきません。なぜなら彼女が農園にしがみついているからです。後で分かったのですが、この若い魂は亡霊になろうとしていたのです。

ニュートン　なぜあなたは上昇していかないのですか。

被験者　行きたくないんです。まだここを去るわけにはいきませんから。
ニュートン　どうしてですか。
被験者　スタンレーを待っていないと。
ニュートン　あなたは二十二年も待ったのに、彼は帰ってこないんですよ。
被験者　分かっています。でも行く気になれないんです。
ニュートン　今は何をしていますか。
被験者　魂になって、浮かび漂っています。

彼女は経験豊かな魂のようにスタンレーのエネルギー波長に合わせて、彼を見つけ出そうとはしませんでした。さらに分かったことは、農園の買い手を脅せば地所は一族のものとして残るだろう、と考えていたのです。その地方の人たちはみな屋敷に亡霊が出ることを知っていたので、結局新しい主はやって来ませんでした。エリザベスは捨てられた恨みをこめて、泣き叫びながら邸宅の周りを飛び回っていたと言いました。

ニュートン　スタンレーを地上の時間で何年くらい待ち、その間何をしていましたか。
被験者　四年です。ずっと泣いていました。突然大きな音を出して近所の人を怖がらせてもいました。
ニュートン　あなたに何もしていない人たちを、どうして怖がらせるのですか。
被験者　私が受けたひどい仕打ちへの不満を訴えたかったんです。
ニュートン　この状況は、どのように終わりを迎えたのでしょうか。
被験者　私は……呼ばれたんです。

ニュートン　誰に？　この状況から解放してほしいと祈ったのですか。
被験者　（長い間があって）そうとも言えますね……具体的にではなく……でも、私の準備ができていることを知っていました。彼は現れてこう言いました。「もう十分だと思わないかね」って。
ニュートン　それは誰が言ったのですか。そして何が起こりましたか。
被験者　「迷える魂の救い主」です。私は彼と一緒に地上から離れました。
ニュートン　彼はあなたのガイドではないのですか。
被験者　（初めてほほ笑んで）いいえ、私たちはガイドを待っているんです。このスピリットはドーニです。彼は私のような魂を救います。それが彼の仕事なんです。
ニュートン　そうなんですか。ドーニはどんな外見をしていて、あなたに何と言いましたか。
被験者　（笑って）彼はしわだらけの小妖精で話すたびにひげが揺れます。「もっといたければいてもいいが、仲間の元に帰ってスタンレーと会うほうが楽しいだろう」と言いました。彼はとても愉快で優しくて賢いんです。私の手をとって美しい場所へと連れて行ってくれました。
ニュートン　そこはどんな場所で、何が起こりましたか。
被験者　ここは私のように嘆いている魂のための場所で、花々が咲いている牧草地のようです。ドーニは「ゆっくり楽しみなさい」と言って、私に愛と幸福のエネルギーを注ぎ込み心を浄化してくれました。
ニュートン　気持ちのよい場所のようですね。それはどのくらい続きましたか。
被験者　（ムッとしたように）私が望むだけ続くんです！
ニュートン　なるほど。そこでドーニは、スタンレーやあなたの行動について何か言いましたか。
被験者　（うんざりしたように）彼はそんなこと言いません！　救い主はティシン（被験者のガイド）とは違

うんです。そういう質問は後なんです。今は休憩の時間なんです。

エリザベスのエネルギーが回復すると、ドーニはティシンに会わせ別れのキスをして去っていきました。それから通常の適応指導に入りました。最初は、彼女は、「見捨てられた妻としての人生は無意味だった」と言っていました。確かに彼女は変化に順応できずに人生の大半を嘆き暮らしていました。しかしティシンの指導の下で、このレッスンがけっして無意味ではなかったことを徐々に理解していったのです。今日のベリンダは精神的な苦しみを乗り越えて、自立心の強い働き者の女性になりました。

もうお気づきと思いますが、スタンレーは現世のスチュアートなのです。この話をすると必ずこんなことを言う人がいます。「それはよかった！　彼女は自分が味わった苦しみを、そのままやり返してやったんですね」。こういう考え方は、人々がいかにカルマについて誤解しているかを表しています。

エリザベスとスタンレーの魂は、現在の人生でベリンダとスチュアートの人生を自ら選んだのです。スチュアートはエリザベスに与えた苦しみを自分で味わう必要がありました。彼は女性が夫に全面的に依存する時代に結婚したのに、唐突に彼女を置き去りにしたのですから、その行為は残酷なものです。

でもだからといって変化を頑なに拒み、最後には亡霊にまでなったエリザベスが正当化されるわけでもありません。今の人生でスタンレーが望まない境遇を選んだ動機を、ベリンダの魂も学ばなければなりませんでした。ベリンダはスチュアートと結婚しなかったので、前世の状況とは異なります。でも結婚を約束していたにもかかわらず、ベリンダは夢を求めて婚約者の元を去っていき、そのときスチュアートは見捨てられたと感じました。自分の意志を貫いたベリンダは、スチュアートが彼女を苦しめようと去っていったのではないことを悟ったはずです。

前世ではスチュアートが自由を求め、現人生ではベリンダが自由を求めたのです。ベリンダはこのトラウマを現在へ持ち込みました。このセッションを受けるまで理解できなかったエリザベスの悲しみの痕跡を、ベリンダはずっと引きずっていたのです。彼女は今でもスチュアートのことを考えると言いますし、スチュアートもまた初恋の人を忘れられないでいるようです。彼らは同じグループのソウルメイトなので、すれ違ってしまった二つの人生の埋め合わせのために、来世で新たな役割を選ぶことになるでしょう。

読者の中には、ベリンダがなぜバートとの報われない愛に耐えなければならなかったのか疑問に思う方がいるかもしれません。これはベリンダに与えられた試練だったのです。バートも同じグループの一員で、エリザベスが経験した別離の痛みを思い出させるために、この役割を担ったのです。そしてまたベリンダを失ったスチュアートの心の傷を思い知らしめる役割も果しています。カルマの剣はもろ刃の剣なのです。

❖亡霊になる魂――もう一人の自分

数年前、雑誌で次のような記事を読みました。あるアメリカ人女性が英国の田舎をドライブしていると、なぜか目的地とは外れた横道に引き寄せられ、しばらく行くと荒れ果てた邸宅に出ました（スタンレーのケースとは別です）。そこの管理人から、「この邸宅には亡霊が出るが、その亡霊はあなたにとてもよく似ている」と言われたのです。敷地内を歩いていると、何かとつながっているような不気味な感じがしました。

おそらく彼女は、もう一人の自分を解放するために、そこに来たようなのです。並行して生きる二つに分割された魂が、抵抗しがたい理由でお互いに引き合ったのかもしれません。同時に二つの人生を送ることができると前に言いましたが、大半は一方がこの世に転生しているとき、もう一方はスピリット世界にとどまっています。

この魂の分割は特に亡霊の研究と深い関わりがあります。前のケースのエリザベスが中間状態で亡霊になっていたとき、彼女の別のエネルギーはスピリット世界にとどまってレッスンに励み、ほかの魂たちと交流していたのです。しかしスピリット世界にとどまっていたエネルギーも転生して、新たな人生を生き始めることもあります。このアメリカ人女性も、ひょっとしたらそうだったのではないでしょうか。戻れずに亡霊となったもう一人の自分に引き寄せられて、ここに来たのかもしれません。

専門家の中には亡霊といわれるものは意識のない単なる抜け殻であると言う人がいますが、私はそうは思いません。魂が本来の目的に必要なエネルギー量をこの世に持ち込まないケースがありますが、たとえそれが亡霊になったとしても抜け殻などとはまったく違います。

スピリット世界に残っているエネルギーが、地上をさまよう混乱した分身を助けてあげられないのかと考える人もいるでしょう。でも未熟な魂の多くはこのエネルギーの転送や統合を自分だけではできないようなのです。次のケースの亡霊はレベルⅠの若い魂でした。

❖亡霊になる魂──エネルギー量が少ない魂

ケース15

ニュートン　あなたの最初の夫ボブが、前世が終わってから亡霊になったのはなぜでしょうか。

被験者　ボブは結婚したばかりで殺されました。絶望に打ちのめされ、この世を去れなかったんです。

ニュートン　そうだったんですね。彼はその人生へどのくらいのエネルギー量を持ち込んだか分かりますか。

被験者　（うなずいて）四分の一です。それでは不十分で……判断を誤ったんです……（口をつぐむ）。

ニュートン　ボブがもっとエネルギーを持ち込んでいたら、亡霊にはならなかったでしょうか。

被験者　それは、私には答えられませんが、もっと強くなっていたと思います。

ニュートン　彼はなぜ少量のエネルギーしか持ってこなかったのでしょう。

被験者　それはスピリット世界でのワークに力を入れたかったからです。

ニュートン　ボブのガイドはもっとエネルギーを持っていくようにアドバイスしなかったんでしょうか。

被験者　（打ち消すように頭を振って）いいえ、私たちは指図されません。選ぶのは自分です。それにボブは最初から亡霊になると決まっていたわけではないんですよ。確かに助言はされましたが、彼は同時に別の人生を送ることも考えていたんです。

ニュートン　たった二十五パーセントのエネルギー量というのは、この人生を軽く考えていたのですね。

被験者　（残念そうに）たぶん、そうでしょうね。

ニュートン　肉体を失った死後でも足りなかったのですか？

被験者　それは関係ありません。肉体の影響が残っていて、彼には闘うだけの強さがなかったんです。

ニュートン　スピリット世界へ戻るまで、どのくらいの間亡霊だったのでしょうか。

被験者　三十年ぐらいです。自分ではどうにもできず……経験が足りなくて……それで教師が呼び出されて……お分かりでしょう……迷える魂を探し出してスピリット世界へ帰す役割を担う存在です。

ニュートン　彼らのことを「迷える魂の救い主」と呼ぶ人もいますね。

被験者　それはいい呼び名ですね。でもボブは迷ったのではなく、悩んでいただけなんです。

❖亡霊にはならず、自分を隔離する魂

次に示すのは亡霊ではないのに、スピリット世界に帰りたがらない魂のケースです。これらの魂は前のケースよりも進歩した魂です。

ケース16

ニュートン　死んでもスピリット世界へ戻ろうとしない人たちがいるのですか。

被験者　ええ、去りたがらない者たちがいます。

ニュートン　彼らはみな亡霊なのでしょうか。

被験者　いいえ、望めばそうなりますが、ふつうは望みません。彼らは誰とも会いたくないだけなんです。

ニュートン　つまり彼らのエネルギーはスピリット世界へ戻らないのですね。

被験者　そうです。でもエネルギーの一部はずっとスピリット世界にとどまっていますけどね。

ニュートン　それは聞いています。こうした魂が現世にとどまるのは短期間ですか、それとも?

被験者　さまざまです。すぐに新しい肉体へ戻りたがる者もいます。私たちと違って仲間の元へ帰って休息しようとせず、肉体のある人生を続けたいと思っているのです。

ニュートン　でもガイドは私たちが中間状態で待機して、直接新たな肉体に転生することを許したりしませんよね。彼らは肉体から離れたら自分のグループに戻り、次の課題に向けた肉体を選ぶなどのプロセスを知らないのではないですか。

被験者　（笑って）もちろん知っていますが、ガイドはこのように極端なストレスを抱える魂には、スピリッ

ト世界へ戻るメリットを自分で知るまでは強制しないんですよ。

ニュートン なるほど。しかし再調整をしないまま、新しい肉体へ転生はできないはずですが……。

被験者 そのとおりです。

ニュートン またほかにも肉体へもスピリット世界へも帰りたがらない魂がいるというのは本当ですか。

被験者 本当です。タイプは違いますが……。

ニュートン しかしどちらのタイプも亡霊になって人々を悩ますのではなく、ただ一人でいたいだけなら、彼らを迷える魂と呼ぶべきではないですね。

被験者 そうですね。迷える魂とは異なります。彼らにはやり残したこと……抗しがたいトラウマ的なことがあり……新たな流れに乗れないんです。彼らはあまりに不幸に感じていて教師とも話そうとしないのです。

ニュートン 彼らが抵抗したとしても、ガイドはなぜスピリット世界へと連れていかないのでしょうか。

被験者 何かを強制されると、たとえそれが正しいことでも、魂は心を閉ざしてしまいます。

ニュートン ではこの世に戻りたがっている魂に、なぜすぐ肉体を与えないのでしょうか。

被験者 混乱したままの魂を転生させたら、人生が始まったばかりの赤ちゃんに不公平だと思いませんか。魂には一人でいる権利がありますが、いずれは助けを求めてくるはずです。新しい肉体だけをもらってもうまくいかないんです。

ニュートン 亡霊にもなりたくない、スピリット世界にも帰りたくない魂はどこへ行くのでしょうか。

被験者 （気の毒そうに）人生の記憶から、自分だけのリアリティをつくり出します。庭園のような快適な場所に住む者もいますが、他人を傷つけた魂などは窓のない牢獄のような空間をつくり、自らをそこに閉じ込めるのです。光もなく誰かと会うこともありません。こうして自分自身を罰するんです。

ニュートン　混乱した魂や悪に手を染めた魂は、スピリット世界で隔離されると聞いたことがあります。

被験者　そうですが、少なくとも彼らは、愛や気遣いによってエネルギーを癒してもらえます。

ニュートン　ガイドは自分で自分を罰する魂たちをどう扱うのか、何か分かっていれば教えてください。

被験者　彼らが我慢の限界に達するまで待ち続けます。これはガイドにとっても試練となる難題です。彼らの心はネガティブな思考で埋め尽くされているので、まともに考えられないのです。彼らを助けるには、何度も何度も救いの手を差し伸べてあげるしかありません。

ニュートン　ガイドはそれぞれ独自の説得技術をもっていますよね。

被験者　もちろんです。熟練度は違いますが。その魂が孤独から抜け出したいと助けを求めてくるまで接触しないガイドもいます。（間を置いて）一方で何度も訪れて雑談をする者もいます。

ニュートン　最終的には、こうした混乱した魂もみな自由になるのですか。

被験者　（間があって）こう言ったらどうでしょうか。最終的に、さまざまな形の励ましによって……（笑って）あるいは説得によって、全員が何らかの形で解放されると……。

私は、魂の記憶は人間の思考に強い影響力を及ぼすと確信しています。ケース16で語られた魂の孤独や孤立は、キリスト教の償いの場所「煉獄」によく似ていると感じた人も少なくないでしょう。この宗教的概念は、スピリット世界の魂の隔離の断片的な記憶に由来し、それがこの世で逆転したものなのでしょうか。

魂の隔離について私が発見したことと、教会が定義する煉獄との間には、共通点もあれば大きな違いもあります。キリスト教の「煉獄」とは、罪を犯した者が天国へ行く前に自己浄化を受ける場所です。孤立する魂の中には自己浄化を経験する者もいますし、一方でエネルギーの回復が必要な魂もいます。しかし完璧に浄化される魂はいませんし、もしそうであればもう生まれ変わる必要はなくなります。また魂の幽閉は流罪ではありません。死んだ後で孤独を求める魂は自滅的なのではなく、自身の負のエネルギーでほかの魂を汚さないために、あるいは誰からも慰めを受けたくないために孤立したいのです。

講演会で、魂が自分に課す幽閉場所は「劣悪な世界」ではないかと尋ねられます。このような考え方は、恐怖に基づくものであると言わざるを得ません。それは定義の問題です。この境遇をより正確に表現するなら、孤独を求める魂自身が設計した「自分に課す空間、主観的リアリティの真空地帯」ということになるでしょう。スピリチュアルな領域から遠く離れ隔離された空間は、自分だけのものです。私はこれらの魂が、スピリット世界から忘れられた存在であるとは考えていません。

彼らは自分の不滅性を理解していますが、無力さも感じています。自分の魂グループから孤立した状態で、前世で他人を苦しめたり他人に苦しめられた場面を何度も再現し、カルマの影響を振り返っているのです。彼らは口癖のように「自分は対処できない出来事の犠牲になったのだ」と言い、悲しみと怒りを同時に感じています。このような魂は自己非難に苦しみ、その洞察力は限定的です。確かにこの状況は、ある意味で煉獄の定義に当てはまるかもしれません。

❖地上を訪れる肉体のないスピリット

人間に生まれたことのない存在が、旅行者のように地上を訪れることがあります。ある者は高度に進歩していますが、うまく適応できない者たちもいます。何千年にもわたって訪れている彼らは、各地方にある民話にも恐れや魅惑の対象として登場してきました。これらのキリスト教以前の伝説の一部が、現在の宗教に見られる「死後に経験される光と闇」というイメージの原因になっているのです。

被験者の多くが生と生の間に肉体のない存在として、私たちの次元を出たり入ったりしていると言っています。ごくまれですが、非物質的な知的存在を目撃したと言う人もいます。次のケースはその報告です。

ケース17

ニュートン　生と生の間に地上を訪れたとき、ほかの存在に出会ったことがありますか。

被験者　彼らは私が別次元にいるときそうするように、辺りを浮かび漂っていますよ。ときどき見たこともないような奇妙な存在に出会うこともあります。

ニュートン　どのように見えますか。

被験者　奇妙な形をしていて密度が薄かったり濃かったり……人間とは似ても似つかないです。

ニュートン　魂は人間の姿を投影できると聞いていますが、あなた自身はどう見えるのでしょう。

被験者　地球のような高密度の世界では物質的な姿に近いですね。

ニュートン　物質に近い存在ということですか。

被験者　そうです。地球のような世界では輪郭を強調します。透明人間を絵に描くとき、輪郭をぼんやりとした光で描くようなものです。

ニュートン　ぼんやりした光でも人々には見えるのですか。

被験者　（笑いながら）ええ、見えますよ……いつもではないですが。私たちは幻影として見えます。

ニュートン　なぜいつもではないのでしょう。

被験者　私たちがそこに存在している瞬間の彼らの受容性や知覚レベルと関係してきます。

ニュートン　地上で透明な存在になったとき、何をしているのか話してもらえますか。

被験者　（うれしそうに）訪問者の私たちは、山々から谷間、都市から小さな町へと飛び回ります。地球を訪れている異なる種の存在と出会うことは、いつだって興味深いです。でも……私たちは、人々の生活に大きく関わるつもりはないんです。

ニュートン　「人々に関わる」とは、誰かのカルマの道筋に干渉することですか。

被験者　ええ……そうです。

ニュートン　でもそれができたら、人々を助けられるのではないですか。

被験者　（突然、たぶん罪悪感から）だって私たちは地球担当のガイドではないですからね。私たちはただの訪問者なんです。これは休暇なんですよ。もちろん何か悪いことが起きそうな状況に行き当たったら、少しだけ時間を割いて、よい方向へ軽く背中を押してやりますが。（声を高めて）主要な問題点には触りませんよ、絶対に！

ニュートン　（この話題をもっと引き出そうとして）生命に害を及ぼす悪いスピリットもいますね。

被験者　（ぶっきらぼうに）誰がそんなことを言ったんですか。邪悪なスピリットなんていませんよ。ただ……不器用で……不注意で……無関心で……。

ニュートン　悲しむ者や道を誤ったスピリットなど……彼らは害を及ぼしませんか。

被験者　ええ、それはありますよ。でも計画的な悪とは違うでしょう（しばらく間があって）。私たちみんなが喜々として飛び回っているわけではないんです。

ニュートン　それが知りたかったんです。亡霊のことを考えていたんです。

被験者　自分の意志でここに根を張っているスピリットもいますよ。

ニュートン　地球に初めて来たスピリットたちはどうですか。

被験者　（間があって）私たちが適応異常と見なす次元間を往来するスピリットもいます。彼らは地球に対して何も感じません。人間をよく知らないんです。

ニュートン　（なだめるように）彼らが原因で問題が起きることはありますか。

被験者　（イライラして）ええ、ときどきね……故意ではないのでしょうけど。彼らは邪悪とかいうのではなく、単に不器用でいたずら好きの子どもですね。次元間や次元内部で遊んでいるうちに迷子になってしまうんです。

ニュートン　では悪魔的な力に導かれるスピリットに出会ったことはありますか。

被験者　（即座に）いいえ、たまに地球で迷子になった重い存在に出会うことはあります。地球の密度は高めですが、彼らはもっと高密度の場所から来ています。自分が何をしているか分からず移動も苦手で、私たちにしがみつこうとするんです。

ニュートン　さっき話題に出た無関心なスピリットはどうですか。

被験者　（深くため息をついて）そうですね。彼らなら人々を脅かすかもしれないですね。彼らの中には破壊的な性格の者もいますから。

ニュートン　分かりました。理由はともあれ、なぜ問題を起こすのでしょうか。彼らのガイドはしっかりと世話をしていないのでは?

被験者　（冷静に）それは……監視しすぎると無気力な子どもになるからです。紐でつながれていたら、彼らは何を学べるでしょうか。もちろん害を与えることが許されるわけではありませんけれど……。

ニュートン　最後になりますが、これまで聞いたさまざまな種類のスピリットは、地球上のあちこちに集団をつくっているのでしょうか。

被験者　そんなことはないですよ、地球の人口と比べたらほんのわずかです。ここに来てもまったく会わないこともよくありますから。

見えないのに何かがいると感じる不思議な体験をすることがあります。それはひょっとしたらスピリットの旅人たちが、私たちのかつて自分もそうだった記憶やそうなるだろう未来の記憶を呼び覚ますのかもしれません。

❖悪霊は存在しない

この章を終えるにあたり、邪悪なスピリットや善良なスピリットたちが与える影響について整理してみましょう。私が言うことは、皆さんが考えていることと違っているかもしれませんが、これらは被験者たちから得られた情報だということをご理解ください。

彼らは悪魔や邪悪なスピリットに会ったことがありません。彼らが強く感じるのは人間が発する強烈な怒りや憎しみ、恐れなどの負のエネルギーです。こうしたネガティブな思考同士が引き寄せられ、さらなる不調和をもたらし、地球上に悪影響を蔓延させているのです。

古代人は悪霊《デーモン》は天国と地上の中間領域を浮遊する存在であり、特に邪悪なものとは考えていませんでした。しかし初期のキリスト教会で、デーモンは「暗闇の邪悪な支配者」の地位にまで登り詰めたのです。彼らは堕天使であるため魔王《サタン》ではなく神の使者のふりをして人間を騙します。ただ現代のより開放的な宗教団体では、デーモンは「私たちの内部にある誤った信念」を象徴するものと考えられています。

長年の魂たちとのワークで、友好的であるないにかかわらず、ほかのスピリットに憑依された被験者には一人も会ったことがありません。ある講演会でこう言うと、一人の男性が「大先生のおっしゃることはごもっともだが、世界中の人間を催眠にかけてみないかぎり、邪悪な力はないと断定はできないはずだ！」と言ったのです。

もちろんこれは、「魂の憑依、邪悪な霊、悪魔や地獄は存在しない」という私の仮説へのもっともな反論といえます。とはいえ、邪悪な力を意識的に信じる人でさえ、スピリットの状態ではこれらの存在を否定するのですから、それ以外の結論には至ることはできないのです。

自分は異世界の存在や悪意ある霊にとりつかれている、と信じる被験者が来ることがあります。また「過去世の行いのせいで、自分には呪いがかかっている」と信じている人たちもいました。こうした人たちを超意識状態へ導いたとき、そこでは以下の三つの典型的なパターンが見られました。

1. ほとんどの場合、恐れには何の根拠もありません。

2. ときどき亡くなった肉親が接触してくることがあります。ある混乱した被験者は、故人からの慰めと愛を誤解していました。送り手と受け手のコミュニケーションが失敗することもあります。魂はお互い同士のテレパシーはスムーズにできても、生きている人との交流には苦労することもあるのです。

3. ごくまれに混乱した魂が、未解決のカルマの問題を抱えているために接触してくることがあります。これはケース14で見たとおりです。

超常現象の研究者たちが、さらに三つの理由を提示していますが、悪霊にとりつかれたと信じる理由を解明するうえで、私のパターンにつけ加えてもいいかもしれません。

4. 子どものころに受けた感情的・肉体的虐待のために、虐待する大人は全面的な支配力をもつ邪悪な力の代表者だという感情が作り出されます。
5. 多重人格障害。
6. 地球周辺の電磁場の活動が周期的に高まると、精神状態が不安定な人の脳に混乱が生じることがあります。

憑依を心配してやってくる被験者のほとんどは、自分の意のままにならない人生を送り、思い込みや強迫観念に縛られた人たちです。また悪事を命じる声を聞く人たちは、多くの場合、憑依されているのではなく統合失調症だと思われます。

私たちの世界に人に害を及ぼすスピリットが浮遊しているとしても、彼らは人間の心にとりついたりしません。スピリット世界はとても秩序正しいので、こうした混乱した魂が活動する余地はないのです。別の存在にとりつかれた状態は、私たちの人生契約が破壊されるだけでなく、自由意志もまた失われます。

これらの要素は輪廻転生の基盤ですから、それが揺らぐことはないのです。悪魔的存在が人々を混乱させ破滅へ追いやるという考え方は、他者の心を支配しようとする人たちが利用している作り話にすぎません。悪は内側にあり、理性を失った人間の心の内部から生まれてくるのです。

人間が本質的に邪悪である、あるいは外部の力が邪悪な心に入り込むのだと仮定すれば、一部の人にとっては悪の実在を受け入れやすくなります。つまり意図的な残虐性を正当化し、人間性を問うことなく、個人的にも人類全体としても責任を回避する逃げ道になるのです。連続殺人や子どもが子どもを殺す事件を目にしたとき、こうした人たちは「生まれながらの殺人者だ」「外部の邪悪な影響を受けたのだ」などと言いたがります。そうすればこの殺人者たちが自分の痛みを行動化し、他人に苦痛を与えて楽しむ根本的理由を探さなくてよいからです。

怪物のような魂などいません。生まれながらにして邪悪な人はいないのです。むしろ彼らは社会によって堕落させられ、邪悪な行いが堕落した人格の欲求を満足させるのです。

精神病質者の研究によれば、彼らは何の自責の念もなく他人に苦痛を与え、その快感が彼らの心の空虚さを満たすのだそうです。社会的不適格者にとっては悪を行うことがパワーや支配の源となるのです。強い憎しみは不愉快な現実を忘れさせてくれます。こうした歪んだ心が彼らにささやきます。「人生なんて何の価値もない。それを他人から奪って何が悪いんだ」と……。

悪は遺伝しませんが、子どもへの暴力や虐待があった家族には、しばしばそうした行為の記憶が世代から世代へと伝えられます。大人の暴力的で異常な行動は本人の内面的感情の表れですが、それが家族の若いメンバーへと波及し、彼らを汚染していきます。そうして子どもたちは否応なしに破壊的行動へと至るのです。

肉体に加えられる遺伝的環境的な混乱が、魂にどのような影響を与えるのでしょうか。被験者とのワークから、魂は困難な時期には肉体から離れていることが分かりました。自分がその肉体に属していないと感じる者すらいます。境遇が過酷すぎると、これらの魂はよく自殺を考えますが、別の人生を始めようとは思いません。この混乱は魂の不滅の性質と、多くの遺伝的要因を抱えた人間の脳との不調和から生じてきます。

また脳内物質の異常とそのアンバランスも原因の一つかもしれません。また魂が未熟であればあるほど人間の混乱した心的回路にうまく対応できません。魂の自己と人間の自己との間には、単一の自我を他人に向けて示すうえで葛藤があり、そのプロセスがうまくいかないのです。これらはすべて内面で行われます。混乱した心に必要なのは、悪魔祓い師ではなく有能なセラピストなのです。

肉体から見ると、魂は完全に純粋で善良なものではありません。でなければ生まれてきた意味がなくなります。魂は自分の課題を克服するためにこの世へ生まれてきます。自己発見という観点から見ると、魂は自分の性格に合った肉体を選ぶこともあれば、合わない肉体を選ぶときもあるのです。

よくあることですが、問題を抱えている人たちは、子ども時代の肉体的精神的な虐待のトラウマに苦しんでいます。彼らは苦痛から逃れるために殻に閉じこもるか、意識が肉体の外へ出てしまいます。こうした防衛メカニズムは正気を保って生き延びるための手段なのです。

被験者が「日常生活を離れてアストラル体の投射を楽しんでいる」「体外離脱の感覚はワクワクする」などと言うのを聞くと、何か深刻な問題がないか探ってみます。その結果が単なる好奇心だったとしても、肉体離脱への執着心は、目の前の現実から逃れたい欲求があることを示しています。

❖ウォークイン理論（魂がすでに成長している肉体に宿ること）

私が「ウォークイン」理論を新手の逃避メカニズムではないかと疑っている理由もここにあります。私は「ウォークイン」という考え方そのものが間違った概念ではないかと考えています。この理論の提唱者の言うとおりなら、現在この惑星には何万もの魂が誕生や幼年時代のプロセスを経ることなく、直接大人の肉体へ入り込んでいることになります。

聞くところによれば、こういう憑依した魂は悟りを開いた存在で、人生の困難に耐えきれず早めにこの世を去りたがっている魂の肉体を、引き継ぐことを許されているのだそうです。つまりこの理論の信奉者からすると、ウォークインの魂はきわめて人道的な活動をしていることになります。

私はこれまで多くの被験者とワークしてきましたが、ウォークインの魂とは一度も会ったことはありません。さらに被験者たちもこれらの存在を聞いたこともないそうです。それどころかそれは魂の人生契約を無効にするものです。別の魂が入り込むのを許し、自分のカルマを含めた人生プランを委ねてしまうなんて、そもそもこの世に生まれてきた目的を全否定することになります。ウォークインが誰かの肉体に入り込み、そこで自身のカルマのサイクルを完結しようとすることは、欺瞞以外の何物でもないのです。

理論の提唱者たちは、肉体を去る魂《ウォークアウトする》に困難な人生からの離脱を許すことで彼らの自殺を防いでいると主張しますが、実際にはウォークイン理論そのものが自殺に等しいのです。魂が人生の途中で肉体の所有権を放棄したら、誕生からの長いプロセスを嫌う魂が大人の肉体を引き継げることになります。

肉体の割り当てに関する研究では、魂が肉体の脳の波長と完全に融合するまでに何年もかかります。そのプロセスは胎児の段階から始まりますが、私たちを構成するすべての本質的要素は、魂が特定の肉体へと割り当てられた瞬間から始まるのです。まず魂から想像力、直感力、洞察力の三つの自己が生まれ、次に良心や創造性といった構成要素が加わります。

大人の人間の心が、自分の分身である魂の自己が失われ、新たな存在へと置き換えられたことに気づかないものでしょうか。そんなことになったら、肉体は変調をきたしてしまうはずです。私はよく人々に言います。「魂が失われることはない。共にいる期間は決まっているのだし、共にいる理由があるのだから」と……。

スピリット世界の住人は、私たちが邪悪な存在に対して不安を抱いていることをよく知っています。この問題に注目するきっかけとなったケースがあります。ガイドが生徒である被験者に対して用いた悪霊とのやり取りは、きわめて型破りでしたが、見事に功を奏しました。

ケース18は一九二〇年代に亡くなった、ある福音伝道師の死直後の場面です。この男性は生涯にわたって、自分が暮らす町の至るところで悪魔を見てきました。彼は人生を振り返ってこう言いました。「教区民たちは、罪深い人間には必ず地獄が待っているという、私の烈火のような説教を聞いて骨の髄まで震え上がりましたよ」と。

では被験者がスピリット世界の入り口に到達したところから始めることにしましょう。

ケース18

ニュートン　あなたは光の中に浮かんでいて、誰かがこちらへ来るのが見えるんですね。

被験者　そうです。この状況がよく分からないので、ちょっと戸惑っています。

ニュートン　分かりました。ゆっくりでいいですよ。

被験者　（急に怯えた声で叫びました）ああ、やめてくれ！　来るな！

ニュートン　（絶叫に驚いて）どうしましたか。

被験者　（わなわなと震えながら）ああ……全能なる神よ！　あれは悪魔だぞ。ここは地獄か！

ニュートン　（肩に手を当てて）深く息を吸ってリラックスして！　ここは地獄ではありませんよ。

被験者　（甲高い声でさえぎって）そうかい、だったらなぜ目の前に悪魔がいるんだ。

ニュートン　（汗を拭いてやりながら）落ち着いてください。何か誤解しているようですよ。

被験者　（身体を前後に揺さぶりながらうめき始め）あぁぁぁぁ……あいつがのしかかってきた……。
ニュートン　（毅然とした口調で）何が見えるか話してください。
被験者　（最初はささやき声で、だんだん大声になって）悪魔が……赤味がかった緑色の顔……角や牙があって……目がぎらついて……ああ、イエス様どうしてこの私が？
ニュートン　ほかに何が見えますか。
被験者　（吐き捨てるように）何が見えるだと？　目の前に悪魔がいるんだぞ！
ニュートン　（慌てて）身体の別の部分ですよ。頭の下に何が見えますか。
被験者　（わなわなと震えたまま）何にも……ぼんやりした亡霊のような……。
ニュートン　よく聞いてください。これはあり得ないことですよね。頭だけの悪魔が現われるなんて？
被験者　（急に起き上がりホッとしたように大きく息をして）何だ……あいつだったのか……どうして気がつかなかったんだろう……スカンロンだよ。仮面を外して、いたずらっぽく笑いかけてきた……。
ニュートン　（私もようやくリラックスして）スカンロンとは誰ですか。
被験者　私のガイドですよ。これはあいつが考えついた荒っぽいジョークらしい。
ニュートン　スカンロンは今はどんなふうに見えますか。
被験者　背が高く、わし鼻で白髪で……。（虚勢を張って笑いながら）今回はまんまと引っかかったよ。
ニュートン　スカンロンはよくこんなことをするのですか。どうして驚かせたりしたんでしょう。
被験者　（弁解するように）いや、彼は優れたガイドなんです。これが彼のやり方なんです。
ニュートン　今回の人生の後にスカンロンが悪魔の仮面を着けた理由が、今なら分かりますか。
被験者　（少し沈黙した後で）私が悪いんです。そう、当然の報いですよ！　だって私はずっと悪魔を持ち出して、「私の言うことを聞かなければ、お前たちは地獄行きだぞ」と善良な人たちを怖がらせてきたんですから。スカンロンは私に同じ経験をさせたんです。

被験者　(悔しそうに) してやられました。

ニュートン　彼のやり方に対して、今はどんなふうに感じますか。

被験者　(強い調子で) いいえ、動機なんてありません。私は悪魔のような存在が見えると信じていたんですよ。私は偽善者ではありません。

ニュートン　あなたは至るところに悪魔が見えると教区民に言っていましたが、本当にそれを信じていたんですか。それとも何かほかの動機があったのですか。

ニュートン　本当ですか。本当は見えないのに、見えるフリをして脅しに使ったのではないんですか。

被験者　違います！　信じていたんです。私の悪いところは、威圧的な説教を自分の能力と勘違いしてうぬぼれていたことです。一部の教区民の人生を不幸にしたかもしれません……人々の善良さに目を向けずに悪魔のことばかり考えていました。いつも他人を疑っていて、それが自分自身を堕落させたんです。

ニュートン　堕落してしまったのは、今回の人生で選んだ肉体のせいだと思いますか。

被験者　(元気のない声で) ええ。自制心が欠けていました。私は攻撃的な心をもった肉体を選び、流されてしまったんです。牧師としてあまりに強引でした。

ニュートン　あなたの魂の心は、絶えず人々を威圧する牧師の肉体を選んだ理由を分かっていますか。

被験者　ええ……ほんとに……こんなことになったのは、他人を支配することが気持ちよかったからです。私は真剣に聞いてもらえないことを恐れていたんです。

ニュートン　支配力を失うことを恐れていたのですか。

被験者　（長い沈黙があって）そうですね……今考えるとよくないことでした。
ニュートン　では場面をグループへと移しましょう。最初に近づいてきたのは誰ですか。
被験者　（ためらって、慎重に）あれは……天使です……柔らかな白い光……翼があって……（そこでようやく）**そうか、みんなここにいたのか。そうだったんだ！**
ニュートン　その天使は誰ですか。
被験者　親友のダイアナです。彼女は天使の仮面を外し、笑いながら私を抱きしめました。
ニュートン　魂はどんな姿にもなれるのですから、仮面など必要ないのでは？
被験者　仮面は自分の考えを形にしたものなんです。スカンロンの大げさなジョークの埋め合わせに、ダイアナは優しい天使の姿で現れたのです。ほかの者たちは私の反応を見て大笑いしています。
ニュートン　ダイアナはどんな存在ですか。
被験者　とても優しくてユーモアがあります。ほかの連中と同じように私の生真面目さをよくからかいます。
ニュートン　善悪を学ぶときに、仮面がよく使われるのですか。
被験者　そうです。それは善悪や誤解を指摘する手段です。私たちはお互いの役割を演じることで、それぞれの好ましい側面とそうでない側面を認識するのです。
ニュートン　これを考えついたのはスカンロンですか。
被験者　（笑って）そうです。彼のアイデアは独創的なんですよ。

このケースはちょっと風変わりで、私はスカンロンのせいで混乱してしまいました。この被験者がまったく未知の世界へ連れて行ってくれるのではないかと、ちょっと期待したのです。スピリット世界で悪魔に迎えられるというのはきわめて異例です。しかもこれほど過激で挑発的な行動をとるガイドにも初めてお目にかかりました。

この後の章でも、グループ活動で演劇的要素が担う重要な役割が見えてきます。スカンロンのグループでは仮面が人の信念や信条を具現化する手段として使われましたが、これは私の経験ではかなり特殊なケースです。

仮面は私たちの文化のなかで伝統があり、神聖な力や悪魔的な力を人格化させて人々を恐れさせる霊を取り除いたり、崇拝される霊を敬うために使われてきました。ケース18ではこの世の神話的宗教的な風習が、魂グループの指導者によって学生を目覚めさせる手段として使われたのです。

第四章　エネルギーの修復

魂はつかむことができませんから物質的に定義できません。魂のエネルギーは一様ではなく、指紋のようにそれぞれ個性があります。私は魂の成長レベルをその色から推測できますが、それも魂の実体を定義するものではありません。

私は、魂がさまざまな肉体に転生し、それらがどのように影響し合い、そして死後のスピリット世界では何をしているのかということを長年研究してきました。その結果、魂には完璧さへの憧憬があることが分かってきました。もちろんそれで魂の本質が分かったわけではありません。魂を完全に理解しようとしたら、それが創造された詳しい背景、つまりその源泉の意識を知らなければなりません。しかし私がどんなに死後世界を研究し努力しようとも、この完璧な状態を知ることはできません。

魂の個々の性格は人生に大きな調和とバランスをもたらします。古代エジプト人は「魂を理解するには心の声を聴け」と言っていますが、そのとおりだと思います。

❖ガイドの出迎えと応急処置

私たちがゲートでガイドに会うと、彼らは次のいずれかの方法で出迎えてくれます。

1. **「包み込み」** 魂はガイドの巨大なエネルギーに包み込まれ、シャボン玉の中に入ったかのように感じます。これがもっともよく使われる手法で「純然たる恍惚状態」と被験者たちは言います。

2. **「フォーカス効果」** ガイドが近づいてきて魂のエーテル体の特定箇所にエネルギーを注ぎ込みます。するとまるでやさしく肩を抱かれたかのように感じ、注ぎ込まれた部位からは癒しが始まり奥深くへと浸透していきます。

どちらを選ぶかはガイドにもよりますし、魂の状態にもよります。いずれにしても力強い活気あるエネルギー注入が行われます。これがスピリット世界の最終目的地へ向かう旅のプロローグです。ダメージを受けていない進歩した魂の場合は、エネルギー注入の必要はありません。

ケース1はまだガイドではない魂が、妻のアリスにフォーカス効果と包み込みを用いた例です。ほかのケースからも分かるように、ガイドになる前から癒しのエネルギーを送る訓練を始めます。最初のエネルギー注入で元気になった状態で、「エネルギーの浸透」と呼ぶ熟練したテクニックを使います。この手法はちょうどコーヒーを入れるときの濾過《ろか》に似ています。ケース8の魂はこのエネルギーをフィルターにかける手法を、夫チャールズの嗅覚を通して行っています。

スピリット世界内外での傷の癒しは、善の源泉から生まれます。本質や知恵など送り手のポジティブなエネルギーは、魂の隅々へと流れていきます。被験者たちはこの同化の素晴らしさは表現しがたく、ただただ「強烈に活力が回復してくる」と言うばかりです。魂が著しく疲弊した状態でスピリット世界にたどり着くと、その場で応急処置を行うガイドもいます。これは身体と心の両面ヒーリングです。

ある被験者は前世で自動車事故で亡くなり、そのとき足を失いました。この後スピリット世界のゲートで起きたことを、彼は話してくれました。

ゲートに到着したとき、ガイドは損傷を受けたエネルギーを回復させる処置を行いました。粘土のように形を整え、荒れているところを滑らかにし、隙間をふさぎ、傷ついた箇所を元通りにしてくれたのです。

魂の身体であるエーテル体はスピリット世界へ行くとき、外見は人間のままです。本当の意味では、まだ脱皮していない人間の痕跡といえるでしょう。その姿は永久不変ではなく、再現するときには鮮やかに光り輝くエネルギー体となります。

人生で受けた肉体の傷の痕跡は適切に取り除かないと、場合によっては次の人生にも影響を及ぼします。なぜそんなことが起きるのでしょう。死の瞬間に肉体を完全に脱ぎ捨ててしまう魂もいます。でもほとんどは、人生で受けた肉体的感情的な傷跡をそのままスピリット世界へ持ち帰るのです。

次に示すのは、見習い中のガイドが、傷ついたエネルギーを適切に処置できなかったケースです。この被験者は第一次世界大戦の戦闘中に砲撃で吹き飛ばされ、つらい人生を終えたばかりでした。

ケース19

ニュートン　あなたは戦場で亡くなり、今まばゆい光へと入っていくところです。何が見えますか。

被験者　白いローブを着た人物が近づいてきます。

ニュートン　それは誰ですか。
被験者　ケートのようです。彼女は新任の教師で、私の担当になったばかりです。
ニュートン　彼女の外見を説明してください。彼女はあなたに何を伝えようとしていますか。
被験者　彼女はまだ若く平凡な顔立ちをしています。穏やかですがちょっと不安な様子です……（笑って）私のそばに来ようとしません。
ニュートン　どうしてですか。
被験者　私のエネルギーがよくないからでしょう。彼女は「ゼッド、自分で自分を癒さないといけませんよ」と言っています。
ニュートン　なぜ彼女は手伝ってくれないのでしょうか。
被験者　（再び大きな声で笑って）彼女は殺戮などの悪いエネルギーに近寄りたくないんですよ。
ニュートン　ガイドが嫌がるなんて初めて聞きました。自分に悪影響があると恐れているのでしょうか。
被験者　（まだ笑いながら）そんなところでしょうね。彼女はまだ仕事に不慣れなんです。
ニュートン　今、あなたのエネルギーはどんなふうに見えますか。
被験者　私のエネルギーは散乱状態ですよ。汚れた塊で散らばり……秩序というものがありません。
ニュートン　それはつまり、あなたが死の瞬間すぐに肉体から脱け出せなかったからですか。
被験者　そのとおりです！　私の部隊は不意打ちを食らったんです。死が迫ると、いつもは肉体を切り離すんですけどね。（暴力的な死に瀕すると魂は直前に肉体を離れるようです）
ニュートン　ケートはエネルギーを回復させる能力がないのですか。
被験者　いや、少しは努力しましたが……今の彼女には無理なようです。

ニュートン　ではどうするのですか。

被験者　彼女の意見を聞きながら自分でやろうと思いますが、散乱が激しくうまくいきません。あ！　今突然強いエネルギーが降ってきて、戦闘でついてしまった負の痕跡を少し洗い流してくれました。

ニュートン　ダメージを受けた魂が、エネルギーシャワーを浴びる場所にいるのですか。

被験者　（笑って）たぶんそうですね。ベラがいます。彼は熟練したガイドでケートを援助しています。

ニュートン　それからどうなりましたか。

被験者　ベラは去っていきました。ケートはそばにきて私に両腕を回して誘導していきます。

ニュートン　（わざと挑発して）さっきあなたを拒絶したケートに従うのですか。

被験者　（眉をひそめて）何てこと言うんですか。大したことじゃありませんよ。私は彼女が大好きなんです。彼女には多くの才能があります……今のところ、修理は得意ではないようですが……。

❖ダメージが少ない魂の修復

ゲートで特別なエネルギー処置を受けるかどうかに関わりなく、魂の多くは自分のグループへ戻る前にある種のヒーリングエリアへ直行します。高度に進歩した魂を除けば戻ってきた魂の大半は、慈愛に満ちた魂たちに癒され、必要があれば修復エリアへと誘導されます。

強いエネルギーをもつ成長した魂は、このエリアを通ることなくグループへと戻っていきます。彼らはほかの魂よりも手際よく負の痕跡を排除できるのです。ある成長した魂はこう言っています。「一緒にワークする大多数の魂は、死後いったん休憩をとらなければなりませんが、私にはその必要がありません。私はすぐに戻ってプログラムの続きをやりたいんです」。

修復エリアではある種の適応指導が行われます。その指導の程度は魂の状態によって異なり、今終えた人生の予備的な聞き取りもあるようです。もっと詳細なカウンセリングはガイドも含めたグループ会議や、さらに長老たちの評議会でも行われます。

修復エリアの環境が地球に似ているのは、それが私たちの記憶から形成されているからです。ガイドはそのほうが効果的だと感じているのです。適応指導が行われる場所の状況は人生ごとに異なり、一九四四年にドイツの強制収容所で亡くなった女性は次のように言っています。

人生によって適応指導の環境は違ってきます。私は恐怖と寒さに支配された人生から戻ったばかりだったので、そこは明るく輝いていて私の悲しみを和らげてくれました。そばには暖炉もあって、私は心からの安堵と心地よさを感じられたのです。

被験者の多くは庭園のようなところにいると言いますが、水晶の中のようだと言う人たちもいます。庭園は美しく静かな場所を象徴しますが、水晶は何を意味するのでしょうか。

水晶の中というのは適応指導の部屋とは違うようなのです。例えば水晶の洞窟は、終えたばかりの人生をゆっくり振り返る場所だと言う人もいます。水晶の修復センターについて、ある人は次のように述べています。

私の修復エリアは水晶に似た構造をしていて、思考をまとめやすいのです。壁面はプリズムのような多彩な石からできていて、その幾何学的な角度が変動する光の波動を反射します。それらが周囲へと波及して、思考をいっそう明晰なものにするのです。

被験者や水晶に詳しい人たちに言わせると、水晶はエネルギーバランスをとることで思考を高揚させる効果があるのだそうです。シャーマンはこの水晶を使って私たちの波動パターンを宇宙エネルギーと同調させ、一方で負のエネルギーを排出させます。癒しによって開かれた意識から英知を引き出すことが、修復エリアにいる最大の理由なのです。

次のケースでは、被験者は庭園にいます。彼は何生にもわたって謙虚さを学んできました。この魂はほとんど男性として生まれてきましたが、彼の肉体はどんどん傲慢に横柄に、ときに無慈悲にさえなっていきました。直前の人生で決定的転機が訪れ、彼は服従ともいえる受け身の人生を送ったのです。これは彼の性格では受け入れがたく、修復エリアに着いたときには敗北感さえ漂っていました。

私は美しい円形の庭にいます。柳の並木、カモが泳ぐ池、静寂がみなぎるこの光景が、今終わった不本意な人生の落胆を和らげてくれます。ガイドのマキールが花々に囲まれた大理石のベンチへ連れて行ってくれました。

今回の人生はまったく無意味でした。なぜなら私は一貫性がなく、いつも揺れ動いていたからです。マキールは私を元気づけようと軽い食べ物を用意してくれました。一緒にフルーツを食べながら池のカモを見つめていると、いつのまにか肉体の影が私から離れていきました。するとちょうど溺れかかったときに吸い込む空気のように、マキールの力強いエネルギーを取り込んでいる自分に気がついたのです。

彼は「今回の人生から学ぶことはあったし、それは次の人生に必ず生きるはずだ」と励ましてくれました。

そして私が変化を恐れず人生を生き抜いたことが大事なのだと言ったのです。庭園はゆったりとくつろいだ雰囲気で、いつの間にか私はすっかり気分がよくなっていました。

ガイドは魂を回復させるために肉体がもつ五感の記憶を使ったのです。別の被験者は音響と多彩な光による感覚的な追加処置を受けた、と次のように話しました。

浄化シャワーの後で、私はバランス回復の空間へと移動しました。室内へ漂っていくと天井にスポットライトがたくさんあり、「バニオン、準備はいいかね?」という声がしたのです。頷くと、音響が心に流れ込んできて音叉のように共鳴し同調すると、私のエネルギーはまるで泡のようにキラキラときらめきました。次にスポットライトが一斉に点灯して緑色の癒しのビームが私をスキャニング(走査)し、まるでステージのように周りを照らし出しました。この光は傷ついた箇所を修復します。次に力強さを与える金色の光と覚醒をもたらす青い光に照らされ、やっと私自身のピンクがかった白色のオーラが回復されたのです。

この一連の処置は愛情に満ちていて心が落ち着き、終わってしまうのが残念でなりませんでした。

❖深刻なダメージを受けた魂の修復

肉体から悪影響を受けたために特別な処置が必要な魂がいます。人生において自分にも他人にも破壊的だった魂は、それを克服しようと人生を重ねるのですが、克服どころかさらに堕落していくことがよくあります。その一方で、たった一度の人生で課題を克服してしまう魂もいます。いずれの場合でも魂は隔離され、そのエネルギーは一般的な魂よりも徹底的に修復措置を受けます。

魂が受ける悪影響には多くのパターンがあり、深刻さの度合いも違います。問題の多い人間の肉体は、未熟な魂にあらゆる点でダメージを与えます。進歩した存在なら同じ状況でもそれほど影響されませんが、恐怖や怒りに支配された肉体で暮らしていると必ず陰りが生じてきます。そしてその程度が問題になります。

私たちの思考や感情は、脳が危険信号を発したとき放出される化学物質に影響を受けます。「闘うか逃げるか」というメカニズムは、魂ではなく原始的な脳から生まれます。分かりやすく言うと本能によるものです。魂は思考や感情をコントロールできますが、機能不全に陥った脳を制御することはできません。こうして受けた傷跡が肉体を離れた魂に残っているのです。

私は狂気に対する独自の考えをもっています。魂が胎児に入ると、誕生するまでに人間の心との融合が始まります。もしこの子どもに精神疾患や重度の情動障害があったとしたら、結果として異常行動が表れてきて、そうなるとどう頑張っても魂は人間と完全には同化できません。魂が肉体の異常行動をコントロールできなくなると自己の分裂が起きます。自分自身や他人に脅威を与える存在となる要因には、多くの肉体的、感情的、そして環境的な要因が関係してくるようです。こうして複合的な自己にダメージが生じるのです。

魂に危険信号がともるのは人間の異常さへの統制能力を失い、多くの生で肉体と調和できずに暴力的傾向を示すようになったときです。こうなると魂は前の人生の課題を克服しようと、ドミノ倒しのように同じタイプの肉体を求めるようになります。魂には自由意志がありますが、人間の心の一部だったわけですから、混乱した人間を統制できなかったことへの責任は免れません。このように混乱した魂がスピリット世界に戻ると、彼らには何が起きるのでしょうか。

深刻なダメージを受けた魂が連れて行かれる場所について、部外者の視点で話してくれた被験者の引用から始めることにしましょう。この場所は「影の都」とも呼ばれています。

この場所で負のエネルギーが消去されます。ここは私たち外部の人間には暗く見えます。本来癒しの場所であるのに、負のエネルギーに覆われ、暗い海のようです。この暗闇をよく見ると、それは漆黒ではなく濃い緑が混じっているのが分かります。ここで活動する癒し手たちのエネルギーです。

ここに来たからといって魂たちの罪が免除されるわけではありません。最終的に何らかの方法で犯した過ちを償わなければならず、そのためにも自身のポジティブなエネルギーを回復させなければならないのです。

ダメージを受けた魂をよく知る被験者によれば、この場所で過ちの記憶すべてが消し去られるわけではありません。もしすべて消えてしまったら自分の責任を意識することができなくなりますし、その認識を保っていることが未来での改善へとつながるのです。しかし処置の後には、かつて他者へ与えた危害を詳細には思い出せなくなります。そうでないと罪悪感に苛まれ、転生を拒否するかもしれないからです。またあまりに凶悪な行いを犯したために、人間社会へ戻ることを許されない魂があるとも聞いています。

魂は復活して力をつけると「次の肉体では過ちを犯さない」と心に誓いますが、いったん新しい肉体へ入ってしまうと記憶のブロックがかかり、思うどおりにはいかなくなるのです。復活のプロセスも、深刻なダメージを受けた魂とそうでない魂とでは異なります。

この説明を聞いて、私は次のような結論に至りました。エネルギー浄化の徹底的なアプローチが「エネルギーの改造」であり、そこまで深刻ではない場合の手法が「エネルギーの再構成」です。私はこの難解なテクニックについて多くを知りませんから、この分類は単純化しすぎかもしれません。次に示すケース20はエネルギーの再構成の仕組み、ケース21では改造について説明しています。

ケース20

この被験者はカイロプラクティックとホメオパシー医学の開業医であり、現在は患者のバランスを失ったエネルギーの統合を専門にしています。この被験者は何千年にもわたってヒーラーとして転生を繰り返しており、スピリット世界ではセリムと呼ばれています。

ニュートン　セリム、これまでの話では、あなたは高度なヒーリンググループに属し、メンバーの五人は特別なトレーニングを受けているのですね。もう少し詳しく聞かせてください。

被験者　私たちは「再生者」になる訓練を受けています。行き場を失ったエネルギーを待機施設で再構成し……組み立て直すんです。

ニュートン　そこは混乱した魂のための場所ですか。

被験者　そうです。状態が悪く、自分のグループにすぐ戻れない者たちが一時待機するのです。

ニュートン　その判断はゲートであなたが行うのですか。

被験者　いいえ、決めるのは私ではありません。彼らのガイドがマスターの意見を聞いて判断します。

ニュートン　ではあなたはどの時点でダメージを受けた魂に関わるのでしょうか。

被験者　私が何か手伝えそうなときに呼ばれます。それから待機施設へと向かいます。

ニュートン　待機施設というのはどんなところですか。

被験者　ダメージを受けた魂が再生を終え、再び健康になるまでここで待ちます。ここは蜂の巣のような構造で小部屋が密集しています。癒しを受けるとき、それぞれの魂は自分の場所にとどまっています。

ニュートン　作られたばかりの魂がいる場所によく似ていますね。

被験者　確かに……ここはエネルギーが守り育てられる空間ですからね。

ニュートン　ではこの蜂の巣のような空間は、再生と創造の両方に使われているのですか。

被験者　いいえ、私はダメージを受けた魂の施設で働いているんです。新しい魂はいません。

ニュートン　分かりました。ではあなたはなぜこの役割を与えられたのでしょうか。

被験者　（誇らしげに）私は何生にもわたって傷ついた人々を助けてきました。再生の専門家になりたいと申し出たところ、願いが聞き入れられて、トレーニングクラスに入れたのです。

ニュートン　深刻な傷を負った魂が待機施設へ来ると、あなたは手伝いに呼び出されますか。

被験者　（頭を横に振って）いいえ、私は比較的ダメージの少ないエネルギーのときだけ呼ばれます。

ニュートン　ではダメージを受けた魂はなぜ待機施設に送られるのか教えてください。

被験者　彼らは進歩のない人生を重ね苦境に陥ってしまった者たちです。これまでの人生から少しずつ悪影響を受けてきたので、この施設で健康を取り戻すのです。

ニュートン　エネルギーが劣化していく魂は自ら助けを求めるのですか。それとも強引に連れてこられるのですか。

被験者　（きっぱりと）誰も強制されませんよ。彼らは同じ過ちを繰り返し行き詰まって助けを求めるんです。グループだけでは十分に回復できない魂が自分から再生を希望してくるんです。

ニュートン　より深刻なダメージを受けた魂も同じように助けを求めますか。

被験者　（間を置いて）それはめったにありません。人生があまりにも破壊的だと……魂のアイデンティティが損傷を受けますから。

ニュートン　残酷な暴力に関与した者のことですか。

被験者　それも一つでしょうね、ええ。

ニュートン　セリム、あなたが待機施設に呼ばれると、エネルギーが枯渇したり変性してしまった魂に対して、どのようなことが行われますか。

被験者　新しく到着した魂と会う前に修復マスターが再生すべきエネルギー経路の概略を示すので、私たちはさらに詳細を調べます。

ニュートン　外科医が手術前にレントゲンで下調べをするようなものですね。

被験者　（楽しそうに）ええ、そうです。三次元で分析できるので、何が可能なのか分かるんですよ。

ニュートン　ではそのプロセスに入りましょうか。

被験者　三つのステップがあります。最初にダメージを受けたエネルギーの細部まで精査をします。次に閉塞した暗いエリアを取り除き、最後に新しく純粋な光エネルギーを注入します。注入は上塗りするように行われ、それが融合して強いエネルギーへと転換されて修復完了です。

ニュートン　このようなエネルギーの再構成は、より徹底的な修復とは違うのですね。

被験者　ええ、違います。

ニュートン　あなたはこの処置のすべてに関与していますか。

被験者　いいえ、私は最初の査定の訓練を受けているだけですが、第二のステップも少しならできます。

ニュートン　エネルギーが深刻なダメージを受けていたら、それはどんなふうに見えますか。

被験者　ダメージを受けたエネルギーは、加熱した卵のように白い光が流動性を失って固まっています。私たちはこれを柔軟にし、暗い隙間を埋めなければなりません。

ニュートン　この暗いエネルギーについて教えてほしいのですが……。

被験者　（さえぎるように）付け加えるとダメージを受けたエネルギーから損傷が生じることがあります。それは肉体的・精神的ダメージから生じる亀裂のようなもので、内部は空っぽです。

ニュートン　この亀裂は魂にどんな影響を及ぼしますか。

被験者　エネルギーを劣化させます。周囲と色合いの違うまだらになった場所は、長期的な劣化の跡です。

ニュートン　先ほどの説明にあった古いエネルギーを新しい純粋なヒーリング・エネルギーで調整して修復するというのは、具体的にはどのように？

被験者　強力な荷電ビームを用います。それはとても難しいんです。自分の波長を正しい配列で崇高な魂の波長と同期させなければなりませんから。

ニュートン　ではマスターと直接つながるのですね。マスターそのもののエネルギーが導管として使われるのでしょうか。

被験者　ええ。でもほかにも純粋エネルギーの源泉はありますよ。私が使ったことがないものや、経験が少なくてよく知らないものなど。

ニュートン　セリム、先ほど「固定化したエネルギーを柔軟にして元の状態に戻らせる」と言いましたが、それは「新しい純粋エネルギーを導入する」のとは違うのですか。

被験者　いいえ。そうではなく魂を立て直して強め……本来の姿に戻るようにするのです。

ニュートン　自分の修復ワークが完了した後で、うまく機能しているか確認する方法はありますか。

被験者　ええ、再生された魂の周囲に流動的な負のネルギー場を作ります。そして私たちが修復した箇所が、それを防ぎ止めるかどうかを確認します。

ニュートン　最後の質問です。あなたたちのワークが終わると、再生した魂には何が起きますか。

被験者　状況によりますね。みなしばらく私たちと一緒にいます……そこにはまばゆい光や……癒しの音楽が聞こえてきます。そしてこの魂たちが解放されると、彼らの次の転生や肉体への配慮がなされます。（ため息をついて）その魂が他人を傷つけた肉体に宿っていたなら……新たな人生を始めるにあたって、その魂を肉体的精神的に強化して送り出します。

次は徹底的な改造例です。ケース21では、私がハイブリッド（混成種）の魂と呼ぶ特別な種類の魂が登場します。ハイブリッドの魂が特に自己破壊的になりやすいのは、彼らは異世界で輪廻転生を繰り返し、最近地球に来たばかりだからでしょう。わずか数千年内に転生してきたハイブリッドの魂は特に適応が困難なようです。ほかの者たちはすでに適応したか、地球を永久に離れています。

被験者の四分の一は生と生の間に別の世界を訪れた記憶があります。これ自体が彼らをハイブリッドの魂にするのではありません。私の研究では比率は低いのですが、地球へ来る前に異世界に転生した記憶をもつ魂がいて、彼らがハイブリッドなのです。ハイブリッドの魂には年老いた魂が多く、いくつかの理由から肉体を伴う生を地球で完了させせようと決意しています。

彼らの元の世界はもはや居住に適さないか、あるいは潜在的可能性を秘めた地球で新たなチャレンジを求めているのかもしれません。事情はさまざまですが、以前の転生で宿っていた生命形態は、人間の脳よりも少し優れていたか、ほとんど同じか、あるいはやや劣っていたことでしょう。そこには何らかの意図があるのです。ハイブリッドの魂が地球よりもずっと高度なテクノロジー、例えば宇宙旅行ができる文明の惑星に転生していたなら、彼は私たちよりも聡明でしょう。同じように、ハイブリッドの魂がテレパシーを使う世界で暮らしていたなら、通常の人より高い能力をもっているはずです。

ハイブリッドの被験者の中には、指摘するまで最初から地球に転生してきたと誤解している人がいます。かつてアトランティスの島国に暮らしていたというヴィジョンなどはいい例です。仮にアトランティスが何千年も昔に地球上に存在していたとしても、神話の多くは私たちがかつて存在した異世界の記憶からきているのではないかと考えています。

ハイブリッドの魂という呼び方は、転生の起源がさまざまな世界にわたる魂たちの総称としてふさわしく、彼らは人間とは遺伝的に異なる宿主の中で成長してきました。地球以外の世界に起源をもつ才能豊かな人々に、私は何人も会ったことがあります。にもかかわらずこの経験には負の側面もあり、修復マスターの訓練中であるレベルVの被験者は次のように語っています。

ケース21

ニュートン あなたは深刻なダメージを受けた魂とワークしていますが、詳しく話してもらえますか。
被験者 私は悪の泥沼にはまった魂を扱う特別なセクションにいます。
ニュートン (異世界に転生してきて今回地球で亡くなった魂を扱うと知って)ここにいるのはハイブリッドと呼ばれる魂たちですか。
被験者 そうです。私たちは修復エリアで残虐化した魂たちを扱っています。
ニュートン そんな恐ろしい呼び方をするんですか!

被験者　すみません。でもほかに何と呼んだらいいですかね。ひどい悪事を犯して、このままでは救済されない魂たちですよ。

ニュートン　それはそうですが、人間の肉体も大きく関与していたはずで……。

被験者　（私をさえぎって）それは言い訳になりません。

ニュートン　分かりました。ではあなたのワークについてお話しください。

被験者　私は第二ステージの修復者です。

ニュートン　それはどういう意味ですか。

被験者　こういう魂が肉体を失うとゲートでガイドか親友が出迎えますが、この最初のステージは長くは続かず、すぐに私たちのところに連れてこられます。

ニュートン　最初のステージが長く続かないのはなぜですか。

被験者　自分がどれほど人々に苦痛を与えたかを忘れては困るからです。第二ステージで彼らは、汚染されていない魂たちから隔離されます。

ニュートン　まるで伝染病患者の収容所で働いているようですね。

被験者　（不機嫌そうに）その言い方はあまり気持ちのよいものではないですね。

ニュートン　（無礼を詫びて）悪い行為に走る魂がみなハイブリッドというわけではないですよね。

被験者　もちろんです。でもこの世で本当に残忍で非道な魂の一部はハイブリッドなんですよ。

ニュートン　私はスピリット世界は優れたマスターたちがいる秩序正しい場所だと思っていました。このハイブリッドの魂たちが、外見は人間でも異常なものに汚染されていて人間の気質に順応できないとしたら、彼らは何のためにここへきたんでしょう。スピリット世界にも間違いがあることの証明ではないでしょうか。

被験者　多くの魂は問題ないんです。それに人間社会に大きな貢献もしています。一部の魂が悪いからといって、すべての魂に地球に転生するなと言うんですか。

ニュートン　いえ、そういう意味ではありません。ではあなたはこの魂たちをどうするのですか。

被験者　上位の魂たちが公正な目線で汚染されたエネルギーを審査し、初めに経験した世界が、人間としての彼らにどのような影響を及ぼしているかを調べます。これが例外的なケースなのか、それともほかの魂も同様の問題を起こしているのかを調べるのです。もし後者なら彼らは地球への転生を許されないでしょう。

ニュートン　あなたのセクションについて、もう少し詳しく話してください。

被験者　私のエリアは深刻な過ちを犯した魂たちがいるところではありません。私たちは荒廃した生活が習慣化した魂たちとワークしています。私たちは彼らのエネルギーを浄化し、まだ救いようがあるなら人間に戻る選択肢を与えます。そこで自分が与えてしまった苦痛の何倍もの痛みを体験をすることになります。

ニュートン　救いようがある魂とは、心から後悔し反省している魂のことですか。

被験者　そんなところですね。

ニュートン　何倍もの痛みと言いましたが、カルマの公正さは懲罰的なものではないのでは?

被験者　もちろんですよ。安定と償いの機会を与えるために選択肢を与えるのです。彼らが与えた苦痛を自分でも経験してもらうには一度の人生では足りないので、何倍もと言ったんです。

ニュートン　そうだとしても、すべての魂がこの選択肢を受け入れるのですか。

被験者　あなたは誤解していますね。みなが恐れるのは同じ負のパターンに陥ることです。

ニュートン　彼らが人間世界に戻りたがらなければ、どうするのですか。

被験者　そうした魂は救いようがない魂の道を歩みます。その場合、彼らのエネルギーは拡散されます。

ニュートン　それはエネルギーの改造のようなものですか。

被験者　ええと……そうですね……私たちはそれをエネルギーの分解と呼びます。バラバラの小片にしてしまうんです。

ニュートン　エネルギーは失われませんよね。汚染された魂のアイデンティティを破壊するのですか。

被験者　エネルギーは失われませんが改変され転換されます。私たちは古いエネルギー一割に対し、特別に用意された新鮮なエネルギー九割を混ぜ合わせます。希釈することで汚染も薄まり、わずかながら本来のアイデンティティも元のまま残ります。

ニュートン　有害なエネルギーを善良なエネルギーと混ぜて、汚染された魂を無害にするのですね。

被験者　（笑って）善良とまではいかなくても新鮮さは必要ですね。

ニュートン　抵抗する魂はいないんですか。

被験者　これらの手続きを受け入れて回復し、その後は地球やその他の惑星で前向きな人生を送る魂がいる一方で……わずかのアイデンティティしか残らないことに抵抗する魂もいます。

ニュートン　そのような魂はどうなるのですか。

被験者　多くは中間状態の孤独な空間へ戻っていきます。最終的にどうなるのか、私には分かりません。

魂の汚染が肉体だけに由来するとはかぎりません。明らかに前の二つのケースは魂そのものも汚染されて、それが苦しみの原因にもなっていることを示しています。ここでカルマについて私の意見を述べておきたいと思います。人生で大きな不幸に見舞われたからといって、その人が必ず前世で悪事を働いたり何らかの間違いを犯したわけではありません。そのような過去をもたない魂が、他者への慈悲心や共感を学ぶために苦難の人生を選ぶことがあるのです。エネルギーの損傷がひどくなく、修復マスターが出るほどではないケースもあります。次は修復エリアで活動するヒーリング能力が高い魂についての報告です。被験者は「彼女は野戦病院で働く従軍看護師のような存在だ」と言いました。

あっ、あれはヌミだ！ 最近の人生では会っていないので、彼女に会えてとてもうれしいです。彼女のプログラム解除や修復技法は本当に素晴らしいんです。ヌミが私を抱きしめました。彼女は私の心に入ってきて疲弊したエネルギーを彼女のものと融合させました。彼女の活気あるバイブレーションが入ってくると、一瞬小さな再構成が行われたかのようでした。私のエネルギーの具合を確認してもらった感じです。ほどなくここを出る準備ができて、ヌミは「またいつかね」とやさしくほほ笑んで見送ってくれました。

❖孤立を望む魂たち

前章でも説明しましたが一部の機能不全の魂は肉体を去ると、しばらく隔離状態に入ります。彼らは亡霊ではありませんが、死を受け入れずスピリット世界にも帰ろうとしません。被験者の数パーセントがこのカテゴリーに属します。

彼らは他者との接触をもとうとしませんが、最終的には親身なガイドに励まされてスピリット世界へと帰っていきます。他者から離れて一人の時間をもつこと自体は、健全な魂でもよくあります。自身の課題について考えたり、その時間を利用してこの世に残してきた人々を訪ねたりするのです。

一方で隔離状態にいる魂とはまったく異なる孤立を望む魂がいます。細かな区別にこだわるようですが、この二者には大きな違いがあります。孤立を望む魂は修復のプロセスを経た健康な魂なのです。彼らは依然としてネガティブなエネルギーを感じるために保護区に入ろうとするのです。以下がその好例です。

人生が終わるたびに私は内省のために保護区へと行きます。前の人生のどの部分を確保しどれを放棄すべきかを検討するのです。今回の人生では勇気を獲得し、人間関係を維持できない無能さを捨てました。私にとってここは仕分けの場です。ここで得たものは私の性格の一部になります。残りは捨ててしまいます。

この活動に長く従事できるのは、他者のために全力を尽くすリーダー的存在の進歩した魂たちです。次のケースのアケムもその一人です。彼は自らを犠牲にして他者のために尽くしています。

ケース22

この被験者は過去世でモロッコを最後に支配したフランス軍と闘いましたが、一九三四年に敵の捕虜となりました。彼はレジスタンスの闘士で、アトラス山脈からサハラ砂漠へと連行されて拷問を受けましたが、けっして情報を漏らしませんでした。そして灼熱の太陽の下で杭につながれたまま放置され死んだのです。

ニュートン　アケム、モロッコでの生の後、どうしてそんなに長く孤独の時間を必要としたのですか。

被験者　私は「守護者の魂」なんですが、私のエネルギーにはまだこの人生の痕跡が残っているんです。

ニュートン　守護者の魂は、どんなことをするのですか。

被験者　私たちは、生まれながらにして善良で人々を助けようとする人たちを守り保護します。

ニュートン　あなたはモロッコで誰を守っていたのでしょうか。
被験者　フランスの植民地化と闘うレジスタンス運動の指導者です。私の犠牲があったからこそ、彼は自由のために闘う同志たちを助けることができたんです。
ニュートン　大変な仕事ですね。あなたは過去世では政治や社会運動をしていたのですか。
被験者　ええ、戦争も含めてね。私たちは大義のための戦士なのです。
ニュートン　守護者の魂たちはグループとしてはどんな特徴がありますか。
被験者　私たちは不屈の忍耐と情熱で守るべき者たちを支援することで知られています。
ニュートン　守るべき人たちに危害を加える相手に対抗するということですが、その人たちに守るべき価値があるかどうか、誰が判断するのですか。それはとても主観的なことのように思えますが。
被験者　そのとおりです。判断を誤らないように、前もって詳しく分析します。私たちのワークは性質上、攻撃的にも防御的にもなりますが、原理原則を欠いた攻撃的行為には一切関わりません。
ニュートン　分かりました。ではこの任務が終わった後、あなたのエネルギーが消耗してしまうことについて話しましょう。癒しのシャワーや修復エリアでも、あなたが元に戻らないのはなぜでしょうか。
被験者　（笑って）シャワーと言いましたが、あれは洗車機ですよ！　あの通路に入ると四方八方からポジティブエネルギーが降り注いできて、ブラシが車体を洗うみたいに身体中をこすられるんです。
ニュートン　では、その洗車機があなたの役に立たないのはなぜですか。
被験者　（真顔になって）とても十分とは言えませんね、ネガティブな汚れは基本的に洗い流されますよ。でも私という存在の中心核には過酷な人生や受けた拷問の影響がこびりついているんです。
ニュートン　では、どうすればよいのですか。

被験者　完全に一人になれる保護区に行きます。
ニュートン　そこで何をするのか詳しく話してください。
被験者　そこは薄暗い小さな区画で、安息の空間あるいは安息所とも呼ばれます。そこではほかの者も休息をとっていますが、お互いに顔を合わせることはありません。現在は二十名ほどいます。私たちは疲れ切っているので、しばらくは誰とも関わりをもちたくないんです。守り人が私たちの世話をしてくれます。
ニュートン　守り人ですか。何をするのですか。
被験者　中立的立場の守り人は思考に介入することなく、看護師のような役割を担っています。彼らは安息所の番人なんです。

注：どうやらこの中立的な守り人は修復マスターの補佐役のようです。中立的という意味はコミュニケーションをとらずに処置を施すことですが、彼らは自分の担当する魂に安息を与えようと献身的に働いていると聞いています。

ニュートン　この番人たちはどのように見られているのでしょう。
被験者　彼らは聖域を巡回する聖職者ですね。何も言いませんが、とても注意深く見守っています。
ニュートン　では、彼らは休息中のあなた方を見守っているのですね。
被験者　いいえ、まだ分かっていないようですね。彼らは素晴らしい看護技術をもっているんです。彼らは、私たちがスピリット世界に残していくエネルギーを適切に調整管理しているんです。
ニュートン　なるほど、そういうことですか。魂の分割については知っているつもりですが、どうしてすぐに残しているエネルギーと結合しないのですか。あるいは修復マスターが、あなたの汚染されたエネルギーを再生しないのはなぜですか。

被験者　（深く息をして）説明しましょう。今あなたが言ったことは必要ないんですよ。私たちは自分の純粋エネルギーを取り戻して、汚染の影響を浄化したいだけなんです。守り人がその手助けをしてくれるのです。

ニュートン　血液銀行に預けた血液を自分に戻すようなものですか。

被験者　そうです！　やっと分かっていただけたようですね。私たちは大がかりな修復を必要としませんから、自分のエネルギーをゆっくり注入してもらうだけで、失ってしまった力強さを取り戻せるのです。

ニュートン　この修復には、地球時間でどのくらいかかりますか。

被験者　ああ、それは難しいですね……二十五年から五十年……できるだけ長く続けたいのです。なぜなら守り人は自分の波動で……私たちのエネルギーをマッサージしてくれて、とても気持ちいいんです。彼らは裏方的な存在であまり話しませんが、私たちが感謝していることはよく分かっています。そして充電が終わりワークに戻るべき時も教えてくれます。（笑って）その時がくると追い出されるんですよ。

このケースから学んだことはエネルギーを修復する最良の方法の一つが、残したエネルギーをゆっくり取り戻すということでした。孤立を望む魂の多くはかなり進歩しているので、通常の修復を必要としません。このような魂はときどき自信過剰になることがあります。アケムも認めていますが、モロッコでの人生に五十パーセントのエネルギーしか充てませんでしたが、本当ならもっと使うべきだったのです。

❖地上のヒーラー――人体を治療する魂

エネルギー修復を専門とする魂がいると知って、こういう魂は人間としてその能力をどのように使うのか知りたくなりました。次のケースの女性はさまざまなエネルギー療法を行っていますが、私とのセッションを行うまで自分のヒーリング能力がどこからくるのか知りませんでした。スピリット世界でプルイアンと呼ばれる彼女は、エネルギー調整がどれほど重要であるかを詳しく説明してくれました。

ケース23

ニュートン　プルイアン、魂の修復トレーニングは人間に入っているときも行われるのですか。

被験者　（私の質問の意味を読み解くにつれて、彼女は驚きの表情になりました）そうだわ……今までまったく気づかなかったけど……地球でもこうして活動を続ける者だけが「変容者」と呼ばれるんだわ。

ニュートン　何が違うのですか。「変容者」はどのように定義されるのですか。

被験者　（ほほ笑んでうなずくと）私たちは肉体を健康に戻す仕事をしている浄化チームです。地球には暗いエネルギーの陰りがある人がいます。彼らが人生で何度も同じ過ちを犯すと、陰りはよりはっきりしてきます。私の役割はそうした人たちを見つけて障害を除去し、正しい判断力を与えて自信や自尊心を取り戻せるように支援してあげることです。彼らをより生産的な人間へと変えるのです。

ニュートン　プルイアン、スピリット世界で魂を修復することと、地上でエネルギーを変容することとでは、トレーニングとして何が違うのでしょう。

被験者　（長い間があって）ある部分では同じですが……肉体とのワークを望む変容者は、生の合間にも勉強のためにほかの世界に送られます。

ニュートン　最近、変容者として行った訓練について教えてください。

被験者　私たち六名（プルイアンの自主学習グループ）は、別次元から来た二人の知的存在から……波動エネルギーをビームにして投射する効果的な方法を教えてもらいました。

ニュートン　それらの存在は物質的世界から来たのですか。

被験者（穏やかな声で）気体の惑星のようなところから来ました。その惑星にいる知的生命体は……シャボン玉のような形で……とても好ましい存在です。私たちが学んだのは……ええと……。

ニュートン（優しく）大丈夫ですよ。では、学んだことを実際に役立てる話に戻りますが、今なら、自分の能力がどこから来ているのか分かりますよね。地球の変容者の魂として、あなたはその能力をどのように活用していますか。

被験者　私たちはビームをレーザー光線のように使います。歯医者のドリルのように、ダイレクトに当てて暗いエネルギーを除去するのです。この方法だとより速く処置できます。私は時間をかけるやり方が苦手なんですよ、たとえそれが効果的だったとしても。

ニュートン　なるほど。エネルギーの修復を学ぶにはスピリット世界と人間としての両方の訓練が必要なんですね。先ほどおっしゃった時間がかかるやり方を教えてもらえませんか。

被験者（深呼吸すると）私は目を閉じてトランス状態に入り、両手で患者の頭部を覆います。そして患部に合わせた幾何学模様のエネルギーの渦を、心の中に描きます。それを患部の周囲に置いて、ゆったりとしたバイブレーションの波を送るのです。すると周囲から少しずつ癒され修復されていきます。筋肉痛に温湿布をするようなものです。（間があって）分かりますか。彼らは入ってくるときに損傷を受けたので、その弱くなった部分が……肉体として生きていくうちに、どんどんと悪化していったんです。

ニュートン（驚いて）ちょっと待ってください。「入るときに損傷を受けた」と言いましたよね。あなたの役割は、人生の試練によって汚染されたエネルギーが対象だと思ったのですが。

被験者　それは一部です。魂が人間の身体へ入るとき、密度の高い物質の中に入るんです。肉体は原始的で動物的なエネルギーをもっています。魂のエネルギーは本来が純粋で、一部の肉体には簡単に入れません。特に若い魂はダメージを受けやすいので、初期の軌道を外れてねじ曲げられてしまいます。

ニュートン　それで患者に合わせた形にしてエネルギーを投射するんですね。

被験者　そうです。それが変容者の仕事です。傷ついたエネルギーの経路は曲がりくねっていて……有害なエネルギーを排除するには並べ直さなくてはなりません。これらの混乱した魂はバランスを失っていて、有害なエネルギーが正しいエネルギーの流れを阻害しています。そのために肉体のすべての細胞に全力で働きかける必要があるのです。これが正しく機能すれば、魂はもっと人間の脳に連動していけるでしょう。

ニュートン　やりがいのある仕事のようですね。

被験者　（笑顔で）まだまだ学ぶことはたくさんありますが、満足感がありますよ。

後で登場するケース25では霊気《レイキ》が使われています。レイキは古代から伝わる手を使ったヒーリング法です。エネルギーの損傷状態を調べ、エネルギー場に生じた亀裂を埋めながら調整していきます。

物質的であれ精神的であれ傷ついたエネルギーのオーラには隙間ができ、そこに邪悪な力が入り込んでくるという説がありますが、それは恐怖に基づく作り話です。しかし有害なエネルギーが私たちの活動機能を減退させることは間違いありません。

セラピータッチのような手かざし療法にもヒーリング効果があり、病院では一部の看護師が純粋に看護と癒しの目的で任意で行っています。私たちの身体は粒子的なエネルギー場を構成し固体に見えますが、実際には流動的でバイブレーションの導管として機能します。ある変容者の魂は自分のセラピータッチ手法を次のように語っています。

ヒーリングの秘訣は意識的な自己を捨て去ることです。そうすることで自由なエネルギーの経路をふさぐ要因を排除できるのです。私が目指しているのは、患者のエネルギーと溶け合い、その肉体の最良の状態を引き出すことです。これには技術だけでなく愛も必要です。

治療の受け手があまりにマイナス思考に陥っていて、「気」つまり生命力の流路をふさいでしまえば、ヒーラーは彼らの状態を把握することができません。

二十一世紀になって、瞑想やイメージ誘導によって内なるエネルギーを高めることが癒しに有効であることが知られるようになりました。さまざまな方法で高次エネルギーの源泉を開き、私たちの内なる英知へと到達することができます。マッサージ、ヨーガ、鍼灸術などは、私たちの「気」のバランスを保つことに効果を発揮します。

肉体と魂のエネルギーが調和しないまま触れ合うと、マイナスの因子が生じます。誰にでも生まれながらの自然なリズムの「指紋」があり、人間が生産的であろうとしたら、肉体と魂の円滑な共存がどうしても必要なのです。魂が人間の脳と協調し合えれば、機能はより高められ、よりパワフルな自己を実現できるのです。

❖地上のヒーラー――自然環境を癒す魂

私は不思議な現象に出会う人々に興味があります。次に紹介する手紙はちょっと風変わりで、まさか環境を癒す能力があることなどこれまで思いもしませんでした。地球には自身の波動率があり、この波動に波長を合わせられる人たちがいると知って、この能力をもつ被験者と会ってみることにしました。

ここ数年、森に入ると、両手がチリチリするような奇妙な感覚に襲われます。痛くありませんが、この森で何かを解放しなければならないという焦りに似た気持ちになります。つい最近、両手から突然電光が飛び出し、それを必死で瓶に詰めようとしている夢を何度も見ました。ひょっとしたらこの夢が、私の内なる願いを叶えてくれそうな気がして幸せな気分で目覚めます。こんなことを言う私はおかしいでしょうか。

ケース24

ニュートン　あなた方五人は何のためにこの学習グループに集まったのですか。

被験者　みな同じワークをしているからです。一緒にやればもっと意識や能力を高めることができます。

ニュートン　どうぞ続けてください。

被験者　実は私たちは、個人では良質なエネルギーフローを長時間維持できないのです。

ニュートン　では集団なら可能なのですか。

被験者　はい、ある程度は……。エネルギーを同時に送り出し、それを集中貯蔵庫へ蓄積します。一人のエネルギーは、それほど強力ではなく純度も低いので飛び散ってしまうんです。

ニュートン　それが手の違和感や、ああいう夢を見る理由でしょうか。

被験者　（よく考えて）そうですね。もっとスキルを高めなさいというメッセージだったのでしょう。

ニュートン　エネルギーを蓄えて、人々を癒すわけですね。

被験者　（私の間違った推測にすぐに反応して）いいえ、違います。私たちは草花や木々、大地を癒します。そのためにこの人生で環境保護に関連した職業を選んだのです。

ニュートン　なるほど。あなたは自分のスキルに関連した職業を選んだのですね。

被験者　そうです。

ニュートン　ほかのメンバーはどうなんでしょうか。

被験者　（にこっと笑って）二人は私と一緒に林野局で働いています。

ニュートン　自然を癒す役割をもつあなたたちには、この仕事はピッタリですね。地球全体で環境破壊が進んでいますから。

被験者　（残念そうに）本当にひどいものです。地球には私たちが必要なのです。

ニュートン　あなたたちはこれまでも過去世で環境保護に従事してきたのですか。

被験者　ええ、そうです……ずっと昔から。例えば前世で私は、「シンギングツリー」という名前のアルゴンキンインディアンでした。私の仕事は大地が確実に食べ物を提供し続けてくれるように支援することでした。私はよく森の中に立って、何時間も両手を広げていました。部族の者たちは、私が木々や土と話をしていると思っていましたが、実際には大地とエネルギー交換をしていたんです。それはガイドの助けを借りた心と身体の拡張なのです。

ニュートン　今日ではどうですか。

被験者　（間があって）大地が生み出す美と実りは、そこに生きる者たちにもパワーを与えます。大地を保護することで、人々は生きる糧を得るだけでなく、生きることの素晴らしさに気づくのです。

セッションから何年もたってから、「ついに人生の目標を実現することができた」と被験者から手紙がくることがあります。環境を癒す才能がある人だったら、景観建築家になったとか、古いレッドウッドの森伐採を阻止する抗議グループに参加したとか言ってくるのです。

私は研究テーマである「自分はなぜここにいるのか？」という疑問に対するカウンセリング的な役割を楽しんでいます。この研究を始めた当初、人々が知りたいのはスピリットのガイドやソウルメイトについてだろうと思っていました。ところが、彼らの第一の関心は「自分の人生の目的とはなにか？」だったのです。

地球の環境やバイブレーションにどのように波長を合わせるかというテーマを終えるにあたり、私は聖地について一言述べておきたいと思います。

多くの研究者が事実として報告していますが、世界には強力な磁気エネルギーを発する場所があります。地球上の聖地としては、アリゾナ州セドナの岩石地帯、ペルーのマチュピチュ、オーストラリアのエアーズロックといった一般の人にもよく知られた場所がいくつかあります。

人々がこうした場所に立つと意識が覚醒し、肉体的なパワーが向上するように感じます。惑星の磁場は明らかに肉体と魂の意識に影響を与えますが、私はそこにスピリット世界との興味深い類似性を見いだします。被験者たちによれば、彼らの魂グループの本拠地は「空間の中の空間」にあって、その非固体的な境界エリアはそのグループが発する波動的エネルギーで充満しています。

おそらく古代から聖地と見なされてきた地域のレイライン（遺跡が一定の法則で並んでいる）には、エネルギーが交錯し合うヴォルテックスと呼ばれる磁力線の渦があるのでしょう。これらの場所では思考が高められ、スピリット領域への通路が容易に開かれると言われています。どこにヴォルテックス（渦）があるかを知ることが、ヒーラーにとってはとても重要なのです。

❖魂の分割と再結合

魂にはエネルギーを分割する能力がありますが、「魂の分割」よりも「魂の拡張」のほうが表現としては正しいかもしれません。前にも述べたように、魂はみなスピリット世界にエネルギーの一部を残してきます。複数の肉体で並行した人生を送る魂も同じです。残してくるエネルギー分量には違いがありますが、どんなに少なくても、それらは自己の正確な写しでありアイデンティティの複製です。

残されたエネルギーが極端に少ない場合には濃度が薄く眠っているような状態ですが、エネルギーは純粋で清浄さを保っており能力も維持しています。エネルギーが一部残されることを知って、合点がいくことが多々ありました。この偉大な仕組みは人生のスピリチュアルな局面に大きな影響を及ぼします。例えばあなたの愛した人が三十年前に亡くなり、その後この世に生まれ変わっていたとしても、あなた自身がスピリット世界へ戻ったときに彼らと会うことができるわけです。

ある被験者は、「私たちが人間に百パーセントのエネルギーを持ち込んだら、その脳の回路は焼き切れてしまうでしょう」と言っています。エネルギーの全容量が一つの身体に投入されたら、脳は魂のパワーに完全に圧倒されてしまいます。どうやらこういうケースは未熟な魂で起きるようなのです。

ひょっとしたらこの魂が肉体を占有する仕組みは、人間の進化に周到に組み込まれたプロセスではないかとも考えられます。そしてまた、魂の全エネルギーが一つの肉体に集まれば自由に脳を操ることができますから、魂が人間として成長する目的が否定されてしまいます。魂のエネルギーは人生での多様なチャレンジによって強くなっていくのです。

百パーセントの覚醒は逆効果になります。エネルギーが分割されなければスピリット世界の記憶はすべて保持され、この世に転生してくる意味がなくなってしまいます。進歩した魂のエネルギーは少量でも純度が高く精力的です。若い魂が多くのエネルギーを持ち込まなければならないのは、エネルギーの質が低いからなのです。

このように魂の能力はエネルギーの量で決まるのではなく、経験と知恵を反映した波動的パワーの質によって決まるのです。本来魂は転生するときに記憶喪失というブロックがかかり、何の答えももたずに生まれてきます。反面過去の重荷も背負っていないために、新たな気持ちで人生に取り組みことができるのです。

どの魂もいくつに分割されていようとも、それぞれ不滅のエネルギーパターンをもっています。この魂の自我が肉体がもつ人格と一体化すると、高密度の場が形成されます。この共生関係の緻密さは非常に複雑で、私が関わってもせいぜいその表面をなでる程度です。この二つのエネルギーが限りなく相互に反映し合って、外に向けて一つのものとなるのです。

魂の分割プロセスの変動要因として、分割されたエネルギーがもつ能力の影響が挙げられます。これは魂の経験に関係してきます。もう一つの要因は人間の身体の物質としての密度と、その肉体を駆り立てる感情的気質です。同じ魂が同時に二つの肉体に同じ四十パーセントのエネルギーを投入したとしても、表れ方はまったく違ったものになるでしょう。

魂のエネルギーには特定のパターンがありますが、それは個々の人間の境遇に応じて変化するのです。次の人生を検討するとき次の肉体がどのくらいエネルギーを必要とするかアドバイスを受けますが、最終的な判断は自分で行います。ほとんどの魂は仲間たちとの時間が至福の喜びなので、できるだけ多くのエネルギーを残していきたいと考えるのです。

魂を分割して二つの人生を同時に生きるという選択肢がありますが、その動機と目的は何でしょうか。それは魂が学習を加速させたいからのようです。そういう魂は十パーセント程度のエネルギーを残し、残りを二つか三つの肉体に分けるのです。こういう人生では莫大なエネルギーを消耗するので、並外れた野心の持ち主でないかぎり二、三度で諦めてしまう魂が大半です。

またエネルギーを二つに分割して双子に入ることもしません。遺伝的性質、両親の影響、環境、民族等々が共通した家族の中でエネルギーを分割しても、多様性がなさすぎて意味がないのです。

一卵性双生児に宿った二つの魂の由来に興味を示す人はたくさんいます。被験者の中にも二十代後半の双子の姉妹がいて同じ魂のグループに属しますが、最上位のソウルメイトではありません。この二つの魂は何千年にもわたって親子や兄弟姉妹として生きてきましたが、双子になったことは一度もありませんでした。ではなぜ今回双子になったのか。それには二つの理由があります。一つはこれまで抱えていたお互いへの信頼の問題を克服するため、そしてもっと意味深い理由は、「二人のエネルギー場が結合して二倍になり、ほかの人との交流が深まる」ことを経験するためだと言っています。

胎児の段階で十分なエネルギーを持ち込まなくても、後で補充できるのではないかと尋ねられることがありますが、私の知る範囲ではエネルギーの配分比率を途中で変えることはできません。もし途中でエネルギーを追加できるとなると、最初に確立された魂と人間の脳との緻密なバランスが崩れてしまいます。しかし危機的状況のときにガイドに頼んで、残したエネルギーを一時的に引き出せる人たちもいるようです。魂が残したエネルギーと再結合するプロセスは、被験者が前世の死に退行したときにもっとも明確になります。

前世の複雑な事情が絡んでいなければほとんどの魂は、グループに戻る途中で、または戻った後でエネルギーバランスを取り戻します。次に示す二つのケースはゲート付近と適応指導の場で再結合した例です。それに続くケース25が一般的な再結合の様子です。

夫は私の残りのエネルギーを優しく抱きながら持ってきてくれました。私が年老いて疲れきっていることを知っていたからです。そして毛布でくるむように私の上にかけてくれたのです。彼に触れたとたん、私の残りのエネルギーは磁石のように張り付いてきて自分が拡大していくのを感じました。そして夫の考えがテレパシーのように簡単に読めるようになり周囲もはっきりと見えてきました。

私は乳白色の壁に囲まれた超現代的な部屋にいました。ガイドのエヴァランドは私が何も反応しないことを心配し、「肉体の形の解消」をしようとしています。彼女は輝きを放つ私の残りのエネルギーが入った容器を持って私に近づき、私の両手に触れました。その瞬間私は充電されたように高揚しました。

次にエネルギーをもっと吸収できるように、私の波動バイブレーションを刺激したのです。中心核が自分のエッセンスで満たされると、肉体の痕跡である外側の殻が溶けていきました。ちょうど濡れた犬が身体を震わせて水をはじくような感じです。不必要なこの世の断片が振り落とされると、私のエネルギーはそれまでの鈍い光ではなく、まばゆい輝きを放つようになったのです。

ケース25

レベルⅡのアパロンはアイルランドで貧しい女性として人生を送り、一九一〇年に亡くなりました。肉体的には頑強で自立心も強かったのですが、夫が横暴でアルコール中毒だったために、女手一つで五人の子どもを育てなければなりませんでした。もちろん彼女には自由も自己表現の機会もありませんでした。

ニュートン　アパロン、仲間の歓迎の後、残していったエネルギーとすぐに結合しましたか。

被験者　（にこっと笑って）ガイドのカナリスがこの再結合を一つのセレモニーにしてくれました。

ニュートン　後に残したエネルギーとの結合をですか。

被験者　ええ、カナリスがエネルギーの保管空間に行くと、そこでは残したエネルギーがガラスの壺に入って、私の帰りを待っていました。彼がずっと守っていてくれたんです。

ニュートン　全体の何パーセントを残したのですか。

被験者　十五パーセントだけです。アイルランドの人生にたくさん必要でしたから。この私の一部はグループの一員として学んでいました。

ニュートン　この十五パーセントのエネルギーが完全にあなただといえるのですか。

被験者　（きっぱりと）もちろんです。小さくても私そのものです。

ニュートン　このわずかなエネルギーでレッスンを受けたり、ほかの人と交流できたのですか。

被験者　ええ、ある程度はできました。私は人間としてもスピリット世界でも知識を得て成長したいんです。

ニュートン　（何気なく）たった十五パーセントで自立できるなら、カナリスは必要なかったのでは？

被験者　（ムッとして）セレモニーを台なしにするような言い方ですね。私がいない間カナリスは私のエネルギーを守ってくれていたんです。そして今その再結合をセレモニーにしようとしているのに……。

ニュートン　失礼なことを言ったならお詫びします。そのセレモニーはどんなでしたか。

被験者　（楽しそうに）カナリスは子育てに熱心な父親のように誇らしげでした。友人たちが見守る中、ガラスの壺を取り上げて、私がアイルランドの人生を立派にやり遂げたことを褒めてくれたのです。

ニュートン　このパーティには、アイルランドであなたの夫だった魂もいましたか。

被験者　もちろん！　最前列で楽しんでいました。アイルランドの肉体を終えた彼は別人のようです。

ニュートン　分かりました。では、カナリスは次に何をしましたか。

被験者　（笑って）彼は緑色のガラス壺に入った私のエネルギーを取り出し、エネルギーをより輝かせようと両手で撫で回しました。そしてその雲のようなエネルギーをマントをはおらせるように私にかけました。

ニュートン　今この瞬間、自分のすべてのエネルギーが一つになったんですね。どんな感じですか。

被験者　（穏やかに）二つの水銀の粒が一瞬で一つになるように、私自身も完璧な自分になりました。そしてパワーと自己がよみがえってきて、自分は不滅だという感覚をもたらしました。

ニュートン　（相手の反応を誘うように）エネルギーを百パーセント持っていければいいですね。

被験者　（すぐに）本気で言ってるんですか。そんなことになれば、人間の心は自分を維持できませんよ。たしかにアイルランドの人生にはたくさん必要でしたが……。

ニュートン　現在の肉体は何パーセント使っていますか。

被験者　そうですね……六十パーセント前後ですが、これで十分です。

ニュートン　ある惑星の生命体はエネルギーをすべて持ち込み、スピリットの記憶をすべて憶えていると聞きました。

被験者　そうでしょうね。そういう生命体はテレパシーを使うこともできます。地球に似た世界で、私たちと同じような肉体をしていますが、心がもっと発達しています。今のところ私たちの進化には多くの条件が課されていますが、制約があることはいいことなんです。

ニュートン　人生が始まる前にエネルギー量が決められますが、これについてどう考えますか。

被験者　次の肉体に必要なエネルギー量は、カナリスや評議員がモニターしています。肉体のもつ身体的精神的な特徴に影響を受けますが、それについても彼らがきちんと把握しているのです。

ニュートン　でもこのアイルランド人女性は強健で意志も強かったようですから、もっと少なくてもよかったのではないですか。ずいぶん多くのエネルギーを持っていきましたよね。

被験者　そうですね。でも彼女には私からの精神的援助が必要でしたし、私にも彼女の強さが必要でした。そして実は私たちはいつも調和していたわけではなかったのです。

ニュートン　つまり肉体と調和していない状態では、エネルギーが多く必要になるということですか。

被験者　そうです。そして境遇が厳しすぎるとしたら、それも考慮されなければなりません。現在の肉体とはうまくいっていますが、ときどきアイルランドの肉体が懐かしくなりますよ。多くの変動要素があることこそチャレンジなんです。そしてそれが楽しいんです。

第五章　魂の軌跡――誕生から成長へ

❖魂の誕生

魂が誕生直後でまだエネルギーの微粒子だったころの記憶をもつ被験者はごくまれです。魂の幼少期の記憶ならまったくの初心者からも得られますし、彼らの記憶は新鮮で生き生きしています。しかしレベルⅠの若い魂は自己の創造についてはー瞬の記憶しかもっていません。二人の被験者のケースを引用してみましょう。

私の魂は巨大な雲のような塊から生まれました。この青や黄や白に脈打つ強烈な光から、小さなエネルギー微粒子として放り出されたのです。この脈動する巨大な塊が、魂のエッセンスを嵐のように放出しています。一部は再び戻って吸収されますが、私は外へ向かって飛び続け、やがてほかの魂と一緒に流れに乗りました。次に覚えているのは明るい部屋で愛情深い存在に見守られていたことです。

私は気がつくと蜂の巣のような構造の養育施設にいました。そこにどうやってたどり着いたかは覚えていません。胎内に浮かぶ卵のように、目覚め始めたほかの細胞たちと一緒に自分が成長していくのを待っていました。大勢の愛情深い母親たちが皮膜を破って、私たちを取り出していました。周囲には生命を守り育てる力強い光の潮流が渦巻き、音楽のような調べが聞こえていました。好奇心とともに意識が目覚め、そして施設から連れ出されほかの子どもたちと一緒になりました。

かなり進歩した被験者から魂の養育者に関する話を聞くことがあります。彼女たちは「卵をかえす母」として知られる専門家です。次のケースに登場するレベルⅤのシーナという女性は、この母の一人です。彼女は現在、深刻な病気を抱える子どもたちのホスピスで働いています。前世ではポーランド人女性としてユダヤ人の子どもたちを助けたいと、志願してドイツの強制収容所で働いていました。

ケース26

ニュートン シーナ、これまでにもっとも印象に残っていることは何ですか。

被験者 （はっきりと）卵をかえす場所……魂が生まれる場所にいたことです。私は「卵をかえす母」で、いわゆる助産婦なんです。

ニュートン 魂の養育施設で働いていたのですね。

被験者 （ほがらかに）ええ、新しく生まれてくる魂を優しく愛情深く迎え入れます。

ニュートン その場所や周辺について説明していただけますか。

被験者 そこはガス状の……蜂の巣のような小部屋で強いエネルギーが渦巻いています。

ニュートン その養育施設は蜂の巣のような構造をしているのですか。

被験者　まあ、そうです……養育施設そのものは外見上は区切りがなく、途方もなく大きなショッピングモールのような感じです。新しい魂は養育の小部屋で成長すると、外へと運ばれていきます。

ニュートン　初めて見る魂はどんな様子ですか。

被験者　新しい魂は小さな金色の袋に入った白い塊のようです。厳かな流れに乗って運ばれてきます。

ニュートン　どこから来るのですか。

被験者　ここは強力なエネルギーと生命力が融合した集合体に囲まれています。このエネルギーは熱源ではなく壮大な愛の力から生まれているようです。集合体は美しく脈打ち、色は目を閉じて太陽を見るときにまぶたに広がる光のようです。

ニュートン　この集合体から魂が生まれてくるのですか。

被験者　そうです。集合体の一部が隆起してどんどん大きくなり外側に突き出してきます。そして神秘的な分離の瞬間を迎えます。新しい魂の誕生です。それはエネルギーに満ちあふれ、すでにはっきりと認識できる「自分」をもっています。

注：別のレベルVの被験者はこの孵化《ふか》の瞬間を次のように語っています。「卵状のエネルギー塊が収縮を繰り返し一気に膨張すると、その一部が新しい魂として分離します。分離に失敗した魂は元の場所へ吸収されてしまいます。これらの断片は自分だけでは次の段階へ進めないようです」。

ニュートン　そのエネルギー集合体の向こうには何か見えますか。

被験者　（しばらく間があって）至福に満ちた輝きが見えます。それはオレンジがかった黄色をしていて、その先には……永遠の表れである濃い紫色が見えます。

ニュートン　新しい魂があなたの前に来るまでの流れを説明していただけますか。

被験者　燃えるような黄色の場所から生まれたエネルギー卵は、一つひとつが母性的な魂の元へとゆっくりと運ばれてきます。

ニュートン　何人ぐらいの母親が見えますか。

被験者　近くに五人います……私のように……見習中です。

ニュートン　この母親の役割は何ですか。

被験者　私たちは魂を包んでいる金色の袋を開き、タオルで拭いて抱きしめてあげます。

ニュートン　「タオルで拭く」とはどういうことですか。

被験者　新しい魂の……ある種の湿っぽさを乾かしてあげるんです。新しく白い魂を抱きしめるようにするんです。

ニュートン　では、基本的に白いエネルギーなのですね。

被験者　ええ、そしてすぐそばまで来ると青や紫の光のきらめきが混じっています。

ニュートン　それは何だと思いますか。

被験者　（少し考えて、静かに）そうですね……私が見ているのは臍《へそ》の緒のような……魂とつながった創造エネルギーの紐のようなものです。

ニュートン　魂が真珠のように紐でつながっているイメージでしょうか。

被験者　ええ、真珠のネックレスが一列に銀色のコンベヤーに乗ってくるような感じです。

ニュートン　なるほど。新しい魂を抱きしめると、そこで生命が生まれるのですか。

被験者　（あわてて）いいえ、違います。私たちが生み出すのではなく、私たちを通じて全知なる愛と英知の生命力が生まれてくるんです。私たちは自分のバイブレーションで新しいエネルギーを乾かしながら……新しい始まりのエッセンス、つまり未来への希望と知識を伝えます。その行為を「愛の抱擁」と呼んでいます。そのときに「自分とは誰なのか、自分は何になれるのか」という思考も注入されるんです。

ニュートン　ではその先の段階へ進みましょう。この時点で新しい魂は個別の性格をもっていますか。生まれながらのアイデンティティに何かを足したり引いたりするのですか。

被験者　いいえ、ここは到着する場所なんです。新しい魂は自分が誰なのかまだ知りません。私たちは孵化したての魂に、もう始める時間だと教えます。閃光で……エネルギーに点火し、その魂に自分の存在を気づかせるんです。それが目覚めの瞬間です。

ニュートン　シーナ、もう少しお聞きします。産婦人科の看護師が赤ちゃんを抱いていても、彼女たちはその子が将来どんな人間になるのか知る由もありません。あなた方も同じですか。新しい魂について何も知らないまま役目を果しているのですか。

被験者　（笑って）私たちは看護師のような仕事をしていますが、ここは人間の産婦人科とは違いますよ。新しい魂を抱くと彼らのアイデンティティが何となく分かります。栄養を与えるためにエネルギーを結びつければ、彼らの個性がさらにはっきりと見えてきます。これらすべてが始まりに不可欠な要素なのです。

ニュートン　新しい魂にバイブレーションを使う方法をどのように習得したのですか。

被験者　これは新しい母親全員が自ら正しく身につけなければなりません。そうでないと孵化した魂は準備不足のまま進んでしまい、後から養育マスターが介入することになります。

ニュートン　シーナ、もう少しお聞きしてもいいですか。初めて魂を抱きしめるとき、新しい魂に与えられたアイデンティティの背後に何か規則的な配分プロセスがあるように感じますか。例えば十名の活発な魂の後には十名のおとなしい魂が生まれてくるとか?

被験者　機械みたいですね!　どんな魂もそれぞれユニークで、一つとして同じ魂はありません!

注：被験者から聞いたのですが、一つひとつの魂に個性がある基本的理由の一つは、「源泉」が魂を作るためにエネルギー小片を「放出」すると、残りの集合体はごくわずかですが変化して、以前とはまったく同一ではなくなるからです。つまり「源泉」はけっして双子を産まない聖なる母のようなものなのです。

ニュートン　(被験者にあえて間違いを指摘させようと)この性格は無作為に割り振られるのではないですか。お互いの相性など考えられていないのでは?

被験者　(ムッとして)創造主でもないのに、どうして私に分かるんですか。相性の合う魂もいれば合わない魂もいますが、魂は魂ですよ。性格要素の組み合わせは複雑です。母親の私は大きな特徴をつかんだうえで、微調整はできます。その経験から言えますが、性格がまったく同じ魂はありません。

ニュートン　では……(被験者はさらに続けました)。

被験者　この養育施設の向こうにすべてを管理する力強い「存在」がいるような気がするんです。私たちは知る必要がないにしても、エネルギーパターンを決める鍵があるとしたら……。

ニュートン　(これこそ待ち望んでいた瞬間です。究極の「源泉」への扉が今まさに開かれようとしています)この「存在」について、そして新しい魂をもたらす集合体について感じていることを話してください。実際に見ることはなくても魂の起源について考えたことはありますよね。

被験者　(ささやくように)創造主を感じます。すぐ近くに……でも生産に関わっていないよう……。

ニュートン　(優しく)それは必ずしも根源的な創造主ではないと思うのですか。

被験者　（そわそわして）よく分かりません……。

ニュートン　（アプローチを変えて）シーナ、新しい魂は不完全なものだというのは間違いですか。魂が最初から完璧だったら、完璧である創造主が彼らを作る必要などないのでは？

被験者　（迷いながら）ここではすべて完璧に見えますよ。

ニュートン　（質問の方向を変えて）あなたは地球に来る魂とだけワークしているのですか。

被験者　ええ、でも彼らはどこにでも行くことができます。そのほんの一部が地球に来るんです。地球に似た世界はほかにもたくさんあって、私たちはそれらを「喜びの世界と苦しみの世界」と呼んでいます。

ニュートン　あなたの経験から、魂が地球に来るべき時期が分かりますか。

被験者　ええ、分かります。地球に来るには力強さと高い回復力が必要です。なぜなら喜びだけでなく痛みにも耐えなければなりませんから。その条件が満たされたときですね。

ニュートン　同感ですね。そしてこのような魂が人間の肉体から悪影響を受けることがあるとしたら、それは魂が不完全であることの証しではないでしょうか。

被験者　ええ、たぶんそうなんでしょう。

ニュートン　（続けて）私の考えでは完全な光明を得るため、彼らは生まれながらの本質以上のものを学ばなければならないのでしょう。この仮定をどう思いますか。

被験者　（長い沈黙の後、ため息まじりに）完璧さはあると思いますよ……新しく創造された者にも。新しい魂の無邪気さが打ち砕かれたときから成熟が始まりますが、それはもともと彼らに欠陥があったからではありません。彼らは障害を克服して強くなりますが、後天的に得てしまった不完全さは、転生が終わりすべてが一つになるまで完全に消滅することはないのです。

ニュートン　新しく作られる魂がいつも地球で転生を終えるとしたら、何か不都合が生じてきませんか。

被験者　それもいずれ終わるんですよ。すべての人、すべての人種、国民が一つになったときにね。私たちはそのために地球のような場所へ送られてくるんです。

ニュートン　では訓練が終われば、私たちが暮らす宇宙もなくなってしまうのですか。

被験者　もっと前になくなりますよ。でもそれはどうでもいいことです。宇宙はほかにもありますから。永遠はけっして終わらないのです。このプロセスに意味があるとしたら、それは私たちが……さまざまな経験を楽しみ自分自身を表現し……そして学ぶことにあるのです。

作られたばかりの存在にはどんな違いがあるのか整理してみましょう。

1．創造されても養育施設へ行く前に、元のエネルギー集合体に戻ってしまうエネルギー小片があります。彼らがいわば流産してしまう理由は分かりません。その他の者たちは養育施設へと運ばれますが、成長の初期段階では自分だけで「存在の仕方」を学ぶことができないようです。しばらくして全体と結びつきができると、スピリット世界を去ることはありません。

2．どんな世界であろうと物質的身体にけっして転生しない、あるいはそれに必要な心的構造をもたない独特のエッセンスを有するエネルギー小片もあります。彼らはほとんど心的世界に存在し、次元間を容易に行き来できるようです。

3．物質世界にしか転生しないエッセンスを有するエネルギー小片もあります。これらの魂も生の合間に、スピリット世界で心的領域の訓練を受けることができます。次元間を行き来する者がいるかどうかは分かりません。

4．あらゆるタイプの物質的・心的環境に転生し、そこで活動できるエネルギー小片もあります。すべてに転生できるからといってほかの魂よりも啓発されるというわけではありませんが、幅広い経験ができるので専門家や責任ある立場に任命される機会は多くなります。

魂の壮大なる計画はゆっくりと進みます。養育施設から出ても、すぐに転生したり魂グループを形成したりすることはありません。この移行期間について新鮮な記憶をもつレベルⅠの魂の報告を見てみましょう。

魂グループに参加して地球に来る前に、準物質的な光の世界を経験する機会を与えられました。それは物質的というよりも心的世界に近く、周囲の環境は完全に固定しておらず生命体もいませんでした。ほかの若い魂たちと共に、人間の輪郭に似た光の球体となって地上を飛び回りました。

私たちは何かをするというより、ただそこにいて定形のある存在感をつかもうとしていました。人間世界とは異なる環境でしたが、私たちは同じ社会に生きる存在として、互いとの意志疎通を学びました。どこへ行っても限りない愛に包まれた楽園のようなところで、責任が課せられるようなことは一切ありませんでした。

後になってから、この世界がどんなに暮らしやすかったかを思い知ったのです。じきに苦痛と孤独ばかりが目立つ、もちろん喜びもありますが、保護が得られない世界に生きるようになり、ここでの経験が大切な教えとなりました。

❖スピリット世界のイメージ

トランス状態に入った被験者はスピリット世界で見るものを、地球上のシンボルを使って説明します。それは彼らが地球での経験に基づいたイメージを描くのかもしれませんし、あるいはガイドが慣れ親しんだ環境を作りだしているのかもしれません。

講演会でこの無意識の記憶について話すと、必ずしも信用できるものではないという声が多く聞かれます。どうしてスピリット世界に教室や図書館や寺院があるのか、と。私は「それは過去の記憶が現在の視点から表現されたものだ」と説明しています。人生で出会った多くの光景はけっして魂の記憶から消えることはありません。スピリット世界で寺院を見たとしても、それは文字通りの石造物ではなく、その魂にとって寺院が意味するものの象徴なのです。

新しい魂は繭のように保護された状態を終えると、社会生活へと入っていきます。輪廻転生が始まると、彼らが生の合間にスピリット世界で見る場所や建造物の描写も、地球に行ったことがある魂の経験に見合ったものになってきます。ときどきガラスの大聖堂や水晶の大ホール、複雑な幾何学的な建築物について聞くこともあります。さらに周囲に構造物はなくお花畑や田園風景が広がっているだけだと言う被験者もいます。

彼らが目的地へと浮遊していく様子は、自分が目にする風景に圧倒されてうまく説明できないようです。次はレベルⅣの魂が移動する様子を幾何学図形を使って説明しています。

私はスピリット世界を広く旅しています。私が目にする幾何学的図形は自分にとって確かな意味をもっています。どの構造物にも独自のエネルギーシステムがあって、ピラミッドは孤独、瞑想、癒しを表し、三角形は過去世の回想と考察を表しています。球体は未来の人生探索に利用され、円筒は見聞を広めるために異世界へ行く通路になります。

また魂が集まり別の場所へと移動していく、いわば空港のような巨大な車輪に似た中継地を通過することがあります。その巨大なプリズム状の車軸からは、先へ行くほど曲がっていく通路がたくさん伸びていて、旅行者たちは音楽的エネルギーに自分の波動を合わせて目的地へと流れていくのです。

インドの古代哲学書ウパニシャッドには、私たちの感覚は死後も記憶として残ると書いてあります。私もそう思います。次の被験者がそれを明快に表現しています。

生きていたころの楽しい記憶を呼び戻すために、スピリット世界では何でも作ることができます。物質の再現はほぼ完璧にできます。でも肉体がないと……やはり作り物の感じが消えません。私はオレンジが好きです。ここでオレンジを作って、その爽やかな甘さをかなり再現できます。でも実際にオレンジにかぶりつくのとはやはり違います。これがまた肉体への転生を楽しみにしている理由の一つです。

このように話す被験者がいる一方で、「スピリット世界こそが真のリアリティであり、人間世界は私たちを教育するための幻影にすぎない」と言う被験者もいます。この両者に矛盾はありません。地球の人間は鋭い味覚をもっています。ですからオレンジと人間は一つの実在の中では互いと調和しているのです。

現実感には幅があります。学習の場である人間世界が実在しないのではなく、ただ一時的なものなのです。人間が食べるオレンジが一時的な幻影にすぎないとしても、それがスピリット世界で作られたオレンジよりも美味だという事実に変わりはありません。

被験者が自分たちのスピリチュアルな施設を説明するとき、それは彼らにとっても不思議な光景です。人間が思い浮かべる比喩的象徴に、種々の固定観念が混じることは確かですが、本人にとってはけっして非現実的なものではないのです。魂は忘却というブロックをかけられて人間の身体に戻り、記憶のないまま新しい脳に順応しなくてはなりません。新生児には過去の経験がありません。死の直後には逆のことが言えます。

スピリチュアル催眠療法士にとって、退行のプロセスには二つの記憶が作用し合います。一つは過去世とスピリット世界の膨大な記憶と、もう一つは、催眠下の被験者が比喩として使う現在の肉体の意識的記憶です。意識的心は催眠下でも無意識ではありません。もし無意識だったとしたら、被験者は私に対して筋の通った話ができないはずです。

❖記憶の分類

被験者のスピリット世界での見聞の分析を続ける前に、意識下の記憶とＤＮＡについて述べておきましょう。

すべての記憶がＤＮＡに蓄えられると信じる人たちがいます。彼らはそれが輪廻転生を否定する科学的根拠になると言います。

確かに輪廻転生を信じない権利は理由を問わず誰にでもあります。しかし「過去世の記憶はすべて遺伝に由来し、遠い祖先からＤＮＡに蓄えられたものだ」という結論には疑問をもっています。はるか昔に死んだ肉体のトラウマ的記憶が新しい肉体へと持ち込まれることはあっても、それはＤＮＡに由来するものではありません。

一部の研究者は人類や宇宙の永遠の知性が――それには過去世の記憶も含まれます――DNAに影響を与えると信じています。実際には、何百もの過去世から現在の肉体へと持ち込まれる継続した思考も含め多くの要因が関与しており、そこにはスピリット世界の経験も含まれているのです。

過去世の記憶がDNAに由来するという仮説への有力な反論材料が、これまで蓄積してきた数多くの研究資料です。前世の肉体が現在の家系と結びついていることはほとんどありません。過去に白人や東洋人、またはアフリカ人として生きたことがあったとしても、そこに遺伝的なつながりはないのです。

それよりも異世界での記憶が、どうして地球でつくられた人間のDNA細胞に由来するのでしょうか。答えはシンプルです。遺伝的情報とされるものは、実際には意識下の心から生じた魂の記憶なのです。この記憶を三つにまとめてみました。

1. **意識的記憶**　これには私たちの身体の脳に保存されているすべての記憶が含まれます。それは地球に適応した意識的自我が顕在化させるものです。意識的記憶は感情だけでなく知覚やその他の生物的、原始的、本能的な衝動からも影響を受け、完全なものではありません。なぜなら肉体の自己防衛のメカニズムが五感からの印象を受け取って処理するからです。

2. **不滅の記憶**　この記憶は潜在意識に由来するようです。潜在意識は心拍数やホルモン機能のような意識的コントロールに従わない身体機能から大きな影響を受けます。しかしそれは特別な意識的記憶の貯蔵庫にもなっています。不滅の記憶には、この人生やほかの肉体を伴った生がどのように始まったかという記憶が含まれます。それは私たちの精神の貯蔵庫といえるでしょう。なぜなら潜在意識は意識と超意識の心をつなぐ架け橋だからです。

3. **神聖な記憶**　魂の居場所となる超意識に由来する記憶です。潜在意識を通じて高次の源泉から良心、直観、想像力が引き出されています。霊感は不滅の記憶から生まれるように思えますが、私たちの心身の外側には高次の知性があり、それが神聖な記憶の一部を構成しています。私たちはよくそれを個人的記憶と考えがちですが、実際には不滅の存在たちからのメッセージなのです。

❖仲間たちが待つ場所

超意識状態の被験者は、スピリット世界へ帰ったときの様子を地球のシンボルで説明します。ケース27ではギリシア神殿が登場します。被験者の多くは暗黒世界に文明の光をもたらした古代ギリシアに転生しているので、この風景は驚くものではありません。古代ギリシャは合理的思考と宗教心の融合を試み、この黄金時代に生きた被験者たちはそれをよく覚えています。アリアニが古代ギリシアで最後の人生を過ごしたのは、紀元前二世紀、ローマの支配が始まる前のことでした。

ケース27

ニュートン　アリアニ、スピリチュアルセンターに近づくと何が見えますか。

被験者　まばゆい白大理石の円柱が立ち並ぶ美しいギリシア神殿が見えます

ニュートン　この神殿は自分で描いたのですか。それとも誰かがあなたの心に投影したのですか。

被験者　現に目の前にあるんです！　思い出したら突然現れたのです……でも……誰かが？

ニュートン　その神殿に見覚えがありますか。

被験者　（ほほ笑んで）よく知っていますよ。それは一連の意味深い人生の頂点を表します。
ニュートン　なぜこの神殿があなたにとって意味深いのでしょう。
被験者　それは知恵の女神アテナを祭った神殿だからです。私はほかの三人と司祭をしていて、仕事は知識の火を絶やさないことでした。その火は神殿中央にある文字が刻まれた岩の上で燃えています。
ニュートン　そこには何と書いてありますか。
被験者　何よりも真理を求めよ。真理はわれらを取り巻く美と調和の中にある……と書いてあります。
ニュートン　あなたたちは火が消えないようにしているだけですか。
被験者　（少しイライラして）いいえ、これは女性が参加できる学びの場で、この火は真理を求める心の聖なる炎を象徴しています。私たちは唯一の最高神と、その権威に仕える下位の神々を信じていました。
ニュートン　あなた方女性四人は一神教を信じていたのですか。
被験者　（ほほ笑んで）そうです。そして私たちは神殿から外の世界へと踏み出しました。当局者は私たちは信仰心は純粋だが知識人階級ではないと見ていました。彼らは私たちの本当の姿に気づかなかったのです。彼らが見ているアテナと私たちが信じるアテナとは違っていました。また私たちは男女平等も信じていました。
ニュートン　そうした急進的な考え方は、父権主義的体制との軋轢を生んだのではないですか。
被験者　ええ、私たちの動機は誤解され、男女差別的な国家の権威が失墜すると、私たちに解散を命じました。私たちの宗派が国の腐敗を助長していると見なしたのです。
ニュートン　そういう経緯があって神殿を見るようになったのですね。
被験者　それも理由の一つです。友人や私にとってギリシアでの人生は、理性や知恵や精神性の最高の到達点を象徴しています。女性でありながら感情をそのまま表現できるようになるには、ずいぶん長い時間を待たねばならなかったのです。

アリアニが神殿に入ると、天井のない広大な柱廊に千名もの魂が集っていました。これらの魂は大きな二次的グループを構成し、それらは三名から二十五名ほどの基本的グループと呼ばれる小さな集団に分かれています。彼女のグループは右寄りの真ん中ぐらいにありました（**図1**　Aのサークル）。

アリアニはガイドに付き添われ奥へと進んでいき、ここがどんなふうに見えるのかを説明してくれました。このたくさんの魂グループが集っている光景は、それぞれ構造の違いはあるものの、私が何度も何度も聞かされてきたものです。人によっては、神殿というより円形競技場、宮殿の大広間、学校の大講堂のようにも見えるようです。

ニュートン　アリアニ、この大群衆を通り抜けて自分のグループへと向かうのはどんな感じですか。

被験者　（興奮して）高揚感と畏敬の念が入り交じっています。ガイドに導かれて小集団の間を通り抜けていきます。輪になって座っているグループもあれば、立ち話をしている者たちもいます。最初はお互いに知らない同士なので誰も私に注意を向けませんでしたが、だんだん私に気づく人も出てきました。そして二つ前の人生で恋人だった男性が立ち上がって私に声をかけてくれました。自分のグループの隣のグループに両親がいました。最後に自分のグループに到着し、みなが私の帰りを歓迎してくれました。

被験者のおよそ半分は帰還の途中で巨大な魂グループを見ています。残りの半分は自分のグループしか見

図１　コミュニティーセンターの大ホール

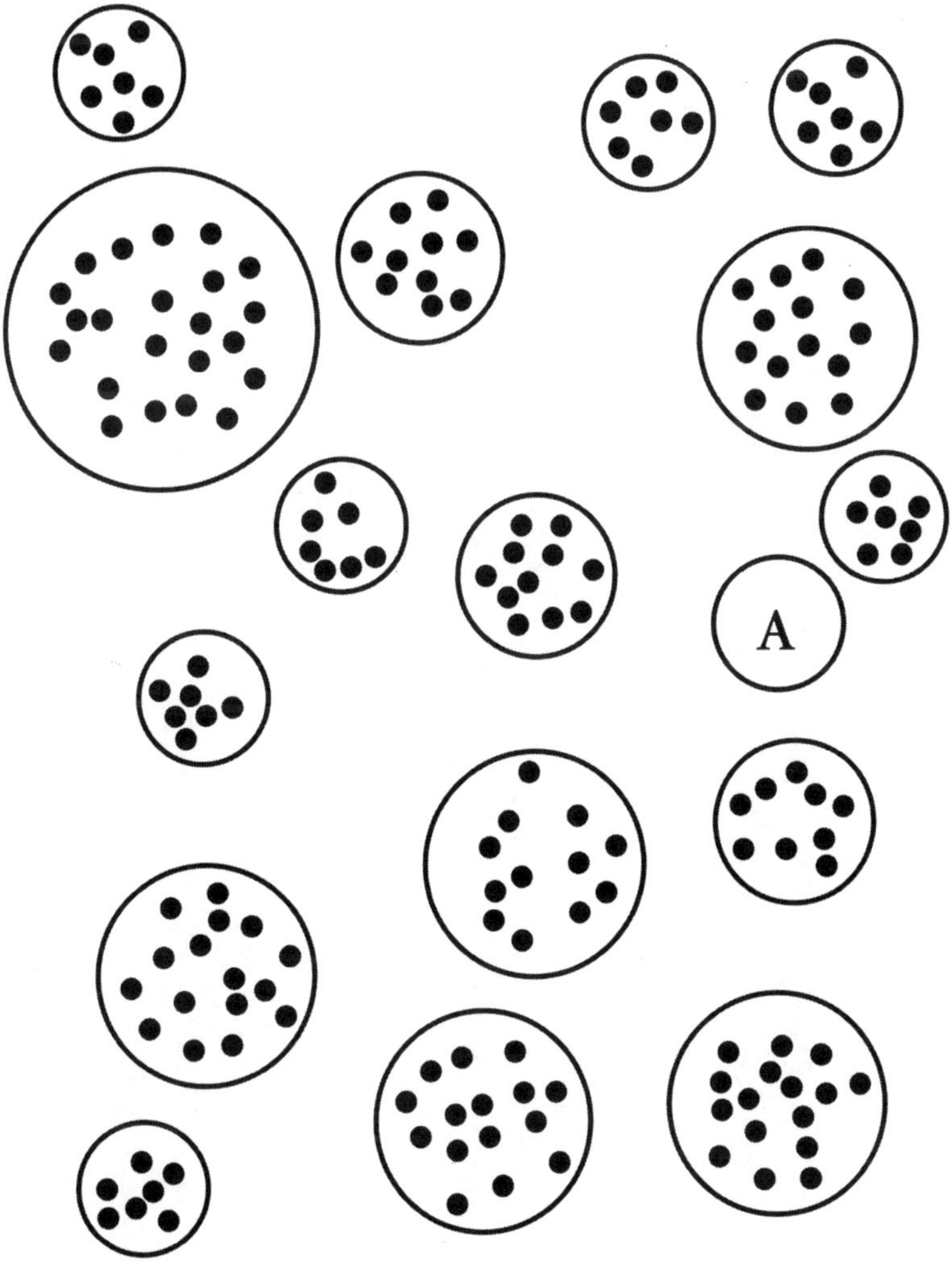

この略図は多くの人が目にする最初の光景です。ここにはたくさんの基本的グループがあり、それらが1000名前後の二次的グループを形成しています。基本グループAがこの被験者が属している魂グループです。

なかったと言っています。同じ魂でも人生によって異なる場合もあります。同じ被験者でもあるときは神殿、あるときはお花畑として映ったりするのです。

その場面が屋外か屋内かは別にして、自分のグループと最初に接触したとき、**図2**や**3**のような状況に置かれます。その区域にほかのグループが見えることはありません。**図2**では出迎えの魂たちが順番に前へ出ようとしています。**図3**はよく見られる光景で、グループメンバーが新しく到着した魂を半円形に囲んでいます。被験者の大半はこのぐるっと取り囲まれる出迎えを経験しています。

一部の被験者は帰還するとすぐに教室のような場所へ向かったと報告しており、そこへとつながる通路をはっきりと覚えています。例外なく彼らは自分の所属場所を知っているようです。一般的にグループの仲間たちは、自分たちの活動を止めて新たな到着者を迎えに出てきます。

図4には、無数の魂グループが活動する学習センターの一般的な配置が示されています。このような配置は、誰の報告を聞いても驚くほど一致しています。次の説明は教室に入っていくときの典型的な様子です（**図4**を参照）。

ガイドに連れられて星型の建物に入ると、そこが自分の学びの場だと分かりました。中央に丸いドーム型のホールがありますが、今は誰もいません。放射状に伸びた廊下の一つを通って教室へと向かいました。教室は互い違いに配置されていて、ほかのクラスを気にしなくてもいいようになっています。私のクラスは左側の三番目です。

それぞれの教室には平均して八名から十五名の魂がいます。ガイドと廊下を進んでいくと、魂たちが静かに自習したり講義を聴いていたり、あるいは数名で議論していたりします。自分の部屋に入ると全員が手を

図2　小グループの配置1

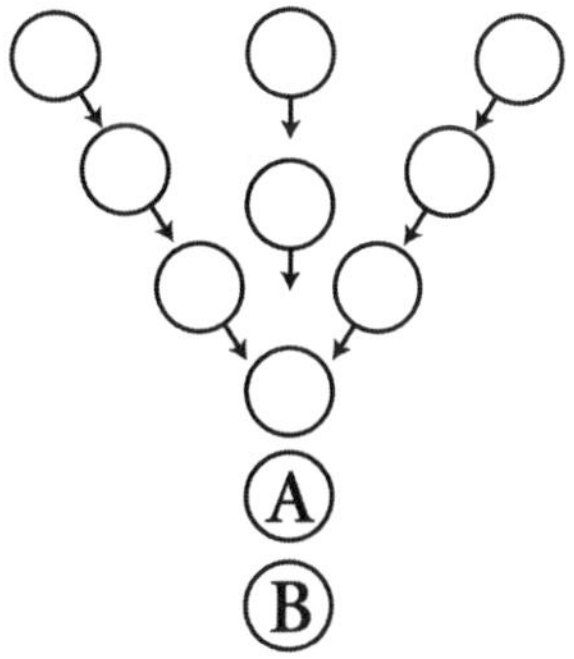

図2では、密集したダイヤ型の配置で、魂グループのメンバーが帰還したAを出迎えています。Aの背後にはガイドBがいます。たくさんの魂が順番に戻ってきたメンバーを出迎えようとしています。

図3　小グループの配置2

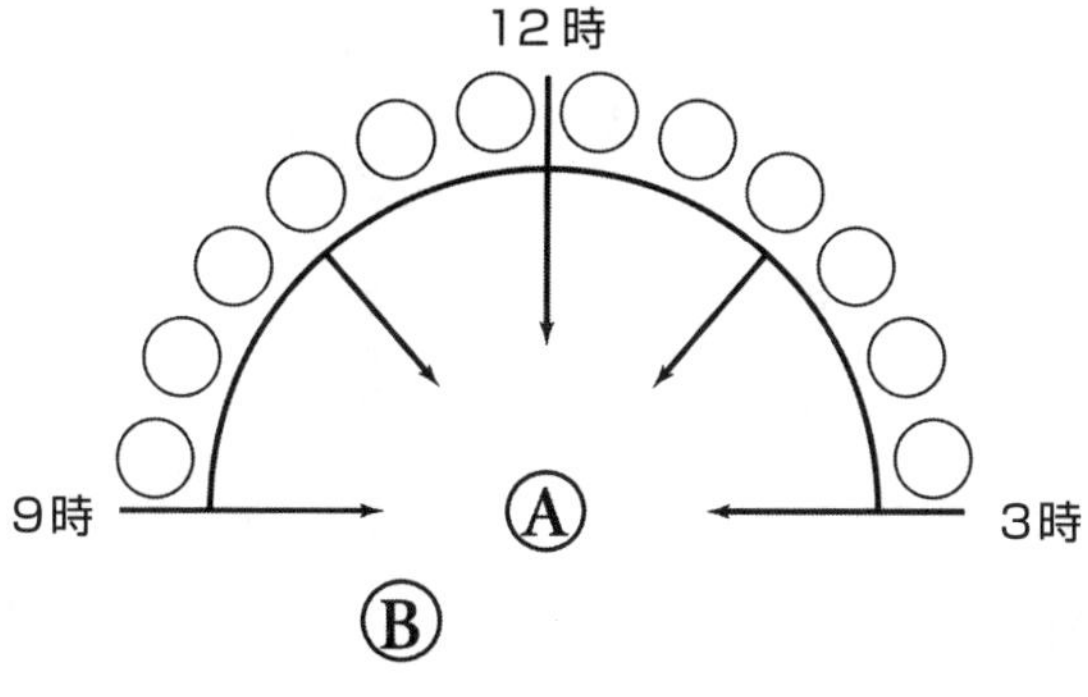

図3はもっと一般的な半円形の配置で、魂グループのメンバーは帰還した魂Aを出迎えようと待っています。Bの位置にはガイドがいます（いない場合もあります）。この時計の文字盤型の配置では、魂は半円の各位置から順番に前へ出て挨拶します。一般的に出迎えの魂がAの背後6時の位置から出てくることはありません。

止めて、まるで私を待っていたかのようににっこりほほ笑みました。ドアの近くの人が私を席まで連れていってくれたので、私はすぐにレッスンに入ることができました。

教室は平屋造りと言う被験者が多い中で、次のケースでは別の構造が示されています。

ケース28

ニュートン ルダルフ、あなたは自分の場所へと近づいていますが、何が見えますか。

被験者 シャボン玉のような透明の小部屋に多くの魂がいるのが見えます。

ニュートン 自分の部屋がどれか分かりますか。

被験者 ええ、たぶん……。今回の人生は過酷だったので、ガイドの夕ハマが付き添っています。

ニュートン ではその場所を紹介してください。

被験者 ここはシャボン玉で作られた四階建ての校舎のようで、シャボン玉の中に色とりどりの魂エネルギーが輝いています。全体が半透明で……乳白色をしています。

ニュートン 分かりました。では中に入って、それぞれの階がどんな様子なのか説明してください。

被験者 四つの階はガラスで仕切られていて階段でつながっています。一階で初歩的グループの十八名がバイオンという教師の講義を聴いています。彼女は威厳と優しさを備えた立派な教師です。

ニュートン この学校の教師はみな知っていますか。

被験者 もちろん！ 私もその一人ですから。まだ見習いですが、教師であることを誇りに思っています。

図4　学習センター

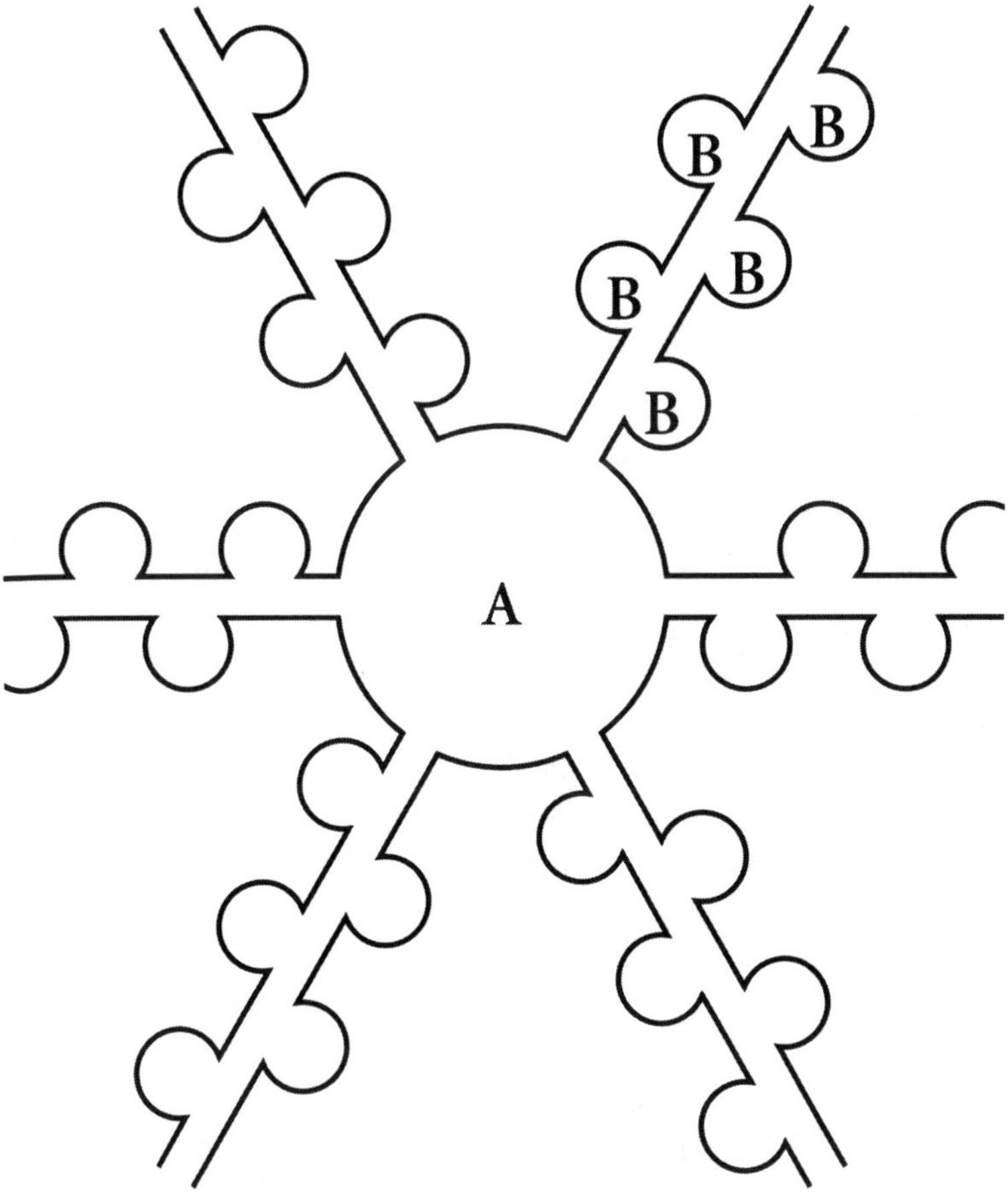

多くの魂が思い描いた教室の配置は、中央に丸天井の広間Aがあり、そこから伸びる廊下に基本的な魂グループの部屋Bが付属します。これらの円形の部屋は交互に配置され、廊下の数は報告によって異なります。

ニュートン　そうでしょうね。一つの階に一つの基本的グループが入っているのですか。

被験者　（ためらいながら）一階と二階はそうです。もっと上の階では異なるグループから来た魂たちが個々の専門科目を学んでいます。

ニュートン　ルダルフ、これは自主学習プログラムと同じものですか。

被験者　その言い方のほうが正しいですね。

ニュートン　では次に何が起こりますか。

被験者　タハマは、私が所属する三階で時間を過ごすように言うと行ってしまいました。

ニュートン　なぜ行ってしまうのですか。

被験者　ガイドは教師と学生との間にあまり干渉しないんですよ。教師たちには専門職としての高い地位と自負がありますから。私のもう一人のガイド、リロンのようなマスター教師たちは教育活動に携わっていないときは、学生同士が自由に意見交換できるように離れて見守っています。

ニュートン　とても興味深いですね。どうぞ続けてください。

被験者　タハマはまた後で来ると言いました。正直なところ、私はまだ落ち着けないんです。いつも順応するのに時間がかかるので、一階の子どもたちのところへ行ってきます。

ニュートン　子どもたち？　あなたは一階の魂たちを「子ども」と呼ぶのですか。

被験者　（笑って）ええ、成長段階の子どもに例えてそう呼んでいます。このグループは本当に始まったばかりなんです。自制心に欠け、同じ過ちを繰り返す子が多いんです。

ニュートン　ついていけない生徒に、教師はどう対応するのですか。

被験者　実を言うと、一部の生徒たちには手を焼いているので、彼らを放っておくことも多いです。

ニュートン　問題のある生徒には熱心ではないということですか。

被験者　ここでは時間が作用しないことをご存じないようですね。教師には無限の忍耐があります。生徒自身が足踏み状態に嫌気がさし本気を出すようになるまで、じっと待つしかないんです。

ニュートン　分かりました。この学校の案内を続けてください。

被験者　二階を見上げると魂がぼんやりと見えます。二階は血気盛んな十代の若者のように……休むことなくエネルギーを発散し学んでいます。まだ他者との付き合い方も分かっていないようです。

ニュートン　教師から見ると、これらの魂は自分に夢中なんでしょうか。

被験者　（笑って）常に外部の刺激を求めています。今は休憩時間らしく、みなが集まってきました。私の話を聞きたいんですよ。地球でのワークなどについて……。そろそろ次の階に行こうと思います。

ニュートン　学生の一人が、あなたについて三階に上がったらどうしますか。

被験者　（ほほ笑んで）ときどき好奇心の強い者がついてくることがありますがすぐに連れ戻されます。

ニュートン　では三階の印象を話してくれますか。

被験者　（楽しそうに）ここが私のエリアです。私たちは人間で言えば青年ですね。多くは教師になる訓練を受けています。常に目を見開いて、臨機応変に対処し、他者の立場に立つことを学んでいるのです。

ニュートン　誰か知っている人はいますか。

被験者　ええ、エラン（夫で第一のソウルメイト）がいます。彼は私のエネルギーを愛で包んでくれました。私は長い間未亡人だったので（涙ながらに）しばらく一緒に深い幸福感に浸っていました。

ニュートン　（少し時間をおいて）ほかに誰かいますか。

被験者　みんなです！　あそこにはイーセント（現在の母親）、そしてブレイ（現在の友達）も、（急に取り乱したように）ちょっと四階にいる娘のアンナに会いに行きたいんです。

ニュートン　四階のことを教えてください。

被験者　そこには三人の魂だけがいて、下からは青みがかった金や銀の形のない影のように見えます。彼らは神のエッセンスに深く触れているので、人生を終えた後も私のように調整を必要としません。

❖人生の書が収められている図書室

被験者の多くが魂グループへ戻るとすぐに、資料図書室のような場所へ行ったと話しています。前著でそれに触れると、もっと詳しく教えてほしいという声がたくさん届きました。

被験者たちの図書室を含めた地球的なイメージはみな一致しています。地球の図書館には体系的に書物が集められ、題名や著者名の情報に沿って本が配置されています。スピリット世界の図書館にある人生の書のタイトルには、被験者たちの名前が書いてあります。基本的グループの教室には小さな別室や、魂が一人静かに学習できるもっと小さな自習室もついています。

スピリット世界の図書館はそれよりずっと大きく、長方形の巨大な学習ホールの壁に沿って人生の書が並べられ、お互いに顔も知らない魂たちが机に座って学んでいます。被験者が図書室の間取りを描くと**図5**のようになり、このイメージが彼らの心に強く焼きついているようです。

図書室のガイドは文献担当の「記録管理者の魂」です。彼らは穏やかな修道士のような存在で、ガイドや学生たちが情報を探す手助けをします。スピリット世界の図書室は、魂の成長レベルに応じて異なった役割を果たします。被験者によっては一人で図書室へ来る者もいますが、ほとんどはガイドに伴われてきます。学生たちは目的の人生の書を見つけると、たいていは一人で作業します。

図5　人生の書の図書室

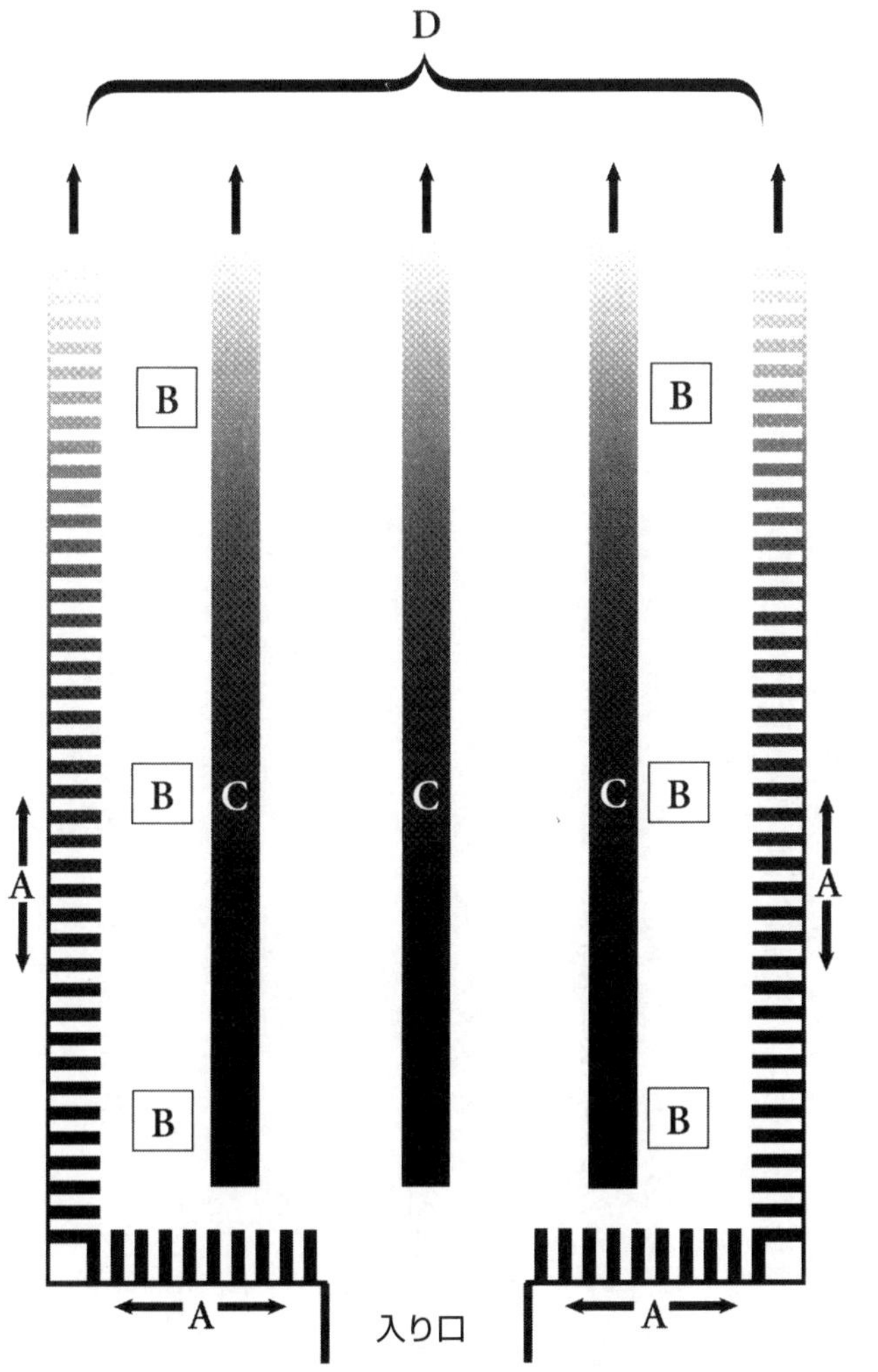

A：広い長方形の室内の壁際に並んでいる本棚

B：記録管理者やガイドが、人生の書を探す魂を手助けする一脚テーブル。

C：細長い学習用テーブル。

D：魂の視界が及ばないはるか彼方まで伸びている本棚と学習テーブル。

東洋哲学では、過去の人生すべてが「アカシックレコード」に収められていると考えられており、未来の可能性も見ることができます。神聖な記憶と不滅の記憶、意識的な記憶についてはすでにお話ししましたが、スピリット世界の図書室は失ってしまった過去の機会や義務を学び直すための時間を超越した場所といえるでしょう。

東洋の人たちは過去、現在、未来のすべてがエネルギー粒子に保存され、バイブレーションの調整が行われる神聖な環境で読み取ることができると考えました。個人的なスピリット記録という概念は、インドやその他の場所から始まったものではなく、生と生の間の世界にも通じる私たちの心に由来しているのです。

この図書室の場面が、人々に意図的に恐怖を与える宗教などによって悪用されないかと心配しています。人生の書を魂に不利な証拠を突きつけるための記録と見なし、そこでは、図書室は道を誤った魂にカルマの記録に基づいて裁きを下す場として描かれます。つまり前世の過ちを裁いて処罰を下す恐ろしい裁判所という概念に行き着くのです。一部の霊能者はアカシックレコードを通じて未来に触れ、それを綿密に調査することで信者たちの不運を回避できる、と主張しています。

人間はとめどもなく恐怖心を植えつけていきます。その典型的な例が自殺者への恐ろしい処罰です。自殺をすると天国に行けないと言われて思いとどまる人もいるでしょうが、それは間違ったアプローチです。近年カトリック教会でも「自殺はあの世で罰が下される大罪だ」とは言わなくなりました。現在ではバチカンが承認した教理問答集にも、自殺は「自然の法則に反する」に加え「神のみが知る方法によって、有益な後悔の機会が与えられる」と書かれています。「有益な」とは、好ましい結果をもたらすという意味です。

❖自殺する魂――人生とは、その肉体にたくさんの配慮がなされた魂への贈り物

次のケース29の被験者は前世で自殺をしました。この行為について詳しく検証した経緯が述べられています。スピリット世界の後悔（悔い改め）はしばしばここから始まります。まずこのケースに入る前に、自殺やその後の報いについて述べておきましょう。

自殺した経験をもつ被験者とワークをすると、彼らは死の直後に大きな声で「何てばかなことをしてしまったんだ！」と叫びます。これは肉体が健康だった人の場合で、病気などで苦しんでいた人たちは別です。スピリット世界では年齢に関係なく、生きていても身体的に苦しいだけの人の自殺は、肉体的に健康だった人とは別に扱われます。彼らは理解をもって扱われますが、健康なのに自殺した人たちは報いを受けることになるのです。

私が知るかぎり、安楽死を選んだ魂には失敗や罪の意識がありません。それについては第九章の自由意志と運命の項目で紹介しましょう。私たちには人間としての尊厳を守るために、耐えがたい肉体的苦痛や生命維持装置につながれた無力な状態から逃れる権利があります。回復不能な肉体から自分の手で、あるいは情け深い介護者の手で解放された魂に汚名を着せることはないのです。

これまで自殺未遂経験がある多くの被験者と会いましたが、彼らとのワークからある有効な視点が得られました。私と会ったときにはまだ混乱している人もいましたし、一方で自己破壊的な考え方をやめた人たちもいました。その中で「自分はこの地球に属していない」と主張する人たちには、特別な注意が必要のようです。彼らには自殺の可能性があります。私の臨床例でこのような被験者たちは次の三つに分類されます。

1．**地球に転生して間もない若く敏感な魂**　このカテゴリーには、人間の肉体への適応に大きな困難を抱えている者もいます。彼らはあまりにも地球が過酷なので自分の存在さえ危ういと感じています。

2. **成長レベルに関係なく地球へ来る前に別の惑星に転生していた魂**　地球ほど過酷ではない世界で暮らしていたために、人間の身体がもつ原始的な感情や密度の重さに負けてしまうようです。彼らはハイブリッドの魂で異質な身体に宿っていると感じています。

3. **レベルⅢ未満で、生まれてからずっと地球に転生しているが、現在の肉体とはうまく融合していない魂**　こういう魂は、自分の不滅の魂とは大きくかけ離れた肉体と人生契約を交わしています。彼らが今回の人生で自分自身を見いだすことは難しいでしょう。

肉体は健康なのに自殺してしまう魂はどうでしょうか。こういう魂は前世での契約を中断してしまったために、ガイドやグループ仲間の目には多少傷ついているように見えます。機会を生かせなかったので自尊心を失っているからです。

人生は贈り物であり、その肉体の選択にも多くの存在の配慮がこめられているのです。私たちはこの肉体の管理者であり、そこには聖なる義務と責任があります。それを契約と呼びます。特に若くて健康な人が自殺をした場合、教師はそれを甚だしい未熟さと責任の放棄であると判断します。私たちは人生がどんなに困難であっても、肉体機能さえ正常なら人生契約を全うすることが求められているのです。

教師やマスターたちは限りなく寛大ですが、繰り返し自殺を企てる者には、その寛大さも違った色合いを帯びてきます。一年前に自殺を企てた若い被験者とのセッションで、過去世の自己破壊的パターンの証拠を見つけました。前世の後で開かれた評議会で、この被験者はある長老に次のように言われました。

あなたがまたもや早々とここに来てしまったことに、私たちはがっかりしています。課題を克服しないと、同じテストが毎回難しくなっていくことが分からないのですか。残された人たちを悲しませただけではなく、あなたの行動はどう考えても利己的なのです。

あなたに与えた申し分のない肉体を捨ててしまう行為をいつまで続けるつもりですか。いつになったら、自分の将来を悲観し自己憐憫に陥るという行動パターンから脱するのでしょうか。

ほかには評議会のメンバーが直接被験者に自殺を咎めたというケースを聞いたことがありません。数カ月後、この被験者から手紙が届きました。自殺の考えが頭をよぎるたび、死んだ後にあの長老と再び会うのかと思うと嫌になり自殺を思いとどまったと書いてありました。意識的にこの場面を思い出すという後催眠が、自殺への抑止力になったのです。

健康な肉体の持ち主が自殺をすると、次のどちらかのことが起こります。何度も同じ過ちを犯したのでなければ本人の希望で、死後五年以内に新しい人生へと送り込まれます。多くの魂は失敗をしたらすぐに人生の出発点へ戻ることが大切だと確信しています。

状況が厳しくなるとすぐ逃げ出してしまうパターンの魂には、悔い改める場が用意されています。それは罪人が送り込まれる暗く劣悪な場所ではありません。ある種の煉獄のようなところで、罰を受けるというよりも自ら進んで、生物がまったくいない惑星世界へ行きます。ときどきガイドが訪れるだけの隔離された時間を過ごすのです。隔離場所は多様ですが、そこは耐え難いほど退屈な場所です。たぶんそれが重要なのでしょう。チームメイトが多くの試合で人生を経験し成長しているのに、あなたはベンチに座ったままなのです。隔離から戻った魂は元気を取り戻しているものの、友人たちからは何歩も遅れをとっていることを痛感します。

それでもなかには人間にはどうしても適応できない魂もいます。将来の転生先としてほかの世界を割り当てられた魂もいると聞いています。

次の二つのケースでは、魂が自分の記録を見て衝撃を受けます。どちらのケースも多少の違いはありますが、どうやら変性リアリティが使われているようです。

ケース29の自殺した女性は、起こり得た四つの可能性を示されました。最初が現実に起こった人生です。これらの場面で彼女は参加者というよりは傍観者でした。しかしケース30ではひとつの場面に変性リアリティが適用されて、魂は過去世からその場面へとドラマチックに入り込み、異なる結果を実際に経験します。どちらのケースにも人生には多くの選択肢があることを示す意図がありました。

ケース29

エイミーは英国の寒村からスピリット世界へ戻ったばかりです。彼女は一八六〇年に、十六歳の若さで自殺しました。この魂は逆境を乗り切る自信がなく、人間に生まれ変わるまで百年以上も待つことになりました。結婚を約束していたトーマスが、一週間前に修理中の藁葺き屋根から落ちて死んでしまいました。彼女は自分の人生も終わったと悲観し、村の池に入水したのです。そのお腹には二カ月の子どもがいましたが、未婚で子どもを産むことがどんな結果になるか……家族に恥をかかせたくないという思いと、一人で子どもを育てる自信もないために自殺に走ってしまったのだと、彼女は涙ながらに語りました。

ガイドは自殺した魂に、隔離、エネルギー改変、早期の地球への帰還、またはこれらの組み合わせを提案します。エイミーが自殺でこの世を離れると、ガイドのリリコとトーマスの魂が彼女を慰めようと待っていました。リリコと二人になったとき、エイミーはリリコから失望を感じとり、叱られると思いました。彼女はガイドに不満げに「どうしてこの人生は予定通りにいかなかったのか」と尋ねました。転生前には自殺の可能性など知りませんでした。エイミーはトーマスと結婚し子どもを産んで、ずっと幸せに暮らす予定だったのです。突然誰かに梯子《はしご》を外されたような気がしました。

リリコの説明によると、トーマスの死は人生の選択肢の一つだったが、彼女には自殺以外の選択肢があったのです。エイミーは、トーマスが危険を伴う屋根仕事を選んだのは、この事故がエイミーにとって大きな試練となると分かっていたからだと知りました。さらにトーマスはなぜか気乗りがせず屋根の仕事を断ろうとしていたことも分かりました。

しかしこの結果を見るかぎり、どうやら魂グループの仲間は、エイミーが過去世で気弱な行動を見せたとはいえ、彼女が考えているよりもずっと生存本能が高いと思っていたようです。ところがエイミーはこれらの課題が過酷すぎたと思っていました。

リリコはエイミーに、彼女には自己虐待歴があったが、他人の生命を助けようとしていれば、この失敗を自力で乗り切ることもできたはずだと指摘しました。当時のヴィクトリア朝の実情を説明し自殺しか選択肢はなかったと話したとき、エイミーは自分が図書室にいることに気づきました。

ニュートン　今どこにいますか。

被験者　（途方に暮れたように）学習の場にいます……ゴシック様式のような……石の壁と……長い大理石のテーブルが……。

ニュートン　このような建物にいるのはなぜだと思いますか。

被験者　（間があって）私は十二世紀のヨーロッパで修道士として生きたことがあります。教会はお気に入りの学習の場でした。ここは素晴らしい書物……記録を収めた図書室なんです。

ニュートン　その書物は「人生の書」と呼ばれているものですか。

被験者　そうです。私たちはみなそれを使っています……。（間があって被験者は何かに気をとられました）白いローブを着た老人が心配そうな表情でこちらに来て……私の周りをうろうろしています。

ニュートン　何をしているのでしょう。

被験者　彼はいくつかの書物を……持っています。何か言いながら私に向かって首を横に振っています。

ニュートン　何と言っていますか。

被験者　彼は図書館員です。「ずいぶん早く来ましたね」と言っています。

ニュートン　どういう意味でしょうね。

被験者　（間があって）つまり……早く戻るには妥当な理由が必要なのですが、私にはないんです。

ニュートン　妥当な理由？

被験者　（途中でさえぎって）例えば……生きていけないほどの痛みがあるとか。

ニュートン　分かりました。次に図書館員は何をしますか。

被験者　大勢の魂が長いテーブルに座って書物を見ていますが、老人はその横にある個室に私を連れていきました。ここなら周りを気にせずに話ができます。

ニュートン　これから何が起きると思いますか。

被験者　（あきらめたように首を振って）今すぐ特別な処置が必要なのでしょう。老人は大きな書物を運んできて、テレビを置くように私の前に置きました。

ニュートン　あなたはどうしますか。

被験者　（ぶっきらぼうに）彼の言うとおりにします。彼は書物を広げると、私の人生を表す何本かの線を指し示しました。

ニュートン　その線は何を意味するのですか。

被験者　それは私の人生を表す線です。太くて幅の広い線は人生の重要な経験と、それがもっとも起こりやすい年齢を表します。交差する細い線はその他のいろいろなもの……周辺の事情を表しています。

ニュートン　目立たない線は、起こりそうなことの別の可能性を示すと聞いたことがありますが。

被験者　（間があって）そのとおりです。

ニュートン　この太い線と細い線について、ほかに何か付け加えることはありますか。

被験者　ええ、太い線を木の幹とすると細い線は枝です。太い線が私の主要な道であることは確かです。そして私は行き止まりの枝を選んでしまったのです。老人はその線を指して私を少し叱りました。

ニュートン　エイミー、図書館員が何か言ったとしても、それはあなたに別の選択肢を示してくれただけですよ。私たちはみなときどき間違った横道を選んでしまうんです。

被験者　（興奮して）そうですよね！　でも、私の過ちはかなり深刻らしいんです。（大きな声で）何だか腹が立ってきたわ。「だったら、あなたが私の人生を生きてみなさいよ！」と言ってやりたい。

ここでエイミーが老人の様子を話してくれました。老人は彼女を落ち着かせようと数分部屋を出たそうです。そして戻ってくると別の本を開きました。エイミーの目に飛び込んできたのは、古代ローマの競技場で、若い図書館員が殉教者としてライオンに八つ裂きにされる場面でした。次にその本を閉じて、今度はエイミーの本を開きました。そこに何が描かれているのか、私は彼女に尋ねました。

被験者　それは三次元の色彩で生き生きとしています。最初のページには何百万もの銀河が浮かぶ宇宙が描かれています。そして天の川……私たちの太陽系……自分がどこから来たのかを思い出させるためです。忘れているかもしれませんからね。次にさらにページをめくっていきました。

ニュートン　その視点はいいですね。次に何が見えますか。

被験者　ええと……水晶のプリズムです……送られる思考によって明滅します。そういえば前にもやった覚えが……たくさんの線と絵……そこを私は老人に助けられながら、心の中で行ったり来たりします。

ニュートン　その線の意味をどう読み解くのですか。

被験者　自分が見たい、見るべき順番に人生の場面が並んで、いくつものパターンを作っています。

ニュートン　エイミー、ゆっくりでいいですよ。今、老人はあなたに何をしていますか。

被験者　そうですね。彼がページをめくると、そこには私が村を出ていく場面が描かれています。それは絵というよりもとても現実的で生き生きしています。自分がそこにいるんです。

ニュートン　あなたはその場面の中に存在するのですか。それとも観察しているだけですか。

被験者　どちらもできますが、今はその場面を見るように言われています。

ニュートン　分かりました。老人があなたに見せている場面に注目しましょう。何が起こっていますか。

被験者　私たちが見ようとしているのは……その他の選択です。私が池で自殺した場面を見てから、次の場面では……また池の縁に戻っています。（間があって）今度は私は池に入らずに村に戻っていきます。（初めて笑って）まだお腹には子どもがいます。

ニュートン　（一緒に笑って）分かりました。次のページを開きましょう。今度はどうですか。

被験者　母のアイリスと一緒にいます。お腹にはトーマスの赤ちゃんがいると言うと、母は予想したほどショックを受けませんでしたが、お説教されました。そして……抱き合って一緒に泣きました。（被験者はここでしばらく泣き崩れ、涙ながらに話を続けました）私はふしだらだったのではなく、ただ恋をしていただけなんです。

ニュートン　アイリスは父親に言いましたか。

被験者　それはもう一つの選択肢です。

ニュートン　その別の可能性をたどってみましょう。

被験者　（間があって）私たちは一家で別の村に引っ越し、そこで私は未亡人を名乗ります。数年後、年上の男性と結婚します。父は引っ越しのために財産を失い、私たちは以前よりも貧しくなります。でも家族は離散せず、生活は徐々によくなっていきました。（大きな声で）娘はとても可愛いんですよ。

ニュートン　あなたが今調べている選択肢は、それだけですか。

被験者　（忍耐強く）いいえ、今度は別の選択を見ています。私は池から戻ると、自分の妊娠を打ち明けます。両親は私を怒鳴りつけ、お互いに責任をなすりつけて喧嘩を始めます。彼らは私のせいで、これまで苦労して働いて手に入れた農園を手放したくないと言いました。そして私にわずかなお金を渡し、ロンドンに行って女給の仕事でも見つけなさいと言ったのです。

ニュートン　結果はどうなりますか。

被験者　（つらそうに）予想どおりです。ロンドンではうまくいきません。別の男性と路上生活をすることになります。（身震いして）私は若くしてこの世を去り、赤ちゃんも死んでしまいます。恐ろしいわ。

ニュートン　でもその人生ではあなたは生き延びようとしますよね。ほかの可能性は見せられましたか。

被験者　老人は最後の選択肢を見せています。そこでも両親は私が出て行くことを望み行商人に託します。商人は私を荷馬車に乗せて地方の村々を回りました。そして私はやっとある家族の下で働き口を見つけます。彼らには夫は殺されたと言いました。彼らが本当に信じたかどうかは分かりませんが、そんなことはどうでもよかったんです。私はその町に落ち着き、結婚はしませんが、子どもはすくすくと成長します。

ニュートン　老人と一緒に自殺以外の可能性を見た後、どんな結論が出ましたか。

被験者　（悲しそうに）自殺は愚かでした。今なら分かります。もっと前に分かっていたはずなんです。死んだ直後に「何てばかなことをしたのかしら。また最初からやり直さなければならないわ！」と叫んだんですから。評議会に出ると、すぐ肉体に戻りたいかと聞かれ、「少し考えさせてください」と答えました。

彼女の魂には深刻な問題からすぐに逃げてしまう傾向があることが分かりました。その後彼女は百年以上も費やして熟考を重ね、自殺という選択について考え続けてきました。今の人生ではやっと自信がついて前向きな女性として人生を送っています。

❖スクリーンは時空の窓

小会議室や図書室のテーブルの上にはさまざまなテレビサイズの書物が置いてあり、これらの「書物」には発光する三次元スクリーンが付いています。ある被験者は「この記録は書物のように見えますが、実際には波動を起こし出来事の心象パターンを作り出すエネルギーシートです」と言っています。

スクリーンの大きさは使われる状況によって異なります。例えば次の転生直前に訪れる人生選択の場では、図書室やクラスのものよりずっと大きなスクリーンが使われ、魂はこの等身大のスクリーンの中へ入ることもできます。この巨大なスクリーンは魂をぐるっと包み込むので「運命のリング（円舞台）」と呼ばれています。このリングについては、第九章でさらに詳しくお話ししましょう。

魂は未来を見る人生選択のスクリーンよりもずっと長い時間を費やして、図書室のスクリーンで学習します。この小さなスクリーンは過去と現在を継続的に観察するためのものです。すべてのスクリーンは大きさに関係なく、一部のエネルギーを残して入り込むことができます。このスクリーンはあらゆる次元を見ることができ、すべての時空を記録し、座標軸に沿って出来事に迫ることができます。これは時系列《タイムライン》とも呼ばれ、思考の走査《スキャニング》（痕跡をたどること）によって操作することができます。このプロセスには魂には見えない別の管理者がいることもあります。被験者はよくスキャニングの様子を、操作盤やダイヤルのある機械装置を動かすように説明しますが、これは地球に転生した魂が作り出した幻影です。スクリーンの大きさに関係なく、魂は少量のエネルギーを残して次のいずれかの方法でスクリーンへと入り、原因から結果に至る一連の出来事の一部となるのです。

1. 観察者として透明人間のように出来事の場面の中を動き回りますが、影響を及ぼしません。これは仮想現実《バーチャルリアリティ》と同じと考えられます。
2. その場面で参加者として役割をもち、もともとの現実《リアリティ》を変えることもできます。いったん参照が終わるとすべては元通りに戻ってしまいます。

次のケースでは対話が進むにつれて、見えない存在が過去の場面をわずかに変更を加えながら再現していることが分かってきます。こういう調整はケース30のように、被験者の共感を誘って教育するためです。このケースのように一部の被験者は書物や制御盤から、時間と因果関係が変化したスクリーンの世界へと入っていきます。

この時空訓練は地球の歴史的出来事の流れを変えませんが、ここには別の力が働いているようです。私は明らかに彼らのガイドによる調整があると感じています。未来を映す巨大スクリーンのある人生選択の場へ行くと、彼らの視点は不変的現実から変動的現実へと切り替わります。どのスクリーンでも場面を早送りしたり停止させたりすることができ、つまり映写機を回すように、すべての可能性を映し出し学ぶことができるのです。

次のケース30から推測できるのは、物質世界の過去の出来事は、魂自身はスピリット世界の永遠の現在に存在していますが、絶対に変えられないものではないということです。

ケース30

ここではアンサーという魂が登場しますが、彼は他人に対して攻撃的な人生を終えたばかりです。彼の指導者たちは図書室での人生回想を、子ども時代の運動場シーンから始めることにしました。

ニュートン　アンサー、スピリット世界に戻ってからの印象深い場面を話してもらえますか。

被験者　グループでしばらく過ごしてからガイドのフォテニアスは、まだ前世の記憶が残っているうちにと、私を図書室へ連れていきました。

ニュートン　そこへ行ったのは初めてですか。
被験者　いいえ。よく一人でも勉強しに来ます。ここでは次の人生の準備もするんです。新しい人生の使命や役割が自分に合っているかを客観的に調べます。
ニュートン　分かりました。図書室へ入りましょう。見たものを順番に話してください。
被験者　それは大きな建物の内部で全体が透き通って白っぽく輝いています。壁に厚い本が並んでいます。
ニュートン　フォテニアスがここまで連れてきたんですね。
被験者　入り口までです。今は白髪の女性と一緒にいます。彼女に会うとなぜか安心します。ここではたくさんの人が長いテーブルに互いに少し離れて座り本を見ています。
ニュートン　なぜ離れているのですか。
被験者　つまり……礼儀とプライバシーを尊重するためです。
ニュートン　続けてください。
被験者　私を担当する図書館員は学者のように見えるので、私は「講師」と呼んでいます（ほかの人たちは記録管理者と呼びます）。彼女は壁の書棚から一冊の本を取り出しました。それは私の記録で、そこには語られたもの語られていないものすべての物語が書かれているんです。
ニュートン　（場を和ませようと）図書室に入るカードは持っていますか。
被験者　（笑って）そんなもの必要ありませんよ、心の波長を合わせればいいんです。
ニュートン　自分の人生の本は何冊もあるのですか。
被験者　ええ、これは今日使う一冊です。本は棚に順番に並んでいて自分の本は光って見えます。
ニュートン　では自分で本の場所へ行けますね。

被験者　そうですね……いいえ……でも、年長者なら探し出せます。

ニュートン　では今の時点では、図書館員があなたの本を持ってくるんですね。

被験者　はい、彼女は大きなテーブルの脇の一脚テーブルに本を置き、ページを開いてくれます。

この段階になると、どのケースも独特の個性を帯びてきます。今まさに自分の人生の書がスクリーンに映し出されるのです。超意識がここで目撃したものを、意識的な心は人間の言葉に翻訳できるかもしれないし、できないかもしれません。

ニュートン　なるほど。大きなテーブルに持っていく前に指示を受けるのですね。

被験者　そうです……今見ているページには……金の文字が……並んでいます。

ニュートン　その文章を読んでくれませんか。

被験者　いいえ……今は言葉にできません……でも、これが自分の本だということは分かります。

ニュートン　一文字でもだめですか。よく見てください。

被験者　（間があって）見えるのは……ギリシア文字のパイ（π）ですね。

ニュートン　ギリシア文字に意味がありますか。それとも数学の記号として意味があるのですか。

被験者　それは比率に関係があるようです。ここには意向と感情を記述する言語が書かれていて……人生のさまざまな境遇の適正比率を決定する因果法則が……その先には、いいえ、これは……。（中断しました）

ニュートン　分かりました。ではこの本で何をするのか話してもらえますか。

被験者　大きなテーブルに行く前に講師と一緒に予習をします。そこに書かれた記号はどのページを開くかを指示しています……が、その手順は……うまく説明できません。

ニュートン　大丈夫ですよ、続けましょう。講師はどのように誘導するのか話してください。

被験者　（息を深く吸って）ページを開くと、子どもの私が校庭で遊んでいます。（被験者は震え始めました）気分が悪くなりそうです……私が卑怯な子どもだったころに誘導されました……もう一度経験しないと……何かを見せたいのでしょう……エネルギーを少し残して……ページの中へ入り込みます……。

ニュートン　（励ますように）大丈夫！　状況をできるだけ詳しく話してください。

被験者　（椅子の中で震えながら）本に入ると……私は細部まで場面と一体化して、すべてが最初に巻き戻されたかのようです。私は小学生で……体格がよくて、小さな少年を殴ったり、みんなに石をぶつけたりしています。そして……何だ、これは！

ニュートン　どうしたんですか。

被験者　（震え上がって）どういうことだ、これは！　今、私は校庭でいちばん小さい子どもになって、自分自身に殴られています！　そんなばかな……しばらくすると今度はみんなから石をぶつけられています。**痛い！　痛い！**

ニュートン　（被験者を落ち着かせ、本から脱出させました）子どものころとまったく同じ時間枠にいたんですか。それとも変化したリアリティに？

被験者　（間があって）同じ時間枠ですが、状況が変化しています。子どものころにはあんなことは起きませんでした。でも経験すべきだったんです。だからこうして別のリアリティとして再現されたんです。自分で実際に経験することで、私にいじめられていた子たちの痛みを感じることができました。

ニュートン　アンサー、そこから何が分かりましたか。

被験者　（しばらく間があって）父を恐れるあまり八つ当たりしていたんです。今見ているのは、私が次の生で経験する場面です。私は思いやりと自制心を学んでいます。

ニュートン　人生の書は、あなたにとってどんな意味がありますか。

被験者　この本のおかげで自分の過ちに気づき、別の選択を経験できました。この静かな学習エリアで、ほかの魂たちがみな同じことをしているのを見ると、課題を克服していく仲間意識や共感が生まれてきます。

セッション後半で分かったのですが、他人への思いやりと自制心は何生にもわたる彼の課題だったのです。図書室でも未来の人生を調べられるかと尋ねると、「ええ、ここではさまざまな可能性を精査できます。でも未来は不確定要素が多いので、ここで何かを判断することはありません」という答えが返ってきました。こういう発言を聞くと、あらゆる可能性が試される並行宇宙を考えずにはいられません。そのシナリオでは一部が異なる同一の出来事が同じ時系列の複数の空間で起こり、私たちはそれらの宇宙に同時に存在しています。しかしすべての時空の「源泉」は、並行宇宙がなくても異なる現実を作り出すことができるでしょう。後の数章で私たちの宇宙の複製ではない多元宇宙についての報告を紹介します。

図書室の小さなスクリーンでは、未来の出来事を示す時系列線は細く薄くて細部を読み取るのは困難です。一方巨大なスクリーンの時系列線は太いので、魂が未来の人生を精査しようと簡単に入り込めます。

若い魂はこのスキルを身につけるため、自分の光波動をスクリーンの線と同調させることを学びます。自分のエッセンスを集中させると、そこに属するイメージに焦点が合うようになります。スクリーン上の時系列は前後に伸びて交差し合うことで過去と未来がつながり、起こり得るすべての可能性を知ることができます。ケース29と30は本当の現実とは何かという疑問を提起します。

過去と未来を見るスクリーンは実在するのでしょうか。これらはすべて被験者たちから得たものです。彼らはトランス状態で魂の心から人間の脳を通じて私に情報を伝えます。地球とスピリット世界の特徴を定義するのは被験者なのです。

前のケースを思い出してください。過去に戻っても事実は変えられない、とアンサーは言ったにもかかわらず死後に子ども時代に戻りました。そこには景色や音声、感覚などすべてが揃っていました。これらは模擬シーンだと言う人もいますが、そうでしょうか。アンサーは子どもたちをいじめた場面に戻り、逆に彼らに攻撃され、私のオフィスで少年時代には経験しなかった痛みに顔をゆがめました。この様子を見たとき「すべての出来事に別のリアリティが存在することなどあり得ない」「原因と結果が入れ替わるはずがない」と断定できる人がいるだろうか、と思いました。魂はスピリット世界で、同時に複数のリアリティで活動します。これらすべてが魂の学びへの道筋として用意されているのです。

この宇宙はすべて幻影なのだろうか、と私たちは疑問をもちます。魂の永遠の思考が時間や形態を超えた知性的な光エネルギーであるなら、それは私たちの物質的宇宙の制約を受けません。つまり宇宙意識が、魂が地球上で見るものをコントロールしているのなら、あらゆる時間枠内で起きる原因と結果は私たちを鍛えるために巧みに操作された幻影ということになります。でもたとえ現実と思っていたものが幻影だったとしても、人生が無意味であるはずはありません。物質世界で石をつかめば、それは硬く現実感があります。

もう一つ心に留めておくべきは、神聖な知性はより偉大なる善を学び成長させるために、私たちをこの境遇に置いたということです。私たちは偶然ここにいるのではありませんし、またこの現実において私たちに影響を与えている出来事も同じように偶然ではないのです。

❖魂グループの色彩の違い

魂がエネルギーの回復の場や適応指導の場、図書室を離れてグループに戻ると、個々の魂の色の違いがより鮮明になってきます。魂グループの力関係を理解するうえで、色は大きな手がかりになります。

前著で私が発見した魂エネルギーの色について説明しましたが、ここでは色の識別について人々が抱いているいくつかの誤解を解きたいと思います。もし前著をお持ちの方はその**図3**と、このセクションの**図6**を比べてみてください。**図6**は深層催眠で被験者が目にする魂の成長レベルの反映である色の分類表です。重要なのは、それぞれのレベルの色が互いと微妙に混じり合い重なり合っていることです。魂が発する白、黄、青の基本色が、彼らの成長段階を示す主要な指標となります。

成長とともに深みのある色調に変化していきますが、それにつれて色の散乱が減少し焦点がはっきりしてきます。移行はゆっくりですが色の周囲への波及効果も大きくなります。このため外見上の色だけから魂のレベルを厳密に定義づけることが難しいのです。

図6のボックス1のように純白の色は若い魂によく見られます。それは無邪気さの表れですが、スペクトルのすべての魂にも見られます。白という普遍的な色に関しては、次のケースで詳しく説明します。白はしばしば光輪《ハロー》効果と関係し、例えばガイドがその光をさらに強めてまばゆい光輪で自分を包み込むことがあります。スピリット世界に戻っていく魂が遠くから白い光が近づいてくると言いますが、それがまさに光輪に包まれたガイドなのです。

成長レベルがボックス1、5、9、11の魂は通常そのエネルギーの中心に、ほかの色が混じり込んでいません。ボックス7の色のみを示す被験者には数人しか会っていませんが、これは地球にはもっとヒーラーが必

図6　オーラの色彩分布

1	白	レベルⅠ
2	オフホワイトに近い灰色／ピンクがかった灰色	レベルⅠ
3	白と赤みがかったピンク色	レベルⅡ
4	白みがかった明るいオレンジ～黄色	レベルⅡ
5	黄色	レベルⅢ
6	濃い金色／緑がかった金色	レベルⅢ／レベルⅣ
7	緑色／茶色がかった緑色	レベルⅣ
8	明るい青色／緑や茶色がかった金色が混じった青色	レベルⅤ
9	濃い青色	レベルⅤ／レベルⅥ
10	紫がかった濃い青色	レベルⅥ
11	紫色	最高レベル

この分類表は魂の中心色が、ボックス１の若い魂からボックス11のアセンデッドマスターへと深まっていくことを示しています。異なる色調が混じった光輪が魂の中心色を包み込んでいることもあります。ⅠからⅥの魂レベルでも色が重複している場合があります。

要であることの証しかもしれません。ボックス11の紫色の領域へと入った被験者には会ったことがありません。レベルⅤより上は、もはや転生をしない、この世界を超越したマスターの領域なのです。

魂グループ内でも基本的な中心色には個人差がありますが、それは彼らの成長が一律ではないからです。また全般的な成長段階を示す中心色のほかに、一部の魂には二次的な色があり別の要素から影響を受けます。この二次的な色は光輪色と呼ばれ、魂エネルギーの中心部よりも外側に現れます。光輪色はほかの色の陰影などに影響を受けません。唯一の例外は光輪と中心色がまったく同じ場合です。両者の色が同じことはめったにないので、被験者の報告からその色を判断することも難しくないのです。光輪色は魂の態度や信念、未実現の願望などを表しています。

魂は人生のたびに学んでいるので、人格の緩慢な成長を示す中心色とは違って、光輪色は人生によって大きく変化するのです。被験者が自分の二次的な光輪色を見ると、それは素早く切り替わっていく自画像のようだと言います。ケース31の高度に進歩した魂がこの効果を説明しています。この被験者は光輪色の解明に大きく貢献してくれた一人です。

ケース31

ニュートン　私が等身大の鏡を持ってあなたの前に立ったら、あなたはどんな色に見えるでしょうか。

被験者　中心は明るい青で、白みがかった金色で縁取られた光輪が見えるでしょう。

ニュートン　ではマスター教師のエネルギーの色はどうでしょう。

被験者　クランダーは……中心が深い青で……外側に行くにつれて薄いすみれ色になり……光輪には白い縁取りがあります。

ニュートン　「中心のエネルギー」や「光輪のエネルギー」は何を意味するのですか。

被験者　クランダーはエネルギーの中心から切れ目なく学習経験を放射し、一方すみれ色の縁取りはその知識から生まれた英知を示すのです。

ニュートン　結局クランダーの中心部分はどんな色合いなんでしょう。どんなふうに見えますか。

被験者　エネルギーのあらゆる場所から神聖な深いすみれ色の光が放射されています。

ニュートン　魂エネルギーには中心色と光輪色がありますが、その違いは何でしょうか。

被験者　中心部分は達成したものを表しています。

ニュートン　あなたのエネルギーは明るい青ですが、これは現在の学習の達成度を表しているのですか。

被験者　そうです。

ニュートン　そして光輪は金色がかった白ですが、これについてはどうですか。

被験者　（間があって）そうですね……私は過去世から自分が理想とする人物から学び、より強くなりたいという願望があるんです。

ニュートン　なるほど。あなたは若い魂ではないのにエネルギーに白い部分があるのは、そういう理由からなんですね。多くの魂が中心色は違っても周囲に白く輝く光輪をもっているのは興味深いことです。

被験者　白のエネルギーは、ほかの魂たちと容易に同調するのでコミュニケーションがとりやすいのです。

ニュートン　ガイドがしばしば白く輝く光輪を示すのはそのためかもしれませんね。

被験者　白は魂エネルギーの基本色です。白とほかの色の混じり具合で、それぞれが魂を見分けられます。白は受容力が高いので、教師は真理をいっぺんに大量に送り込み、若い魂はそれを受け取ることができるのです。

ニュートン　若い魂は経験が少ないので白以外の色が表れないのですね。

被験者　そのとおりです。彼らは成長途上なんです。

魂エネルギーの色の変化や配合について詳しくは分かりませんが、レベルⅣを過ぎると中心色が見えにくくなることは確かです。これまで長い間二次的な光輪色について記録し分析してきましたが、主要な色はそれぞれ意味をもっていることが分かりました。被験者の大半がその特徴を認めています。

色がもつ特徴を分かっている範囲で三つずつ挙げました。微妙な色合いは省いています。ここには入れていませんが、黒は魂の回復センターでよく見られる堕落し汚染されたネガティブエネルギーの表れです。

白：純粋　明晰　活動的
銀：霊妙　信頼　柔軟
赤：情熱　激しさ　敏感
オレンジ：活力　衝動的　開放的
黄：保護　強さ　勇気
緑：癒し　養育　慈悲
茶：根付き　忍耐　生産的
青：知識　許し　啓示
紫：英知　真理　神々しさ

図7はレベルⅡの魂グループの中心と光輪の色を表しています。中心色と光輪色が一致するケースは外してあります。混乱を避けるため、白、黄、単色の青の光輪は示しませんでした。

この魂グループには、被験者のレベルⅡの男性も含め十二名のメンバーがいます。この図は現在同じ家族に転生したメンバーの関係です。通常全員が一つの家族に転生することはありません。催眠下でこの被験者（3B）は十一名のメンバーを前にしていますが、彼らは現在の人生では家族と親友たちです。彼の姉妹の中心色はほとんど黄一色でレベルⅢに入ろうとしています。彼女が光輪に現在の青（知識）ではなく保護を示す黄色をもっていたなら、彼女の成長段階を色で判断するのは難しかったでしょう。なぜなら彼女の中心色と光輪色がほとんど同じになってしまうからです。姉妹以外では祖父母と息子はほかのメンバーよりもい

図7　魂グループに見られるエネルギーの色

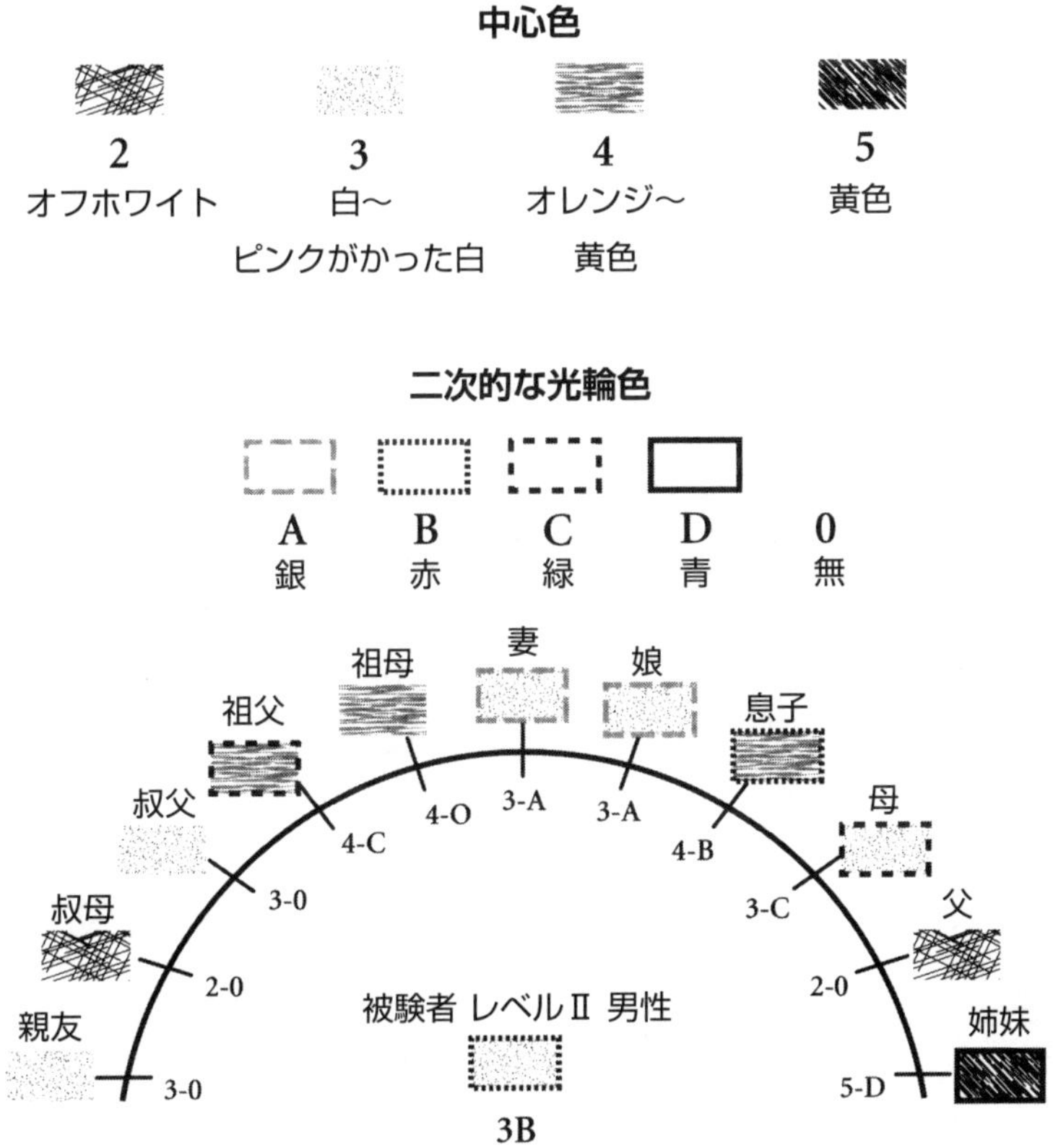

この図が示すのは被験者Bの現在の人生の家族と友人です。各親族のボックスの中心色と光輪色は図6に対応しています。ボックス2、3、4、5は中心色で、ボックスA、B、C、Dはグループのメンバーが示す二次的な光輪色です。

くらか進歩していて、父親と叔母はそうでもありません。祖父と祖母はヒーラーです。

メンバーの半数には二次的な光輪色がなく、誰も光輪色をもたないグループに出会うこともしばしばです。被験者の赤い光輪と白とピンクが混じった中心色は、彼の激しい感情的な性格をよく表しています。息子にも同様の特徴があります。妻は思慮深く人を疑わない性格です。娘はとてもスピリチュアルです。彼は自分のエネルギーの色「赤」について次のように述べました。

私は感情的になりやすいので、多くの人生でそれが問題を引き起こしました。興奮しやすい肉体を選ぶことが多かったのですが、そのほうが自分に合っていたのです。消極的な性格の肉体は好きではありませんが、ガイドはそのほうが自制心を学べると言います。数百年を費やして、そしてソウルメイト（現在の妻）の助けもあり、今ではかなり感情を抑えられるようになりました。

ときどき成長度にばらつきがあるグループに出会います。それに気づくのは、そのグループには不釣合いな中心色の魂について被験者が話したときです。次のケースはレベルⅢからⅣのグループです。黄色がかった青のメンバー全員の説明が終わった後、被験者は自分の隣に白い魂がいると言い出したのです。

ケース32

ニュートン　あなたたちのような進歩したグループで、白い魂が何をしているのでしょうか。

被験者　ラヴァニは若いですが才能が豊かなので、私たちとワークしているのです。

ニュートン　かえって埋没してしまわないですか。追いついていけるのですか。

被験者　彼女は頑張っていますが、正直なところプレッシャーに負けそうな状態です。

ニュートン　彼女はどうしてこのグループに割り当てられたのでしょう。

被験者　やや変則的ですが、私たちは未熟な魂とワークすることに十分に耐えられるからです。

ニュートン　進歩したグループは、このような責任を引き受けたがらないわけですね。

被験者　そのとおりです。彼らは自分たちのワークに専念していますから。

ニュートン　ではラヴァニのガイドはどうしてあなたたちのグループへの参加を許したのですか。

被験者　ラヴァニにはついていけるだけの才能があります。私たちのグループの人生はとても困難ですが、みな学習能力が高いのでペースも速いんです。（この被験者は地球で千六百年しか過ごしていません）速さだけでなく、とても謙虚だという評価も得ています。私たちは子どもの教師になるために学んでいるので、その意味でもラヴァニはグループにピッタリなんです。

ニュートン　一つ疑問があります。ラヴァニは自分のグループとの関係を断たれてしまったのですか。

被験者　そんなことはないですよ！　彼女は多くの時間を自分のグループで過ごしていますが、グループのほかのメンバーは彼女が私たちと冒険していることを知らないんです。そのほうが都合がいいんですが。

ニュートン　どうしてですか。

被験者　彼女を質問責めにするかもしれませんからね。彼女は自分のグループが好きですし、早期に抜け出すことにはなりますが、友人たちとはいい関係をもっていてほしいと願っています。

ニュートン　でもテレパシーがあるので、ラヴァニはすべてを隠せないのではないでしょうか。

被験者　白い魂がプライバシーを隠せないのは事実ですが、彼女はすでに学んだんですよ。

ケース32のような魂が転生するとき、一緒にワークしている若い魂に、自分の子どもとして生まれてほしいと頼むことがよくあります。実はラヴァニは今、この被験者の子どもです。その反対に進歩した魂が子どもになり、若い魂の両親と生活をするケースもあるのです。

色が退化した魂について聞くことがあります。人生の後に存在として退行してしまうことがありますが、色については長期にわたる過酷な条件が原因となります。次に掲げるのは、ある被験者から私たち全員に向けられた痛烈なメッセージです。

クラリスのことは本当に残念です。彼は不可能なことがないほど優れたヒーラーで、彼の緑のエネルギーは光り輝いていました。それなのに能力に溺れ堕落してしまったんです。彼は転生のたびに坂を転げ落ちるように転落していきました。そしてエネルギーの緑色はどんどん褪せていったのです。最後にはすべてを失って再トレーニングへと送られました。私たちはみな彼が戻ってくるのを待っています。

❖人間のオーラと魂のオーラの違い

前著を読んだ多くの読者が魂の色と人間のオーラとを比べようとしましたが、この対比は適当ではありません。色とエネルギー波動は魂の中で密接に結びついていて彼らの非物質的な環境を反映しています。したがって物質的環境のなかでは、同じ魂エネルギーの波長も変化し、さらに人間の肉体がエネルギーの色を変化させるのです。

ヒーラーには人間のオーラが見えますが、このオーラの色は主として肉体から発生します。感情や中枢神経のホルモンバランスなどに影響を受けるだけでなく、肉体の重要な器官の状態も関係してきます。確かに魂と肉体は相関関係にはありますが、肉体と心の健全さが人間のオーラの主要な決定要因になるのです。

正直なところ私には人間のオーラが見えません。専門家や被験者たちから得た情報によれば、人生を通して私たちの肉体はあわただしく変化し、それがエネルギーの外側の配色に影響を与えるようです。魂の色が変化するには何百年もかかります。

東洋哲学によると、私も同じ考えですが、私たちには肉体と連動した心の身体があって、このエーテル体は独自の輪郭をもっています。本当のヒーリングは、肉体とエーテル体両方を癒してこそ実現します。瞑想やヨーガは、肉体の各箇所にあるエネルギーのブロックに働きかけ取り除くことが目的なのです。

ときどき魂が人間の身体の特定部位に相当する部分から強いエネルギーを放出していると聞くことがあります。前世の痕跡が現在の生へと持ち込まれるように、私たちは肉体の痕跡をスピリット世界へと持ち込みます。それは前世で宿った肉体のシルエット、そのエネルギーの名残なのです。

次のケースでは、この被験者はチャクラに関する知識を無意識へと持ち込み、それに基づいて説明しているのではないかと、私は最初のうちは疑っていました。チャクラは身体の七つの主要な点を通して、内部から外側へと放出される渦状のパワーの源泉と考えられています。この被験者は、チャクラとは肉体的兆候として表面化してくるスピリットの個性ではないかと感じたのです。

ケース33

ニュートン　ロイはあなたのグループのメンバーで、この人生では家族だそうですね。ロイのエネルギーの中心には何が見えますか。

被験者　身体の形の中心にピンクがかった黄色が見えます。

ニュートン　身体の形ですか。どうしてロイは身体の形を見せるのでしょう。

被験者　私たちは過去の気に入った身体を見せるんです。

ニュートン　では腹部のエネルギーにはどういう意味があるのですか。

被験者　ロイはどんな肉体をもったときでも、気力だけは誰にも負けませんでした。強靭な神経の持ち主……つまり胆力があるんです。それが理由ではないでしょうか。

ニュートン　ロイのエネルギーがそのような特徴を示すのなら、ほかのメンバーからも身体的なエネルギーが出ているのではないですか。

被験者　ええ、ラリーは頭です。頭脳がとても発達しています。多くの人生で独創的な考えをする人でした。

ニュートン　ほかには?

被験者　そう、ナタリーですね。とても優しく、そのエッセンスが心臓付近でどんどん成長しています。

ニュートン　あなたはどうですか。

被験者　私は喉です。これまで言葉によるコミュニケーションが得意で、今は歌うことが好きです。

ニュートン　このエネルギーの集束点は、人間が発するオーラの色と関係がありますか。

被験者　オーラの色とは関係なく、そこにエネルギーが集中しているんです。

❖色による瞑想

回復エリアでさまざまな色の光によるヒーリングを施されたバニオンという魂のケースを紹介しました。

前著を読んだ多くの読者から、「色は肉体のヒーリングに効果があるのではないか」とよく尋ねられます。瞑想は内面の自己に触れる手段ですが、肉体を癒すうえでもとても効果があります。いろいろな瞑想法を紹介した自己啓発本がたくさん出回っていますが、色は魂やガイドのエネルギーの表れなので、ここで色による瞑想法を紹介しましょう。

シックスステップ瞑想法は、私と五十四歳の勇気ある女性との共同作業で生み出された方法です。この女性は卵巣ガンとの闘いで体重が三十一キロにまで落ち込みました。現在は化学療法を受けて快方へと向かい、その回復のスピードが医者たちを驚かせています。多くの被験者がこの瞑想法で大きな効果が見られました。肉体に重大な問題を抱えた人は一日に一回三十分ぐらい、または一日に二回十五から二十分ぐらいずつ行うとよいでしょう。

私はこの瞑想法を病気を治すために勧めているのではありません。心のパワーと集中力は人それぞれ異なっていますが、人間の免疫システムは高次の自己と結びつくことで高められると強く感じています。

1．最初に心を静めます。そしてあなたを傷つけた人たちを許しましょう。五分間の浄化をします。病気への不安も含めて、すべてのネガティブなエネルギーを黒い点として視覚化します。そして頭の上から爪先まで掃除機をかけるように、黒い点を吸い取るとイメージしてください。

2．次に頭上に明るい青の光輪をイメージします。これは助けを求めればいつでも駆けつけてくれるあなたのガイドを象徴しています。そしてさらに五分間、呼吸を数えながら集中します。安らぎを吸い込み緊張を吐き出すイメージをし、呼吸と体のリズムを調和させましょう。

3．ここで自身の高次意識を、肉体を守る白金色の風船としてイメージします。心の中で「どうぞ私の不滅の部分が私を死から守ってくれますように」と祈りましょう。そして最大限に集中します。風船から純粋な白い光を取り出して、肉体の各器官へパワービームとして送り出します。白血球は免疫システムの象徴ですから、それが泡のように体中を巡り、真っ白な泡が黒いがん細胞を攻撃し消滅させるイメージをします。

4. 化学療法を受けている人は治療を助けるラベンダー色の光を思い浮かべ、赤外線ストーブのように肉体の各部分へと投射しましょう。これは英知とスピリットパワーを象徴する神聖な色です。

5. 次にガンで傷ついた細胞を癒すために緑の光を送り出します。この緑に、愛情深いガイドの青を混ぜてもいいでしょう。自分の陰っている部分を緑の液体が内面から修復していく様子をイメージします。

6. 最後のステップで、心の強さを保ち、弱った肉体に勇気を与えるために、再び青の光輪を思い描きます。それを肉体の外まで防御シールドとして拡張させましょう。この愛の光のヒーリングパワーを内側と外側で感じましょう。自分が一時停止しているイメージをしながら心の中で「治る、治る」と何度も繰り返して締めくくります。

毎日の瞑想は大変ですが、大きな見返りもあります。深い瞑想によって神聖な意識に入り、魂を人間的人格から一時的に解放します。この解放によって魂は次元を超えたリアリティへと入っていき、瞑想で集中した心のすべての内容が唯一の全体へと統合されるのです。卵巣ガンの女性は瞑想をすることで、かなりの改善が見られました。心が集中した純粋な状態にあるとき、私たちは人生のどこかに置き忘れている本当の自分自身を取り戻します。日々の瞑想は、愛情深いスピリットたちとつながる手段としてもとても有効なのです。

❖エネルギーの形態

グループ内の魂を調べるとき、色以外にもエネルギーの形を比較してみる方法があります。エネルギーの形が整っているか不規則か、光の明るさや暗さの配分や動きの特徴など、すべてが魂の個性を表しています。トランス状態にある人がほかの魂を観察すると、すぐに魂のバイブレーションの共鳴に気づきます。被験者と微妙な色合いについて話し合った後に、仲間の魂のバイブレーションや波動率にも目を向けます。

魂エネルギーの形を考えるうえで最初に浮かぶ疑問は「どのくらいのエネルギーをスピリット世界に残してきたのか?」ということです。残してきた分量は魂の活発さや静かさなどと大いに関係があり、エネルギーの明るさ暗さにも関係してきます。しかしエネルギー量に関わりなく魂の性格や能力や気分すべてはエネルギー状態を反映し、それらは多くの人生を経て変化する要素なのです。

新しい被験者とのセッション前の面接では、彼らの性格的な傾向を詳しく調べます。家族や友人や過去の恋人についても記録していきます。今まさに幕を上げようとしているドラマを、私は最前列で見るのですから、そのお芝居の配役を知りたいのです。このドラマでは被験者は主役を演じ、その他の人たちは脇役です。

次の抜粋は被験者のグループメンバーの色や形態に関する質問への答えです。レスリーとの事前面接で、彼女の義妹ローウィーナが悩みの種であることが分かりました。レスリーはスピリット世界ではスージアスと呼ばれ、自分は穏かで安定した生活を求めていて、実際温厚な家族や友人が多かったと言います。ところが今は、反抗的な態度をとる義妹ローウィーナに悩まされているのです。

被験者　（ひどく取り乱して）信じられないわ！　あれはローウィーナよ。つまりシャースはローウィーナだったんだわ。

ニュートン　グループでローウィーナに会いたくないのですか。

被験者　（不機嫌そうに）だって、シャースは……引っかき回すんですもの……。

ニュートン　引っかき回すって、どんなふうに？

被験者　つまり……彼女は私たちのように穏やかなバイブレーションではないんです。

ニュートン　スージアス、彼女の色や輪郭はどんなふうに違っているのですか。

被験者　（ローウィーナであることを再度確認しようとして）やっぱり彼女よ、間違いないわ！　オレンジ色のエネルギーが激しく脈打っていて、いつものように鋭くギザギザした輪郭、あれはシャースよ。スパーク（火花）って私たちは呼んでいるの、彼女のことを。

ニュートン　彼女は、現在の人生と同じようにいつもあなたに敵対的なのですか。

被験者　（レスリーはようやくローウィーナの存在に慣れたのか声が和らいで）いいえ……彼女は私たちの仲を取り持ちます……私たちのグループには必要な存在です……それはよく分かっています。

ニュートン　彼女はあなたとどう違うのですか。あなたはここではどんなふうに見えるのでしょう。

被験者　私は白にバラ色が混じった淡い色です……友人たちからベルと呼ばれますが、それは私のエネルギーが鈴の音のような響きをしているからです。シャースのエネルギーは金の色調を帯びています。彼女のエネルギーはまばゆくて、圧倒されます。

ニュートン　それらすべてにはどういう意味があるのですか。

被験者　彼女はせわしなく動き回り、自己満足が生み出す安定した雰囲気を壊そうとします。

ニュートン　スピリット世界の彼女はローウィーナのように不愉快ではないのですか。

被験者　（笑って）そうなんです。彼女はヒステリックな肉体を選ぶのでイライラが倍増します。この人生では夫の妹になりました。迷惑なときもありますが、今なら彼女が私たちに現状に安住せず努力するように言いたいのだとよく分かります。でもちょっとうるさいので落ち着かせたいとは思いますが……。

ニュートン　親しい友人にローウィーナに似た人はいますか。

被験者　（ほほ笑んで）私の親友ミーガンの夫ロジャーがそうです。彼はここではサイアという名前です。

ニュートン　彼のエネルギーはどんなふうに見えますか。

被験者　ジグザグに曲がった幾何学的な波動を放出しています。彼のエネルギーは遠くからでもシンバルが打ち鳴らされたように響いてきますからすぐ分かります。サイアは勇敢で恐れを知らない魂です。

ニュートン　シャースとサイア、つまりローウィーナとロジャーが一緒になったらどうなるでしょうか。

被験者　（どっと笑いだして）冗談でしょう！　大変なことになりますよ。ローウィーナの夫はセンという穏やかな魂です。私の兄ビルなんです。

ニュートン　彼のエネルギーを説明してください。

被験者　彼のエネルギーは大地に根ざし緑がかった茶色をしています。かすかな風の音が聞こえるとき、見回すとヴァイン（蔦《つた》）がいるんです。

ニュートン　蔦《つた》ですか。よく意味が分かりませんが。

被験者　私のグループではニックネームで呼び合います。センは長い髪を三つ編みにしたような、植物の蔦のような波動をもっているんです。

ニュートン　このエネルギー形態はセンの特徴なんですか。

被験者　そうです。複雑ですが筋が通っていて頼りがいがあります。多様な要素を素晴らしい調和へと編み上げていきます。ヴァインとスパークはとてもよく調和しています。というのも、ローウィーナはけっしてビルを自己満足に陥らせないし、彼は彼女の人生の錨の役割を果していますから。

ニュートン　そういえば、これまで聞いたニックネームはみな「S」で始まっていますね。これには何か意味があるのですか。私には正しいつづりさえ分かりませんが。

被験者　気にしないでください。それは彼らのエネルギーが発する音で、彼らの本質を反映しています。

ニュートン　音ですか。ではエネルギー波には色や形だけでなく、地球で聞かれる音もあるのですね。

被験者　ええ……ある意味でね……私たちにとって、それはエネルギーの共鳴の地球的な表現なんです。もちろん人間には聞こえませんが……。

ニュートン　あなたの親友ミーガンはどんな色をしていますか。

被験者　（ほほ笑んで）彼女の黄色のエネルギーは、穀物畑に降り注ぐ日の光のように穏やかです。

ニュートン　では彼女の魂の性格は？

被験者　絶対的な無償の愛と思いやりです。

音響とスピリチュアル名との相似性について考える前に、被験者レスリーと彼女の親友ミーガンとのカルマについて話しておきましょう。それは感動的な物語です。歌手のレスリーは喉に違和感がありました。私は単なる職業病と思っていましたが、前世の死の状況を知り、彼女には過去世の痕跡からの脱却《ディプログラム》が必要であることが分かったのです。

前世でレスリーの妹だったミーガンは、横暴な父親によって無理やり年上の男ホーガーと結婚させられました。彼は肉体的にも精神的にも彼女を虐待しました。しばらくしてレスリーに助けられ、ミーガンは誠実な男性ロジャーと出会い逃亡します。それを知ったホーガーは逆上し、居場所を聞き出そうとレスリーを監禁し暴力をふるいました。それでも妹の居場所を言わなかったので、最後には彼女の首を絞めたのです。息も絶え絶えにレスリーは時間を稼ぐために違う方向を教えました。ホーガーはレスリーを殺しミーガンを追いかけましたが、結局見つけられませんでした。

話を終えるとレスリーはこう言いました。「前世で私は沈黙させられてしまったので、この人生では歌うことで愛を表現しているのです」。

❖スピリチュアル名に表れた音響の特徴

これまで見てきたように魂の色、形や動き、音はグループ内のメンバーを識別する手がかりです。これらの四つの要素は相互に関連しているようです。個性の違いの中にも類似性が見られ、退行催眠セラピストにとって音はもっとも分かりやすい手がかりの一つです。

スピリット世界の音声には言語的な規則性がありますが、私たちの話し言葉の体系には収まりません。笑いやハミング、歌、そして風や雨の音なども聞かれますが、人間の言葉では表現できません。親しい者同士ではお互いの名前を和音のように発音し調和させます。

ケース34では仲間の呼び名の頭が「S」の発音になりやすいことが分かりました。ケース28では二人の教師はバイオンとリロンと呼ばれており、語尾が韻を踏んでいます。グループ内の友人関係がこのような形で共鳴するようなのです。

一部の被験者はスピリチュアル名を発音できません。彼らが言うには、それはバイブレーションの共鳴なので言葉にできないのだそうです。ある被験者は「本当の魂の名前は感情に近いもので、人間の感情とは違うために音に置き替えられない」と言っています。また名前は音声的な象徴と関係があり、そこに隠れた意味があるので、人間の言葉にすることが難しいようです。

多くの被験者にとって発音学《フォニックス》や韻律の知識が、名前を思い出すきっかけになります。仲間の特徴を母音を使って表す被験者もいます。グループの三つの魂に「キ」「ロ」「ス」という名前をつけた被験者もいました。前ケースのように、名前でアルファベットの一文字が強調されることもよくあります。また何らかの理由で、ガイドの名前の語尾に「A」がつくことも多く見られます。トランス状態では、スピリチュアル名を口で言うよりも紙に書くほうが簡単だと言う被験者もいます。スピリチュアル名を詳しく追及すると、それが実際の名前の短縮形だと分かることもあります。

ある被験者が「私のグループでは、ガイドはネッドというニックネームで呼ばれています」と言うので紙に書いてもらうと、なんと「Needaazzbaarriann」と書いてあったのです。それは被験者ではなくガイド本人が書いたもので、それからのセッションはガイドのネッドも加わることになりました。

ガイドとの関係性が悪くなるかもしれないと感じ、ガイド名を言いたがらない被験者にはプライバシーの尊重が重要です。セッションが進めば心は開いてきますから、彼らの不安に配慮し根気強く対応します。

最後になりますが、魂の名前は進歩するにしたがって少しずつ変わっていくこともあります。ある進歩した被験者が、「魂が若かったころにはヴィーナという名前だったが、今はカヴィーナになった」と言ったので、理由を尋ねると「今は上級ガイドのカラフィーナの助手になったから」と答えが返ってきました。名前が一部似ているので意味を尋ねると、「あなたが知らなくてもいいことだ」と即座に言われました。プライバシーに立ち入られたと感じると、ただちに態度を変える被験者もいるのです。

❖魂同士の関係

このセクションでは学習グループの魂同士の関係について詳しく見ていきましょう。被験者たちは学習センターを、必ずしもクラスや図書室がある場所としてイメージしていません。これらは単純に「仲間のいる場所」「自分たちの場所」などと表現されます。

ところが学生時代について話が及ぶと、そのイメージが急変することもあります。前著が出版された後、その中で人間の学校やクラスの例えが用いられることに批判的な人たちが出てきました。「死後の生に学校が登場するのは違和感がある。教育者だったあなたの先入観と偏見ではないか」「学校は嫌なことばかりだった」「役人根性、権威主義、いじめを連想する」などという悪い印象の声が届きました。

彼らは死後の世界に学校を思い出すものなど見たくはないのでしょう。確かに学校で過ごした日々に苦々しい思いを抱く読者もいるでしょう。残念なことに学校にもほかの組織と同じように、人間特有の腐敗が生まれます。教師たちの傲慢、他人への思いやりに欠ける行為、そして教育現場には監視もつきものです。それでも私たちは、多くの知識を与えてくれた教師や生涯の友ができたことなどを懐かしく思い出すはずです。

スピリット世界での知識の獲得が学習センターという人間的なイメージへと置き替えられるのです。そしてガイドはこの惑星を訪れた魂たちを安心させるために、地球の建造物を見せているに違いありません。被験者たちは学習エリアの関係者が驚くほど親切で思いやり深く、とても忍耐強かったと言います。仲間の前世での行為の分析でさえ愛と敬意に満ち溢れていて、お互いに個性を尊重します。

いろいろな性格の魂がいますが、仲間を見下したり出し抜いたりする者はいません。個性が尊重されるのは魂はみな唯一のもので、それぞれの特徴がグループの他者を補完する役割をもっているからです。私たちは共通性だけでなく、その差異ゆえに魂グループに割り当てられるのです。

ある講演会の最後に一人の精神科医が「あなたの話された魂グループは部族社会に似ていますね」と言いました。私は「強い忠誠心や相互支援という点では似ています。しかしほかのグループとの関係性では部族社会とは異なります」と答えました。人間社会には相互不信や敵意、悪意などがありますが、スピリット世界では魂同士の関係において差別や仲たがいを見たことはありません。人間社会とは異なり、みなお互いとの結びつきが強く、同時にほかのグループの尊厳は大切に守られているのです。

研究を始めたころ、スピリット世界の学習クラスには自己欺瞞（自己を欺く行為）がまったくないことに驚かされました。ガイドは姿を現さなくてもそこにいることが分かります。授業中は室内を行ったり来たりしますが、口出しすることはありません。魂は今はすべてを知っていなくても、今後無限の知識を得るにつれて、カルマのレッスンや過去世の自分の役割を理解するようになります。スピリット世界では、他者よりも自分自身に厳しくすることが当たり前のことなのです。

魂の学習グループでは驚くほど明快な合理的思考をします。自己欺瞞は存在しませんが、真剣に取り組む姿勢をもった魂ばかりではありません。ある人が「ちょっとスケートをしてきたいんです」と私に言いました。これは転生の頻度を落とすか気楽な人生を選択するか、またはその両方を意味していました。教師や評議会はこうした決定を喜ばないにしても、それを尊重します。スピリット世界の中でさえ、常にベストを尽くそうと考える者ばかりではないのです。ただそういうケースは少数派だとは思っています。

ギリシア語の「ペルソナ」という言葉には「仮面」という意味があります。これは魂が人生で宿主の肉体を利用する状況を的確に表現しています。新たな肉体に転生したとき、魂の性格はその宿主の気質と結びついて一つのペルソナ（表面的人格）を形成します。肉体は魂の外向きの姿ですが、魂の自己を全面的には体現していません。人間に生まれた魂は自分自身を、人生という舞台に立った仮面をつけた役者だと考えます。

シェークスピアの『マクベス』では、死を覚悟した王がこのように言います。「人生は歩きまわる影法師、哀れな役者だ。舞台の上で大げさに見栄をきっても、出番が終われば消えてしまう」と。この有名なセリフが、魂の人生観をうまく言い表しています。ただ少し違うのは、芝居が始まってしまうと私たちは記憶喪失という障害《ブロック》のために、それが終わるまで自分が舞台で演じていることに気づかないことです。

このように演劇という比喩は学校の比喩と同じように、被験者が深いトランス状態で見るものをうまく説明してくれます。とりわけ過酷な人生の後にグループに戻ると、友人たちから拍手と「ブラボー」という歓声で迎えられるそうです。この拍手喝采は人生という演劇の最後の一幕が終わったとき、その名演技に向けられるものです。ある被験者が言っています。「私たちのグループでは人生が終わった後、俳優たちが片隅に集まり批評し合います。新しい人生の舞台が始まる前のリハーサルでも同じです」。

私はよく被験者が次の舞台（つまりこの人生）で「こんな役をもらいそうだよ」と言って笑い出す場面に遭遇します。次の舞台では誰がどんな役を演じるのか、最終的な配役が決定される直前には、激しい議論が交わされるのです。ガイドは舞台監督のように、今終えた人生の場面を一緒に見直していきます。判断ミスがあった場面では、別の筋書きを立てたり配役を入れ替えたりして、起こり得るすべての結果を検証比較します。そうして自分の人生を客観的に見ることで、新たな視野を手に入れるのです。

終わった人生を別の視点で再演することはある種のサイコドラマ（心理劇）として、現在の人生にセラピー効果をもたらします。このような舞台演劇という比喩は、彼らの人生を単なる演技として矮小化するものではありません。それは魂に客観的な理解の手段を与え、改善の意欲を育てるものです。

このシステムはとてもよくできていて、魂はこの教育実践に飽きたりしませんし、むしろこれらの人間関係から英知を引き出して、創造性、独自性、逆境克服の意欲を養っていくのです。形式がどうであれこの学習の時間は、魂に魅力的なチェス盤を提供し、彼らは人生のゲームが終わった後に次の最善を求めてあらゆる可能な駒の動きを検討するのです。

いつも芝居の演技に満足できるとはかぎりません。これは人間社会の学年進級システムのようだ、と思われる読者もいるでしょう。しかしこれは私が発案したわけではないのです。ほとんどの魂は今終えた人生を振り返り、次はもっと頑張ろうと意欲をかきたてます。優れた運動選手が自身の能力を高めようと努力するのと同じです。最終的にあるレベルに到達すると、肉体への転生、つまり人生というゲームの終わりが見えてきます。それこそが転生の理由であり目標なのです。

このセクションの冒頭で述べたように、学習センターの指導は過去世の反省だけではありません。ほかにも多くの活動がありますが、エネルギー操作は主要なレッスンです。クラス学習ではさまざまな形で、このスキル習得が図られます。次のケースはそのレッスンの一コマですが、ガイドの手に負えない気まぐれな学生たちが登場する騒々しい風景が描かれています。

ケース35

ニュートン　あなたのグループはクラスに集まって何を始めるところですか。
被験者　エネルギーで生物を創造する練習です。ガイドのトリニティは黒板に内容を描いています。
ニュートン　あなたは何をしていますか。
被験者　仲間たちと机に座ってトリニティを見ています。
ニュートン　全員が一列になって長い机に座っているのですか。
被験者　いいえ、それぞれ自分の机に座っています。上蓋が開く机です。
ニュートン　あなたはどの辺りに座っていますか。
被験者　いたずら好きなカエル（現在の弟）が隣にいて、すぐ後ろにはジャック（現在の夫）がいます。
ニュートン　教室の雰囲気は？
被験者　のんびりとリラックスしています。トリニティの出す課題が簡単すぎて退屈なんですよ。
ニュートン　トリニティは何を描いているのですか。
被験者　彼が描いているのは……手軽なネズミの作り方です……いろいろなエネルギーのパーツから。
ニュートン　その課題のためにグループに分かれて、ほかの人とエネルギーを結合させるのですか。
被験者　（手を振って）いいえ、違います。それはもう習いました。個別に試験を受けるんです。
ニュートン　どんな試験なんですか。
被験者　まず心の中でネズミを思い描きます……そうして必要なエネルギーパーツを使ってネズミ全体を作

ります。どんな創造にも、エネルギーをどう配列させるかという手順があるんです。

ニュートン では、ネズミを作る手順が正しいかどうかを見るのですね。

被験者 そうですね……ええ……でも……実際には、これは手際のよさを見るんです。創造のトレーニングで失敗しないコツは、動物のどの部分から始めるかを理解し素早く概念化することです。次に割り当てるエネルギー量を検討します。

ニュートン それは難しそうですか。

被験者 (にやっと笑って) 簡単ですよ。トリニティはもっと複雑な生き物を選ぶべきでした。

ニュートン トリニティはすべきことを分かっていると思いますが……。(突然笑い出したので、どうしたのかと尋ねました)

被験者 カエルが私にウインクして机の蓋を開けると、白いネズミが飛び出してきました。

ニュートン 彼は課題を先にやってしまったのですか。

被験者 ええ、そして自慢しているんです。

ニュートン トリニティはそれに気づいていますか。

被験者 (まだ笑いながら) もちろん! すべてお見通しです。彼は手を止めて言いました。「オーケー、そんなに始めたいならすぐにやってみよう」。

ニュートン それでどうなりましたか。

被験者 教室中をネズミが走り回っています。(くすくす笑って) 私のは少し耳を大きく作りました。

最後にもっと真面目なこれまで紹介しなかったレッスンを見てみましょう。ケース36の三人の仲間たちは、人間に転生した四人目のメンバーをサポートしようとしています。彼らは最近レベルⅡになったばかりの魂たちで、前のケースの創造クラスのメンバーのような高い能力をもっていません。

ケース36

ニュートン　あなたのグループ活動で、特に重要と思える場面を説明してもらえますか。

被験者　（長い間があって）そうですね……今、私は赤ちゃんの身体に入ったクリデイにエネルギーを送って……友人二人と一緒に彼を支援しようとしています。

ニュートン　ゆっくり進めましょう。今、あなたたち三人は正確には何をしていますか。

被験者　輪になって座り、教師が後ろに立って指導しています。私たちはエネルギービームを子どものクリデイの心へ送り込んでいます。彼は到着したばかりで……ちょっと苦労しているようです。

ニュートン　分かりました。もう少し話しても問題はありませんか。

被験者　ええ……たぶん……大丈夫です……。

ニュートン　（穏やかに）では妊娠何カ月で、クリデイは赤ちゃんに入ったのですか。

被験者　四カ月です。（間を置いて、つけ加えました）六カ月目でクリデイを助けるようになりましたが、これを九カ月まで続けるのはとても大変です。

ニュートン　分かります。集中が必要ですからね。（間を置いて）それにしてもクリデイは、どうして助けが必要なのでしょうか。

被験者　クリデイの「手袋」がうまく合わないんです。赤ちゃんに入るということは手袋に手を入れるようなものでぴったり合わせる必要があります。そのために私たちは気質との調和を助けるエネルギービームを送ろうとしています。

ニュートン　手袋が合わないと分かって、あなたや教師は驚きましたか。

被験者　いいえ……それほどでもありませんでした。クリデイは穏やかな魂ですが、この赤ちゃんの心は落ち着きがなく攻撃的なので……合わせるのが難しいんです。

ニュートン　つまりクリデイはある種のチャレンジを望んで、この肉体を選んだのですか。

被験者　そうです。彼はこの種の肉体との協調を学ばねばならないんです。というのも以前、攻撃性をコントロールできず困難に陥った経験があるからです。

ニュートン　この子どもは周囲と折り合いがつかない人物になるのですか。

被験者　（笑って）そうです。私の兄はそういう人です。

ニュートン　今の人生の？

被験者　ええ。

ニュートン　現在一緒にワークしているほかの二人は、クリデイの人生ではどんな役割を演じるのですか。

被験者　ジニーンは彼の妻で、モンツは親友です。

ニュートン　頼もしいサポートチームのようですね。クリデイはどうしてこの肉体を選んだのか、もう少し説明していただけますか。

被験者　ええ、彼は思慮深いのですが自分に自信がないんです。そのために何事にも一歩踏み出すことができません。この大胆な気質の肉体なら、彼の隠れた可能性を広げられるだろうと思ったのでしょう。

ニュートン　クリデイの前世に何か問題があったのですか。

被験者　（肩をすくめて）似たタイプの肉体でトラブルが多く……偏執的で依存しやすく……抑えが利かず……。彼は妻のジニーンを虐待しました。

ニュートン　だったら、どうして……？

被験者　（途中で割って入って）彼はそれでももう一度同じ傾向の肉体でやり直したいと言って……ジニーンにもう一度妻になってほしいと頼み、彼女は同意したんです。

ニュートン　なるほど。ところで、エネルギービームはどのように使うのですか。

被験者　（長い間があって）赤ちゃんの感情が不安定なので、クリデイが調和しにくいんです。

ニュートン　これには脳の電気信号的なパターンが関係していますか。

被験者　（間があって）ええ。思考プロセスを神経の末端から、クリデイが追えるように後押ししています。

ニュートン　赤ちゃんはクリデイを侵入者と感じて抵抗しているのでしょうか。

被験者　いや……それはありません……。（笑って）でもクリデイはまたしても前と同じある部分が原始的な脳に当たってしまったと考えていますね。

ニュートン　エネルギービームは、赤ちゃんのどこへ向けられますか。

被験者　頭蓋骨のつけ根……首の後ろから上へ向かうようにと指示されています。

ニュートン　（被験者に過去形で語りかけました）これはうまくいきましたか。

被験者　クリデイを助けることはできたと思います、特に最初の段階で……。（再び笑って）でも兄は今でもわがままな人間ですが……。

第六章　長老たちの評議会

❖裁きと罰への恐れ

グループに戻ってしばらくすると、魂は賢者たちの会合に呼ばれます。賢者たちは、転生を繰り返す被験者たちがスピリット世界で目にするもっとも進歩した存在です。彼らは「いにしえの者」「賢者」という名前もありますが、一般的には「評議員」や「長老」が多いので、私もこの呼称を用いることにします。

講演会で過去世の行いを審問する評議会に言及すると、すぐさま疑問の声を上げる人たちがいます。トロントの男性は、「裁判所に裁判官、つまり処罰ってことだろ！」と大声で叫びました。これらの人々の心にある死後の生への恐れや冷笑はどこからくるのでしょうか。

宗教団体や裁判所は私たちに道徳や善悪の規範を課し、それが何百万という人たちに影響を及ぼします。どんな宗教にも見られる行動や倫理規範には好ましい側面もあり、天罰への恐怖が人々を善良な行動につなぎ止めてきた、という主張は古くからありました。しかし一方で好ましくない側面があることも事実で、それが人々に不安と恐怖を与えてきた、と感じています。

組織宗教が誕生したのはわずか五千年前のことです。人類学者によれば、何百万年も昔の人類の祖先は自然を崇拝し、万物には善霊と悪霊が宿ると信じていました。その意味では古代部族社会の自然崇拝も、歴史に残る宗教の偶像崇拝もそれほど違いはありません。古代の神々は怒りっぽく不寛容でしたが慈悲深い神々もいました。人間はいつも自分が制御できない自然の力、特に死後の世界を支配する神々に不安を抱いてきたのです。生きているかぎり人間にとって死は究極の脅威ですから、それも当然のことといえます。

長い歴史を通じて、人生がこれほど過酷なら死後も苦しみが続くのだろうと考えられてきました。世界中の多くの文化がこうした概念を意図的に育んできたのです。魂は死ぬとみな暗く陰湿な地下世界で審判を受けなければならない、と信じ込まされたのです。

西洋では煉獄を、魂が天国と地獄の中間でとらわれる孤独な場所として描いてきました。ここ数十年では自由な定義が打ち出され、煉獄とは魂が天国に入る前に罪を浄化する孤独な場所だ、と言うようになったのです。東洋哲学のヒンドゥー教や大乗仏教の聖典では、長い間下方世界の不浄な領域に魂を閉じ込める牢獄があると信じられてきましたが、これもより自由な発想へと変わってきています。

こうした概念があるからこそ、私は死後の魂は同心円状のアストラル界を上昇していくという比喩的描写に反対するのです。歴史的にそれらは、裁判官や悪魔がいる下方世界や牢獄を示そうと意図されたものだったのです。東洋の哲学的伝統に目を向ける真理の追究者は、西洋神学と同じように、多くの邪教が入り込んでいることに気づくでしょう。

東洋の人々は長い間輪廻転生を信じてきましたが、その教義には停滞がありました。インドを旅していたとき、魂の転生が人々の行動を支配する脅迫的概念であることを知りました。そこでは「罪を犯した者は次の生で人間以下の生物に生まれ変わる」と言って恐怖心を植え付け人々を操ってきたのです。

でも被験者たちから、このような生まれ変わりの証拠となる話は聞いたことがありません。私が思うに、これらはすべてカルマの法則の厳密さへの恐怖から引き起こされたものでしょう。

私たちは処罰の階段ではなく、自己啓発の階段を上っています。しかし人々の多くは、「死後にも裁きや処罰があるはずだ」という強迫観念から逃れられないでいるのです。ここで述べている私の見解が、死後に不安を抱く人々に少しでも安心をもたらすことができればと願っています。一方で、長老たちの評議会で、前世の行いを報告する責任に対しては、あまりよく思わない人たちもいるはずです。

長老たちの評議会はスピリット世界の秩序正しさをもっともよく表しています。彼らは究極の源泉ではありませんが、人間の弱さに深い慈悲心を抱き、私たちの過ちに無限の忍耐を示します。私たちは未来の人生で多くのやり直しの機会を与えられます。その人生で安易なカルマの選択はできませんが、試練がなければ地球へ来る意味もありません。しかし苦しい人生の選択があるとしても、人生への挑戦が死後にさらなる苦痛をもたらすものでないことだけは確かです。

❖魂はどのように評価されるか

魂は死んだ後に評議会に出席しますが、誕生前にも出席すると多くの被験者が報告しています。この二回の会合では最初のほうが魂に及ぼす影響も大きいようです。ここでは、今終えた人生で私たちが行った重大な選択の振り返りと評価が行われます。カルマの重要な岐路での行動やその理由が注意深く吟味され、私たちは否応なく過ちに気づかされることになるのです。転生時期が近づいた二度目の訪問では、将来の人生で起こりうる選択、機会、期待などを話題にして、よりリラックスした話し合いが行われます。

評議会出席の時がくると、ガイドは私たちを評議会の部屋まで案内します。平均的な魂の場合、評議会でガイドが深く関わることはないようです。進歩した魂は案内されなくても一人で行けますが、ガイドはいつでも近くに控えています。ガイドはいわば担任の教師であり支援者なので、私たちが釈明に困ったときには口添えをし、混乱したときには代わって説明したりします。

評議会でのガイドは、被験者が思う以上に多くの働きをしているようです。評議会に関する報告はきわめて一貫しています。被験者から評議会の情報を引き出すために、私はよく「そろそろ長老たちと会う時期が近づいてきましたね」と水を向けます。以下はその典型的な答えです。

待ちに待った瞬間です。私は「聖なる者たち」に会うんです。ガイドのリネルとともに、たくさんの教室がある長い廊下を通り抜けていきます。やがて大理石の列柱が立ち並ぶ広々した場所に出ました。壁面は色とりどりの曇りガラスのパネルで覆われていて、遠くから聖歌隊の声や弦楽器の調べが聞こえてきます。柔らかな黄金色の光に包まれた落ち着いた雰囲気です。美しい噴水のある中庭に出ました。ここが待機場所です。

そしてリネルは高い丸天井からまばゆい光が降り注ぐ部屋へと案内しました。聖なる者たちが三日月形のテーブルに座っています。私は中央まで進み、リネルは左後方に立ちました。

私は初めて評議会について聞いたとき、「どうして権威主義的な状況で彼らと会うのだろう」「もっと穏やかな田園風景のなかでもいいのではないか」と疑問に思いました。若い魂はこの環境が「審査にふさわしい」と言いますが、年長の魂は丸天井の部屋で行われるのには理由があると言います。この状況設定だと、高次元の存在がより効果的に会議全体に光エネルギーを降り注ぐことができるのです。

大半の被験者が評議会が開かれる部屋を、**図8**に示すように丸天井のドーム建築のようだと言います。この造りが地球上の神聖な場所である寺院やモスク、教会を連想させ、ここを「神の慈愛の間」と呼んだ被験者もいました。**図8**の中央のテーブルDは、大勢の長老たちが座れるように前面が長く伸びて、角が丸くなっています。一部の被験者はこのテーブルが目線と同じくらいの高さに設置されていると言います。

このような細かな設定は、魂の感じ方に影響を与えるので、会合が最大限の効果を上げる大事な要素となります。もし魂がそのときの評議会を権威主義的だと感じたのなら、それには必ず理由がありますから、被験者と一緒に今終えた人生の中からその手がかりを探し出すのです。

被験者たちは審問の様子を、必ずしも簡単には話してくれません。私は「あなたの立場は十分に理解していますよ」と被験者に伝えて安心と信頼感をもってもらうように努めます。そうすれば彼らは神聖な記憶を話すことが容認されたと感じるのです。

それでも話す内容は断片的です。この研究に長い時間がかかったのはそういう理由からなのです。ジグソーパズルのピースをつなぎ合わせるように、小さな断片情報が大きな構図の発見へとつながり、私は再び新たな視点で質問ができます。例えば、先ほどのテーブルが目線位置にあるのはなぜか、といった些細な疑問さえも重要です。

もう一つヒントになるのは、特に最初の評議会でのガイドの立ち位置です。**図8**にあるように、ガイドCの立ち位置はこのイラストでは左側です。ガイドが被験者の左背後に立つのはなぜか……私は長い間疑問に感じていました。ガイドが右側に立つと言う被験者はほんのわずかです。理由を尋ねても「特に決まりはありません」「習慣なんです」といったあいまいな答えしか返ってきませんでした。いつしか私はこの質問をしなくなっていました。

ところがある日、進歩した被験者が「評議会のすべてには意味がある」と言ったのです。そこで忘れかけ

図8　評議会の部屋

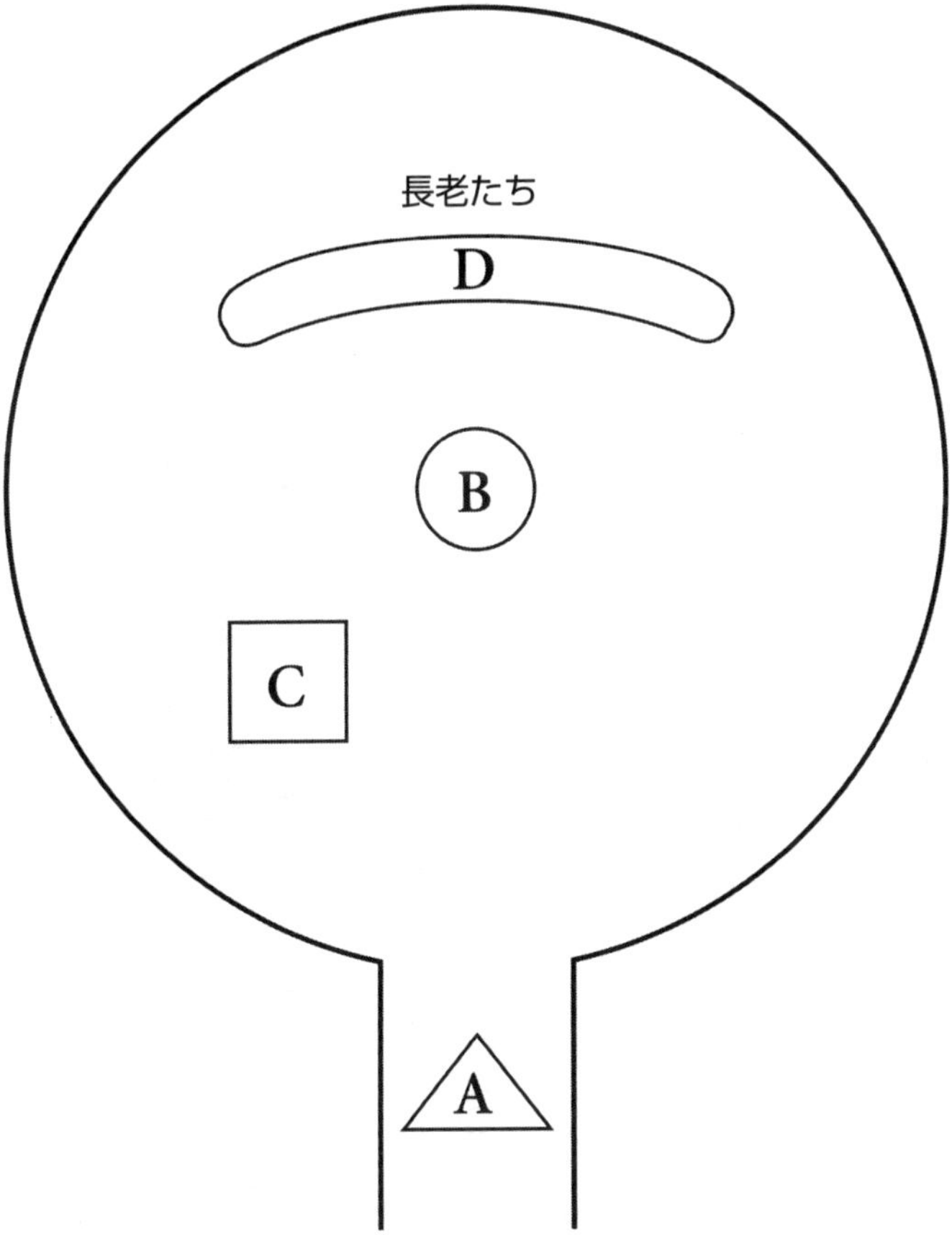

長老たちが魂と出会う典型的な構成です。この広々とした空間は丸天井の円形広間に見えます。魂は通路A、または小部屋Aから広間に入ります。魂は中央のBに立ち、ガイドはその左後ろのCに位置します。長老たちは長い三日月形のテーブルDに着席します。テーブルは長方形に見える場合もあります。

ていた疑問をぶつけてみると、彼は次のように答えました。

ケース37

ニュートン　ガイドはなぜあなたの左後ろに立つのですか。
被験者　（笑って）知らないんですか。人間の身体は一般的に頭の左側のほうが優勢なんですよ。
ニュートン　それがこの立ち位置とどういう関係があるのでしょうか。
被験者　右と左は……均等ではないんです。
ニュートン　人間の脳の左右のアンバランスを言っているのですか。
被験者　そうです。地球から戻って困ることは、左側のエネルギー受容力が弱くなっていることです。そう長くは続きませんが。
ニュートン　ということは、評議会でのあなたにはまだ人間の肉体的痕跡が残っているのですか。
被験者　そうですよ。それを言ったんです。肉体の束縛から自由になるには時間がかかります。ですから二度目の評議会では、ジェローム（ガイド）はあまり必要ないんです。
ニュートン　というのは……？
被験者　そのころにはテレパシーでコミュニケーションがとれるようになっていますから。
ニュートン　ジェロームはあなたの左後ろで、具体的にどう助けてくれるのか、説明してもらえますか。
被験者　ほとんどの人間は右よりも左側が硬直しています。そのために評議員が送るエネルギーを右側で受け止めるのですが、ジェロームはその思考が左側から逃げてしまわないようにせき止めるんです。彼は反射板になって思考の波をはね返してくれるんです。おかげで知識や理解力を失わずにすみます。

ニュートン　その過程で、彼は自分の思考も追加するのですか。

被験者　もちろんです。

その後、ほかの被験者からもこの反射板効果について確認しました。転生初期に魂が脳の複雑な回路パターンと同調しようとすると、脳の左右アンバランスに気づきます。肉体は唯一無二で、左右脳のバランス状態にも違いがあり、重要な判断、創造性、言語的コミュニケーションのプロセスも違っています。聡明な魂が妊娠初期に胎児に入るのは、同調に時間がかかることを知っているからなのです。

私は前世の肉体の痕跡に働きかけます。それが現在の肉体に障害をもたらしているかもしれないからです。私のところには現代医療では病や痛みが完治しなかった人がよくやって来ます。例えば肉体の不調が過去世の悲惨な死に方に起因していることがあります。こういう被験者を弱体化させる負の痕跡を消し去ることも、私の重要な仕事の一つなのです。

第四章では傷ついた肉体の痕跡がスピリット世界まで持ち込まれるケースを紹介しました。正直なところ、それが評議会にまで影響を及ぼすとは思いもしませんでした。評議員たちは振幅が激しく上下するバイブレーションでお互いとやり取りをしています。これは魂に聞かれないように意図して周波数を変えているようです。このような会話の解釈もガイドの役割の一つなのです。

魂は評議会の前に行われる適応指導で、ガイドからすでに説明を受けていますが、評議員たちの前では緊張し不安になります。しかし評議会は罰することが目的ではありません。長老たちは終わった人生を吟味することで、次の人生を支援したいのです。魂はどんな質問をされるのかも分かっていますし、評議会が毎回異なることも承知しています。若い魂のための評議会は、ガイドも評議員たちも思いやりと寛容にあふれています。

評議会のことを初めて知ったとき、私の心に疑念が生じたことは事実です。魂が高位の存在の前に呼び出されるとしたら、そこにはカルマ的な懲罰があるのではないかと感じてしまうのは当然でしょう。しかしそれは、これまでの固定概念から生まれた私の思い込みによるものでした。ほどなく評議会にはさまざまな側面があることを知ったのです。長老たちは、愛情深く毅然とした両親あるいは情熱的な教師、カウンセラーともいえる役割を担います。実際には魂自身がもっとも厳しい批評家ですし、さらに仲間たちの評価は長老たちよりもはるかに辛辣なのです。

評議会に出る前の魂の反応はさまざまです。楽しみだと言う者もいれば心配する者もいます。でも誰もが評議会の部屋に入った瞬間、自分が歓迎されていることを知ります。裁判所と評議会との決定的な違いは、ここではみなテレパシーで意志疎通を行っていることです。何も隠すことができないのです。裁判所のように証拠や被告弁護人などは必要ありません。

長老たちは将来の計画を適切に立てるために、私たちの行動、特に他人に対する行為の重要性をきちんと理解しているか確かめるのです。長老たちは今終わった人生の感想を求めてきますが、厳しく追及されることはありません。彼らは限りなく寛大なのです。地球から来た魂を評価する場が厳しいものであったなら、多くの魂はもう二度と地球へ転生しなくなってしまいます。魂にはいつでも拒否する権利があるのです。

また宿主の肉体が魂の進歩に貢献したかどうかも吟味されます。この時点ですでに次の肉体候補や境遇などが検討されていますが、ここで決定するわけではありません。長老たちは、私たちが人間以外の肉体に宿ったかどうかも、人間として負の感情をコントロールできたかどうかもすべて分かっていますので、言い訳は通用しません。だからと言って、過度の困難に対する不満を言えないわけではありませんが、評議会ではもっともらしい理屈を言うよりも正直でいることが一番なのです。

評議会では、私たちの内なる不滅の性質が価値観や理念、行動の面でその本来の完全さを維持できたかどうか確認されます。彼らは、私たちが宿主の肉体に埋没してしまったのか、それとも人間の脳とうまく融合し輝き出たのかを知ろうとします。また力の行使についても尋ねてきます。周りによい影響を与えたか、あるいは他者を支配しようとして堕落したのか？　私たちが「何度人生で失敗したか」ではなく、「失敗をバネに再び立ち上がったかどうか」に注目するのです。

❖ローブの色に隠された意味

「長老」という言葉は多くの被験者がふさわしいと感じていますが、それは彼らが白髪や髭をたくわえた年長の男性として表現されるからです。このような男性のイメージが多いのは、文化的な固定観念によるものでしょう。知恵は年齢と結びつき、そして男性が長い間権力の座にあったという歴史の反映なのです。

こうした印象を生み出す要素は二つあって、一つは魂が人生の出来事をすぐに思い出せるように、評議員が意図して人間の姿で現れていることです。もう一つは、退行セッションでよみがえる記憶には現在の人生の影響も含まれるということです。

被験者は評議員たちの前では純粋な魂として過去を振り返り、そして同時に今私と対話をしているのです。魂が仲間たちに過去世の顔を見せるのも同じ必要があるからです。将来の退行催眠セラピストのために、評議会には男性だけでなく女性もいることを伝えておきましょう。忘れてならないのは、回想される評議会の多くは数世紀前の生の合間に行われていることです。この時系列の考慮はとても重要です。

進歩した魂たちは評議員を男女の別なく両性的にとらえている人が多いようです。彼らは場合によって性別を見せなかったり、混在させたり、両性を素早く切り替えたりします。いずれにしても被験者たちは長老たちの名前を口にせず、「彼」と呼ぶ傾向があります。一方ガイドは被験者によって男性か女性のどちらか一方として現れます。

図8に戻りますが、評議会のテーブルDは円形広間の壁に背を向けて設置されています。魂Bは部屋の中央に立っています。被験者たちは「崇敬の気持ちを抱いて立つ」という表現を使いますが、彼らには選択の余地があるのでしょうか。

ごくまれですが、進歩した魂が評議員のテーブルの末席に着いたことがありました。そこにテーブルがなく長老たちから仲間に加わるように勧められた、と言う場合には、その被験者はガイドの地位に近づいている進歩した魂なのだと理解しています。地球への転生が五回以下の若い魂は、今述べた評議会の様子とはまったく異なった経験をしています。以下はその典型的な例です。

私たち四人はたくさん遊びました。教師のミナリがいない時はいたずらもしました。私たちは赤や黄や緑の美しい場所に連れていかれ、そこには高い背もたれの椅子に座った男の人と女の人がいました。このカップルは三十代前半のように見えましたが、ひょっとしたら私たちの両親だったのかもしれません。彼らは優しそうに私たちを手招きし「人生を楽しんでいるか、次の生では何をしたいのか」「ミナリの言うことは何でもよく聞きなさい」などと言いました。まるでクリスマスのデパートで二人のサンタに会ったみたいでした。

魂が複数で評議会に出席するのは、その被験者が「子どもの魂」と見なされている証拠です。この被験者は人間に生まれるのは今回が二度目です。転生の二回から五回目の生までに、評議会の状況が変わってきます。ある被験者がその経験を次のように言っています。

あれ、ずいぶん様子が違いますね！　今回は前よりも堅苦しい雰囲気で、ちょっと心配になってきました。長いテーブルに座った三人の長老から、どれだけ進歩したか説明を求められました。試験が終わって結果発表を待っているような気分です。

被験者は評議員の席に三人から七人のメンバーを見ます。進歩した魂なら七人から十二人の長老に会うでしょう。この数は状況によって変わります。魂が進歩して複雑になると、より多くの専門家が必要になるからです。あまり進歩していない魂は、議長ともう一人の長老ぐらいしか識別できず、この二人が中心に質問します。

評議会の席順には何らかのルールがあるのでしょうか。メンバーは横一列に着席し、議長は魂の正面に座ることが多いようです。この長老が会議の責任者として質問します。出席する評議員の数は、今終えた人生と次に転生する人生の状況によっても違ってきます。

同じグループのメンバーであっても、それぞれ異なる評議会に出席します。これは個々の性格や成長度が少しずつ異なっているからだと思いますが、被験者はその理由を説明できません。評議会のメンバーが何度も欠席していたのに突然また顔を出したり、新たなメンバーが加わったと聞いたときにはちょっと注目します。そんな一例を紹介しましょう。

前世の後で評議会に新しい女性のメンバーが加わりました。怒ってはいませんでしたが、私が過去世で女性に対して無神経だったことに批判的でした。彼女が加わったのは、私にはいつも女性を排除しようとする傾向があるので、それを改善するためでした。それが私の進歩を遅らせていたのです。

どうやら同じ過ちを繰り返し続けると、助言するためにスペシャリストが加わるようです。次の被験者は直近の評議会で起こったことを、このように話しました。

最近の評議会のメンバーは、三名と四名を行ったり来たりしました。この四人目のメンバーは輝く銀色をしていて、ほかは深い紫でした。彼は自信をつけさせるカウンセラーのようです。彼が出席すると必ず、自分を信じるように言われます。私は引っ込み思案で、他人の前で自分の意見が言えないんです。私がどんなにびくびく生きているかを話すと、「もっと自分に自信をもって人と接すれば、愛され賞賛されるはずだ」「私たちは君が克服できないほどの課題を与えてはいない」とやさしく話してくれました。

この被験者は今の人生で、魅力的な容貌の女性よりもごく普通の小柄な肉体を選びました。すでに子どものころ両親から見放される役割を受け入れた後でしたから、この新たなチャレンジが銀色のカウンセラーを喜ばすにちがいないと確信したそうです。彼女にこのカウンセラーの言葉でもっとも心に残っているものは何かと尋ねると次のように言いました。「困難な人生から得たものはすべて、永遠に自分のものになる」。

ガイドは人生の重要な目標が優先されたか細かく分析しますが、長老たちはもっと大局的な視点から質問をします。それは今終えた人生だけではなく、全人生における自身の自己実現の進捗状況や可能性をどれだけ進展させられたかを知ろうとするのです。

評議会に出席する長老たちは、そこに出席する魂と性格や背景において共通点があるように私は感じています。実際に長老と被験者との間に個人的な類似点が見いだされることがあります。長老のそれぞれが、魂の性格の強さと弱さ、興味や目標に関連しているように思えるのです。

意外なことに、催眠下の被験者は長老たちに心からの親近感を感じていません。尊敬と敬意を表しますが、ガイドに対する深い親愛の情のようなものはないようです。その意味で以下のケースは異例と言えるでしょう。

ケース38

ニュートン　前回の評議会から新しく加わった長老はいますか。

被験者　（ハッと息をのんで、次に嬉しそうなため息をもらしながら）**久しぶりだ！**　レンダーが帰ってきた。また会えるなんて思ってもいなかったよ。

ニュートン　レンダーとは誰ですか。

被験者　（被験者は震えていて答えられません）

ニュートン　では深呼吸しリラックスしましょう。何が起きていますか。レンダーはどこにいますか。

被験者　テーブルの左側にいます。（まだ感慨深い様子で）ずいぶん久しぶりだ……。

ニュートン　最後にレンダーに会ってから地球時間で何年くらいたちますか。

被験者　（涙を浮かべて）そう……三千年ぐらいですね……。

ニュートン　その間に多くの人生があったと思いますが、レンダーはどうして現れなかったのでしょう。

被験者　（少し平静さを取り戻して）あなたは彼が評議会に戻った意味の重大さが分かっていないんですよ。レンダーはかなり高齢ですが聡明で……私が地球のサイクル（転生）をこんなに重ねる前から評議員でした。彼は私に「君は前途有望だし、急速な進歩を遂げている」と言って、私は重要な課題を与えられたのですが……。（また言葉に詰まりました）

ニュートン　（穏やかに）大丈夫ですよ。あなたに何が起きたのか説明を続けてください。

被験者　（再び長い間があって）私は……堕落したんです。自分の地位を利用して他人に権力をふるい、それを楽しんでいました。レンダーは「そんなことをしていては進歩が遅くなる」と警告してくれたのに聞き入れず……多くの人生をむだに費やし……知識も能力も失ってしまったんです。

ニュートン　では、最近になって改心したのですか。そうでなければレンダーは現れないと思うのですが。

被験者　私はこの五百年の間、一生懸命努力しました。他人を思いやり、人々のために働き、そして今ようやく報いられたのです。レンダーが戻ってきたんです！　（被験者はぶるぶると震え出して話せません）

ニュートン　（落ち着かせようと少し待ってから）彼を見つけた瞬間、レンダーは何と言いましたか。

被験者　彼はほほ笑んで、「また君と一緒に仕事ができてうれしいよ」と言いました。

ニュートン　たったそれだけですか。

被験者　十分です！　私は彼の寛大な心のパワーを感じ、再び私を信頼してくれたことが分かりました。

ニュートン　あなたは何と言いましたか。

被験者　「二度と同じ間違いは犯しません」と誓いました。

レンダーは紫の蛍光色のローブを着ていたそうです。ガイドや評議員の衣裳はほとんどがローブで、たまにチュニックを見る人もいます。長老たちのエネルギーは深い紫色ですが、そのローブの色は異なっていることもあります。ローブは人間社会の法律、学問、神学の象徴であり、被験者たちに威厳や敬意の気持ちを抱かせます。

ローブの色を知ることで、多くの手がかりが得られます。それは長老の地位や身分によって違うのだとずっと思っていましたが、実は階級に基づくものではないことが分かってきたのです。白と紫は被験者がもっともよく目にする色です。白は若い魂の受容的エネルギーを意味し、同時に送り手である進歩した魂による思考伝達や介入をも意味しています（ケース31参照）。

若い魂の白いエネルギーは不断の自己浄化と再生を反映し、進歩した魂にとっては純粋さと明晰さを表しています。評議員やガイドがよく白いローブを着ている理由は、この白が知識と英知の伝達を象徴しているからです。このローブの白や光明を得た存在のまばゆい光輪の白は、宇宙エネルギーと調和していることを示しているのです。紫は英知と理解を表す色です。紫とスミレ色のローブは限りない愛と慈悲心によってその魂の問題を解決へと導く能力を反映しています。こうした長老のローブの色には被験者が彼に求める完璧さの質が反映しています。

次のケースのレベルⅠの魂は、前世で一九三七年に亡くなり、今まさに評議会の部屋へ入ったところです。

ケース39

ニュートン　評議会には何人の長老がいますか。
被験者　私は長老ではなく賢者と呼びたいです。六人います。
ニュートン　それぞれの賢者が着ているものと、あなたの印象を聞かせてください。
被験者　（間があって）真ん中の賢者は紫色のローブ、そのほかは白に紫が混じったローブを着て……右端の賢者は……少し黄色が混じった白を着ています。彼女は私に元気を与えてくれます。
ニュートン　これらの色はあなたにとってどんな意味がありますか。
被験者　左の白い衣装の賢者は、私に今終えた人生を直視するように求めています。黄色が混じったローブの賢者は慰めや癒しに関係があるようですが、なぜここにいるのか分かりません。そういえば二つ前の人生の後には、深紅のローブを着た賢者がそこにいました。身体に障害のある人生を終えたときです。
ニュートン　赤いローブの賢者には何を感じましたか。
被験者　赤は肉体に関係する色です。深紅の存在は肉体のカルマの担当者でした。あの人生で私はすっかり疲れ果て、腹を立てていたんです。あのとき緑の衣装を着た賢者もいましたが、今回はいませんね。
ニュートン　緑は何を意味するのでしょう。
被験者　治療や癒しを意味します……精神的にも肉体的にも。
ニュートン　あなたはいつも赤や緑の衣装を着た賢者を見るのですか。
被験者　いいえ、いつもはみな紫系のローブを着ています。今回は何か特別なメッセージがあるのでしょう。

ニュートン　真ん中の賢者は重要な存在ですか。
被験者　（私を笑って）みな重要ですよ！
ニュートン　そうですが、ほかの人よりもあなたにとって重要かどうかということです。
被験者　そうですね。彼はリーダーですからね。指揮監督をしているんです。
ニュートン　どうしてそう思うのですか。
被験者　ほかの存在は彼に従っているようです。すべて彼が判断しているんです。
ニュートン　名前は分かりますか。
被験者　（笑って）知っているわけないでしょう！　私は彼らの仲間ではないんですから。
ニュートン　会議はどんなふうに始まりますか。
被験者　リーダーが「ようこそ、またお会いしましたね」と言います。
ニュートン　あなたは何と？
被験者　「ありがとう」と言いつつ、内心では「うまくいきますように」と祈ります。
ニュートン　リーダーから何か感じ取れますか。
被験者　この会は私のために開かれたのだと言っています。そして「前に会った時から、どのくらい進歩したと思いますか。何か新しいことを学びましたか」と聞かれました。
ニュートン　少し落ち着いてきましたか。
被験者　そうですね。
ニュートン　では、ここからどんなふうに展開するのでしょう。
被験者　（間があって）最初に好印象を与えたかったので、慈善活動や多くの善行について話しました。私は大会社の経営者として成功していたんです。それから会社の運営のことや……雇用人との対立や怒りや……（興奮してきて）そして失望するような事態に……（中断しました）。

ニュートン　どうぞ続けてください。ガイドに助けを求めてもいいですよ。

被験者　ガイドのホアキンが、私が大恐慌時代に人々を雇用し社会に貢献したことを話してくれました。

ニュートン　それはよかったですね。

被験者　まあね。彼は中立的立場で、厳しい時代に私がどう立ち向かっていったかを淡々と話しました。

ニュートン　ホアキンは、あなたの被告弁護人のようなものですか。

被験者　（無愛想に）いいえ、ここはそんな場所ではありません。

ニュートン　ホアキンはあなたの人生の概略をまとめてくれたんですね。

被験者　ええ、でも家族への愛と仕事のことが絡み合って混乱し……好印象にはほど遠く真意がうまく伝わりませんでした。それが本当に残念です。ホアキンは私の心情を察して、今は口をつぐんでいます。

ニュートン　では、あなたと賢者たちとの会話を中心に進めていきましょう。

被験者　どんな質問をされるのか推測しました。私が人生で物欲に走ったことは認めました。それが自分の評価を高めると思ったんです。私は人々にひどい仕打ちをしました。そこまで話したとき、前の人生でも同じ行為をしていたことを指摘され……そして「君は前よりも進歩したと思うかね」とまた聞かれました。

ニュートン　過去を引き合いに出すのは筋違いだと思いましたか。

被験者　いいえ、そんなことはありません。それはいいんです。でもまた頭が先走って、慈善活動のことをもう一度強調しておきたいと思いました……それから……（話を止めて）。

ニュートン　（励ますように）ここまではとてもいいですよ。次にどうなりますか。

被験者　真ん中の賢者が……彼の強力な心が私を包み込みました。

ニュートン　何を伝えたいのでしょうか。

被験者　（ゆっくりと）私はこんな心の声を聞きました。「エマニュエル、私たちはあなたを罰するためにここにいるのではありません。私たちがあなたを愛するように、あなたも自分を愛してほしいのです。思い出してごらんなさい、あのバス停での出来事を」。

ニュートン　バス停の出来事とは何ですか。

被験者　突然言われてもさっぱり分かりませんよ。そこでホアキンに助けを求めました。

ニュートン　そしてどうなりましたか。

被験者　賢者から「バス停にいた女性のことを覚えていないのですか」と言われ、覚えていないと答えました。すると心にイメージが送られてきて、その光景がよみがえってきたのです。バス停に一人の女性がいました……私は職場へ向かう途中でしたが、突然その女性が泣きだしたのです。大恐慌の時代で人々は困窮していました。私は思わず彼女の肩に手を回し慰めました。（間があって）何てことだ！　賢者たちはこれに興味があったのか？　その女性とはほんの数分一緒にいただけなのに……そんな……。

ニュートン　この出来事を取り上げた賢者について、どう感じますか。

被験者　ありえませんよ！　これまでずっと慈善活動や寄付をしてきたのに、何でこんなつまらないことを……。

この話をしているとき、なぜか黄色いローブの女性がほほ笑んでいることに彼は気づきました。きっとちょっとした思いやりが大切なのだと伝えたかったのでしょう。未熟な魂は自分を認めてもらおうと焦り、記憶が混乱することがよくあります。エマニュエルは急いでいたのに女性に時間を割き慰めてあげたことを、すっかり忘れていました。このたった数分の出来事は人生では取るに足らないことに思えるかもしれませんが、スピリット世界ではどんなに些細な善意でも必ず評価されるのです。

長老たちが魂に見せる色の意味はそれぞれ違っています。例えば前ケースの赤いローブは、前世で障害のある肉体に宿ったエマニュエルに生きる情熱を取り戻せと励ましていました。また別のケースではルビーがついたメダルが示されますが、これは前世以上の勇気が必要であることを伝えています。長老が着るローブの色だけではなく、身に着けるメダルや紋章などにも深い意味が示されているのです。

❖紋章や宝石は魂へのメッセージ

人類が誕生して以来、私たちは周囲に見えるものの背後に隠されたスピリチュアルなメッセージを探ろうとしてきました。フランスのドルドーニュ渓谷で、旧石器時代に洞窟の壁に描かれた象徴的芸術を見て、人は石器時代へと連れ戻されます。それらは人間のスピリチュアルな気づきのもっとも初期の表現です。

世界中の原始文化が岩絵や象形文字で魔術、繁殖、食糧、勇気、死などを表現してきました。確かに私たちは神秘的現象を通じて独自の啓示を得ようとしてきました。人類初期には動物や岩石、地水火風に神のしるしを求め、今でもさまざまなシンボルを力の体現として、あるいは自己啓発の手段として使っています。これらはたぶん高次元の自己《ハイヤーセルフ》を実現したいという人間の本能に基づいたものなのでしょう。グノーシス派やカバラ主義の神秘的な儀式やシンボルは、魂の古い記憶やスピリット世界の記憶なのかもしれません。

評議会で重要な記号やしるしが示されたとしても何の不思議もありません。長老たちはよく紋章などを着けていますが、これは魂の過去世にルーツがあります。古代の粘土板や石印などを研究する人類学者によれば、これらの紋章はそれを身につける人や見る人だけでなく、人生を超えて魂の領域にまで影響を及ぼすと考えられるのだそうです。

この風習は今日も彫刻入りペンダント、指輪などの形で続いています。この魔除けのような装身具を身につける人はお守りとしてだけでなく、それが自分のパワーや幸運を呼び招くと信じています。次のケースでは、そういう感情がどこからやってくるのかを知る手がかりとなりそうです。

ケース40

ニュートン　あなたの前に何人の評議員がいますか。

被験者　五人です。

ニュートン　どんな服を着ていますか。

被験者　みな白いローブです。

ニュートン　ローブに何か着けている評議員はいますか。

被験者　（間があって）そうですね。真ん中の人が何か首にかけています。

ニュートン　何が見えるか説明してください。

被験者　鎖がついていますが、よく分かりません。

ニュートン　その鎖には何かついていますか。

被験者　丸い金属がついています。

ニュートン　（私はいつもこの質問をします）その大きさはグレープフルーツ、オレンジ、クルミのどれに近いですか。

被験者　（よくある答えです）オレンジです。

ニュートン　その色は？

被験者　金色です。

ニュートン　この金のメダルにはどんな意味がありますか。

被験者　（よくある答えです）たぶんある種の役職か特定の専門分野を表しているのでしょう。

ニュートン　なるほど。しかし評議員がお互いに自分の地位や能力を示し合う必要があるでしょうか。

被験者　（混乱して）えっ……何ですって……どうして私が知っているんですか。

ニュートン　落ち着いて……それを一緒に調べましょう。

被験者　（返事がありません）

ニュートン　メダルの表面に何か見えますか。

被験者　（よくある答えです）よく見えません。

ニュートン　よく見えるように近寄ってみてください。

被験者　（気が進まないように）そんな必要があるんですか。

ニュートン　よく考えてください。この進歩した存在が、あなたに意味もなくメダルを見せるでしょうか。

被験者　そうですね。（気後れしながら）もう少し近づいても問題ないと思います……。

ニュートン　話しても問題ないですよ。メダルをつけた評議員の表情はどうですか。彼はあなたの考えが分かるんですよ。

被験者　私を助けようと……優しい表情です。

ニュートン　そうであればここで見るものは、一つとして見逃してほしくないはずです。もっと前に出てメダルをよく見てください。

被験者　（少し自信が出てきて）側面には何も描かれていません。たぶん金銀線細工《フィリグリー》の装飾でしょう。でもメダル中央に口を開けた猫が見えます。

ニュートン　その猫のことをもう少し詳しく。それは家庭にいる猫ですか。

被験者　（はっきりと）いいえ、それはマウンテンライオンの横顔で牙をむいて恐ろしい表情をしています。

ニュートン　なるほど。ほかには何か?

被験者　（よく確かめて）おや、ライオンの首の下に短剣を握った手が見えますね（長い間があって）ああ……そうだったのね……。

ニュートン　それが何を意味するか分かりましたか。

被験者　（穏やかに）ええ、これは私のインディアンの人生からきているようです。

ニュートン　それはいつ、どこの人生で、そのライオンとはどういう関係がありますか。

ワンという名のこの被験者は、一七四〇年当時、北アメリカインディアンの若い女性でした。ある日二人の子どもと森で植物の根を掘っていたところ、突然猛獣が飛び出してきて子どもたちを襲いました。ワンは籠を放り投げ立ち向かっていきました。そして殺されそうになる寸前、石のナイフで猛獣の首を突き刺したのです。猛獣は死に子どもたちは助かりました。

私はなぜこのライオンの紋章を見せられたのか尋ねると、「あの時の勇気を思い出させるためでしょう。私はほかの人生でもっと勇気を出す必要があったのです」と答えました。いつも最後に後催眠暗示とともにメダルに彫られたデザインを心に刻んでもらい、セッション後にそれを描いてもらいます。彼女が見た図柄は**図9**Aです。

ワンの手がライオンをナイフで突き刺す図柄は、可能性と勇気の強いメッセージを送っています。この被験者は、自分は三十九歳で死ぬのではないかと恐れて私のところへやって来ました。というのも二年前、彼女の兄が無謀な運転で三十九歳で死んでしまったからです。

セッションを進めるうちに、この被験者は十九世紀（インディアンの次の生）、ワイオミングのわな猟師の妻だったのですが、ある酷寒の夜二人の子どもとともに夫に見捨てられたことが分かりました。現在の人生の兄であるこの夫は、腰が落ち着かず家族を養う責任を放棄したのです。

このケースではグループ内の落ち着きのない魂が、十九世紀の無責任な夫から二十世紀の無謀な兄へとカルマを持ち越していたのです。見捨てられた妻は子どもたちのために最後まで闘おうとしませんでした。夫はきっと帰って来るだろうと甘い期待を抱いて、ただ待ち続けたのです。

評議員がライオンのメダルを見せたのは、ワイオミングの人生で勇気が欠けていたことだけでなく、今日の恐怖心をも指摘するためでした。彼女はこのメダルから自分へのメッセージを受け取ることができました。兄の魂は彼女に再び試練を与えるために、同時に肉親を見捨てた自分のカルマにも対応するため、あえてこの人生を引き受けたのです。

この霊妙な存在たちが人間に似た光の身体をもち、ローブと装飾品を身につけている姿は、確かに奇妙に思えるでしょう。私も初めてメダルの存在を知ったとき、被験者は私のオフィスにあるチェーンを見ているのではないかと疑ったくらいです。これらの装飾品は彼らの地位とは何の関係もなく、すべては魂にメッセージを与えるためなのです。

図9　メダルのデザイン

A

B

C

D

この図柄は実物大ではありません。魂はそれを異なった色やサイズで見ますが、普通は円形で、長老が首にかけています。いずれの紋章も縁に二本の線が円周上に描かれ、判別できない文字のようなものが刻まれています。

この解釈にたどり着くまでにはずいぶんと時間がかかりました。最初のころは被験者からあいまいな答えしか得られずそのままにしていましたが、あるときふと「これらは接見した魂たちに関係があるのではないか」と思ったのです。カルマのレッスンが学ばれると、これらのシンボルはいずれ変化するのかもしれません。しかし一部の場面はけっして変わらないようです。

催眠下にある人は紋章が宗教的なシンボルではないことに気づくと、心を開き始め、反応がよくなってきます。現在の人生に役立てることができるこのセラピーは、得ることが多く努力の甲斐があるというものです。次はきわめてまれなケースで、被験者は三人の評議員の名前を知っており全員がメダルを着けています。**図9**Bが議長の紋章のデザインです。

ケース41

ニュートン　議長の紋章をもっとよく見て説明してもらえますか。

被験者　ドリットの紋章には、鷲の横向きの顔が黄金の円盤に分厚くレリーフされています。くちばしが開いて舌も見えます。

ニュートン　分かりました。それは全体として何を意味しますか。

被験者　ドリットは私に高く飛翔し、静寂に向かって叫べというメッセージを送っています。

ニュートン　もう少し詳しく説明してください。

被験者　自分の殻を抜け出して高く舞い上がらなければ、進歩は望めないと言っているのです。

ニュートン　あなたはどう答えますか。

被験者　受け入れられないと言いました。私の前世は周囲の喧騒に翻弄されてきました。もう十分です。

ニュートン　ドリットは何と言いましたか。

被験者　自分の意見をきちんと言えていたら、君はもっと成長していたはずだ、と言っています。

ニュートン　彼の言うことは正しいと思いますか。

被験者　（間があって）そうですね……私はもっと他人と関わり自分の意見を言うべきだったんでしょう。

ニュートン　人生が終わると、いつも鷲の紋章を目にしますか。

被験者　いいえ、私が沈黙のパターンに陥った時だけです。メダルにデザインがないときもあります。

ニュートン　現在の人生でも同じ問題を抱えていますか。

被験者　ええ、だからあなたに会いに来たのです。ドリットはこの課題を思い出させようとしているんです。

ニュートン　ほかに紋章をつけている人はいますか。

被験者　はい、トロンがつけています。彼はドリットの右側に座っています。

ニュートン　トロンのメダルのデザインを教えてください。

被験者　黄金のブドウの房が刻まれています。

ニュートン　ブドウは果物の色ではなく金色なんですか。

被験者　（肩をすくめて）そうです。メダルが金色だからです。メダルはみな金属製なんです。

ニュートン　どうしてですか。

被験者　よく分かりません。私にとってそれは貴重で耐久性があるモノの象徴です。

ニュートン　ブドウの房は、あなたにとって何を意味しますか。

被験者　（間があって）それは……人生のフルーツ、成果を意味します……それは食べられ……吸収され……

知識とともに成長するものです。

ニュートン 例えばリンゴではなく、どうしてブドウなんでしょうか。

被験者 ブドウはたくさんの果実が集まっているので、多様な局面を取り入れなさいという意味です。

ニュートン このトロンのメッセージを実行していきますか。

被験者 ブドウの一粒一粒を吸収できたなら、私はどんどん成長していくでしょう。

ニュートン その他のメンバーは紋章をつけていますか。

被験者 （間があって）シャイは知識の扉を開ける鍵の紋章をつけています。扉さえ開けば、私の問題は自分自身で解決できるという事実に気づくことができるでしょう。

ケース41でもっとも注目すべきは鷲のデザインでした。メダルに鳥が描かれることは珍しくありません。ある男性のケースでは、議長が鳥の羽根とアザミが描かれた紋章をつけていましたが、これは彼がスコットランドのハイランド地方で過ごした何度かの人生を思い出させるためでした。彼は「私は自由のためにブリトン族の圧制と闘った」と言いました。

またある女性被験者は白鳥が彫られた紋章を見ましたが、これは変化を通じて成長することを意味します。彼女は「この美しい鳥が幼いときに不格好で飛べなかったことを思い出しました。それは私が醜いアヒルの子から立派な人間へと生まれ変わることを示唆しているのです」と言いました。

とてもまれですが、メダルに魚が描かれることもあります。これは「流れに逆らって泳いでいても、その環境に調和している生物」を意味しています。

理由は分かりませんが、紋章に人間が描かれることはほとんどありません。ですからそのケースを聞いたとき、どんな意味があるのか興味津々でした。**図9**Ｃがそれです。このノーリーンという三十歳の女性は、生きる意欲を失って私に会いにきました。数カ月前に夫が自殺し、彼の後を追いたがっていたのです。セッションで分かったのですが、この前世でも一緒だったソウルメイトの夫は、その人生で樹木の伐採中の事故で二十六歳で亡くなりました。

カップルとはいっても、それぞれカルマも抱える問題も異なっています。しかし同じグループの魂が共同でワークをするとき、特に結婚した場合には、それら別々の問題が微妙に絡み合い、大きな問題に発展することがよくあるのです。前世で若くして未亡人となったノーリーンは、周囲に心を閉ざしていたことが大きな問題でした。

彼女は夫の死後誰からも慰められることなく、失意のうちに生涯を閉じたのです。その人生が終わって評議会に出た彼女は「あなたは精神的に成長できませんでしたね」と言われました。明らかに現在の人生でも同じレッスンが課せられていたのです。でも彼女のせいで夫が自殺したわけではありません。配偶者が意図的に若くして死んでしまう肉体を選び、残された配偶者に悲しみを乗り越える課題を与えるということがあるのです。

ただ若く健康な肉体をもつ者の自殺は、カルマの選択肢にはありません。たぶんノーリーンの夫は自殺ではなくても、何らかの事故で死ぬことになっていたのでしょう。被験者と会ったとき、彼女は愛する人なしでは生きていけないと思っていました。夫の死に対する罪悪感に苛《さいな》まれ落ち込んでいたのです。

この被験者を前回の評議会に連れ戻し、そのときに見たメダルをもう一度見せれば、今の人生を変えることができるかもしれないと思いました。

ケース42

ニュートン 長老がかけているメダルに何が描かれているか教えてください。

被験者 最初に見えたのは動物……鹿です。いいえガゼルです。高く飛び跳ねています。

ニュートン いいですよ。ほかに何か見えますか。

被験者 （間があって）ガゼルの背中に人が乗っています。真ん中にくっきりと描かれています。

ニュートン 分かりました。浮き彫りになっているのですね。

被験者 そうです。人間を乗せたガゼルは草原を駆け抜けているかのようです。人の顔は描かれていませんが、髪が長く女性のようです。女性は松明《たいまつ》を高く掲げています。

ニュートン （現在の時間に切り替えて）ここであなたが見た紋章の意味を確認しましょう。今この紋章について話し合うことはけっして偶然ではなく、あなたが思い出さねばならないことなのです。あなたは二度の人生で二度とも若くして未亡人になりましたね。

被験者 （長い沈黙の後、涙ながらに）意味は分かります。人間は私で、東の方角へ駆けていきます。この方角は新しい夜明けを意味します。この動物は本来人間を寄せつけません。そのガゼルが私を信頼して背に乗せたように、私も自分自身を信じガゼルと一緒に足早に進む必要があるんです。

ニュートン どうして足早に進むのですか。

被験者 （何度か促されて）なぜなら人生は危険がいっぱいだからです。危険といってもそれは自分の中にあります。心の弱さがあっという間に行く手を阻み、身動きがとれなくなるのです。

ニュートン　ガゼルは抑圧からの解放を意味するのですか。

被験者　そうです。私は大きな目的意識をもって生き抜く勇気と強さをもたねばなりません。ガゼルは恐れを克服し自分自身を信頼することも示唆しています。

ニュートン　紋章のあなたが持っている松明にはどんな意味がありますか。

被験者　（穏やかに）それは常に……知識の灯り……人間の英知の探求です。この炎が消えないかぎり暗闇に負けることはありません。

ニュートン　ペンダントには、ほかに何か見えますか。

被験者　（まだ夢を見るように）ええ、でもそれは私にはあまり重要ではありません。縁に刻まれたギリシア文字ですが、私には読めないんです。

残念なことに、縁に刻まれた奇妙な記号を読めた被験者はこれまで一人もいないのです。私の研究でもこの文字の真相は分かっておらず、つまり私たちが知るべきことではないのかもしれません。さらに人間の脳が処理できる情報範囲が限られているため、評議会でのすべてを再現することができないのです。被験者たちも、どうしてメダルの文字が読めないのか分からないようです。ひょっとするとそれは、言葉にできないスピリット言語なのかもしれません。

「人生の書」にもよく似た記号が描かれています。ケース30では本の表紙にギリシア語のパイ（π）の文字がありました。人生の書はきわめて個人的なもので、ガイドや評議員も魂の記録として使っていますが、メダルに描かれている文字は個々の魂とは関係がないのかもしれません。もし知るべきことであれば、ガイドが助けてくれるはずですから。この象徴的な記号が何らかの音や概念、言葉だったりしても、分からなければ個々の魂とは無関係と考えるべきでしょう。ある人は「それは高次元の源泉から長老へ向けたメッセージではないのか」と言っています。

私は紋章のデザインを大きく二つに分類しました。一つは生物や自然界にあるもので、もう一つは円や直線で描かれた幾何学的なデザインです。宝石はどちらにも使われます。メダルは魂の苦難、目標、成功、未達成の象徴で、宝石の色はそれを身に着けた長老や魂のガイドにも関係してきます。メダルのデザインには魂の特質や実績、目標が反映されていて、もし私たちが目標を忘れたりしているときには、絵柄を見せて警鐘を鳴らすのでしょう。

次のケースには幾何学模様や宝石のついた紋章が登場します。東洋では衣服に描かれる家紋は特定の一族を示しますが、これらの伝統とは違って、評議会では同一の紋章を見たというケースはありません。

幾何学模様の中でも特に「渦巻き」には、興味深い意味が隠されています。それらは**図9**Dのような世界中至るところで見られるものです。私自身もヨーロッパや北アフリカ、オーストラリア、そして北アメリカの砂漠などの岩に描かれた渦巻きを見たことがあります。多くの考古学者は「それは生命の源泉を意味する」と言います。

図9Dのデザインを見た被験者に意味を尋ねると、「渦巻き模様をつけた評議員の女性が思い出させてくれたのですが、私たちはスピリット世界の中心から出発して、らせん状に外へと展開し、いつの日かまた源泉へと戻ってくるのです」と言いました。渦巻きや同心円には、〝魂は生命の連続の中に存在する〟という意味があり、さらに〝魂の保護〟というニュアンスも含まれているのです。**図9**Eの曲線を見た被験者は次のように言っています。

図9　メダルのデザイン2

E

F

G

H

この紋章には縁の四つの方向から波紋が入っています。それらはメダルの中心に向かって収束しています。この波紋は目的地へ向かう異なる道を表し、それらが曲がりくねっているのは私たちが不完全な存在だからです。人生という旅には多くの分岐点がありますが、最後にはみな中心の同じ場所へとたどり着くのです。

ほかにも星や月、太陽のような天体を表す記号についても聞いたことがあり、ずいぶん前から記録してきました。その中で三日月が多く使われていることに気がつきました。**図9**FとG（ケース44に登場）は二人の被験者が見た三日月の図柄です。

太陽は私たちに金色の生命の光を降り注いでくれます。一方、欠けた月は私にとって成長のシンボルです。銀色の月の光は私の潜在能力を目覚めさせ、月が満ちていくように私も高次元の自己へと成長していくのです。

私は次元の異なる人生から人生を旅しています。上下逆さまの月は私たちを包み込み、さらに地球やその周辺の次元を統括するスピリット世界を表しています。紋章上部にある複数の線は私の魂の旅の重要なターニングポイントで、このシンボルが私を取り組むべきワークへと導いてくれるのです。一番下にある図柄は原子星、浄化の光、諸宇宙の統括者を意味しています。

被験者がメダルの三日月を報告するとき、それは一般的に今現在の魂のパワーが強くなっていることを意味します。彼らは、これは欠けていく月ではなく満ちていく月だと言います。この図柄は金色の円盤に銀色で描かれることが多いようです。

カーブしたり傾いたり水平や垂直に引かれた線には無数の意味があります。ある被験者は周囲にぐるっと直線が描かれただけの円盤を見てこう言いました。「いくつもの直線が円盤の中心に向かっているこのデザインは、私がすべての面で長老たちから支援されていることを表しています」。

これらの図柄や象徴は、それぞれに個人的な意味があるので分類することはできないことが分かりました。

図9Hに示されたデザインのケースを紹介しましょう。これは幾何学模様と宝石の組み合わせです。この紋章を報告してくれたウンズという女性は、繊維筋痛症という病気で絶えず痛みと闘っています。

ケース43

ニュートン　中央の長老はローブに何か着けていますか。

被験者　カーズは金のメダルを着けています。表面の図柄は一本の線が回転しながら小さな円をつくり、それが大きな円を形成しています。

ニュートン　ウンズ、そのデザインはあなたにとってどんな意味がありますか。

被験者　小さな円は人生を表し、それが次の人生へとつながり、その連続が私たちの本来の目的成就へと向かっているのです。

ニュートン　ほかに何か見えますか。

被験者　（うれしそうに）ええ。真ん中にエメラルドがあります。私は今それに心を奪われています。

ニュートン　その宝石はあなたにとってどんな意味があるのですか。

被験者　（とても満足そうに）それはヒーラーの石です。

ニュートン　あなたが現在の人生で繊維筋痛症を患っていることと何か関係がありますか。

被験者　もちろん大いにあります。私はこの人生で不治の痛みに苦しむ肉体を自ら求めました。

ニュートン　（驚いて声が大きくなり）どうしてですか。

被験者　ずっと昔にこの道を選びました。痛みで苦しむ体験をすれば、ヒーリング技術の向上につながると知ったからです。継続的な痛みは、たとえそれがわずかでも、ヒーラーにとってチャンスなんです。

ニュートン　何のための？

被験者　肉体の痛みの波動レベルの実験ができます。エネルギーをどう調整すれば痛みが軽減するのかを学びます。そうすればヒーラーとして、多くの人々を助けてあげられますから。

ニュートン　そういうことですか。さらにつけ加えることはありますか。

被験者　私は痛みを軽減する方法を自ら学んでいるうちに、さらに高い目標があることが分かってきます。継続的な痛みは人々を苦しめ人生を過酷なものにしますから、私はそういう人たちを助けたいのです。

ニュートン　あなたはカーズからエメラルドを見せられたことを、大いに誇りに感じているようですね。

被験者　ええ、もちろん！　この石はそれを身に着けるヒーラーの系譜に属しています。それは私の個人的な特質と私をずっと見守る役目のカーズ双方にとって進歩の象徴なのです。

ニュートン　彼はあなたがこの能力をさらに高め、いつか彼と同じようなヒーラーになれると確信してエメラルドを見せたんですね。

被験者　そうです。カーズは前にも増して私を信頼してくれています。

この被験者は、「成長の速い魂」です。ウンズは地球に転生してまだ五千年ほどしかたっていないのに長足の進歩を遂げたのです。これは彼女が一度も気楽な人生を選ばず、驚いたことにすべて身体的疾患のある肉体を選んできたからです。現在の人生では「心の科学」（ニューソートの一派）の教師として奉仕団体を設立し、健康問題を抱えた多くの人々を助けています。

ウンズがエメラルドのついたメダルを見るようになったのは、つい四、五回前の人生からだそうです。それ以前は琥珀《こはく》が見えたと言います。琥珀は弱者や病人に滋養と保護を与える色で、彼女は琥珀を「私を成長させる石」と呼びました。そして「緑のエメラルドは私のこの人生の立場を表している」と言っています。これらの話から判断すると、ウンズはレベルⅣの魂ではないかと考えています。彼女が人間に転生した初期には、紋章の真ん中には何もなかったのだそうです。

レベルVの被験者が「私を見守る長老はダイアモンド、ルビー、琥珀、エメラルド、サファイアがついた紋章を着けています。それは私が多くの課題を達成したことを意味しています」と言っています。このようにメダルの意味はその宝石の鉱物的価値ではなく色にあるのです。

面白いことに人々が報告する宝石のイメージは、地球の文化と興味深い対応を見せています。例えばシュメール人は青い宝石を着ける人には「耳を傾けるべき神」がついていると考え、被験者の多くは自分のガイドを青い光として見ています。古代人はアメジストの紫色に超越した知識と英知を感じていましたが、この色はレベルⅥ以上の魂の色なのです。

ときどきメダルに宝石がないと言う人もいます。宝石はメダルだけではなくネックレスや指輪にあったり、長老が手にもって見せる場合もあります。基本的に何らかの色が示されるとき、それは人間として魂としての局面が示唆されているのです。また長老が光輪やメダルで見せる色は長老の専門分野を表し、魂に最終的に到達してほしい領域と関係があるのかもしれません。

私は被験者が報告する色から先入観をつくらないようにしています。彼らが見る色の意味は、独自のものであってみな異なるからです。魂の記憶から浮かび上がるシンボルや象徴が、現在の人生でコントロールを習得したい何らかの「力」を表しています。彼らはメダルをすべて理解や英知と関連づけ、それは個人的なものに見えますが、実は背後には「自己の覚醒」へと方向づけしようとする意図が働いているようです。

❖神聖な存在

「スピリット世界へと誘導された人は、そこで神を見るのでしょうか」。これは講演会でよく尋ねられる質問ですが、ひと言では答えられません。被験者たちがスピリット世界で、自分のすべてが生み出された源泉を感じることは間違いありません。より進歩した人たちは、すべての魂は最後には源泉へと戻り一体化すると言います。しかしいまだに転生を繰り返す魂たちが、長老たちよりも優れた存在を目にすることはあるのでしょうか。答えはイエスです。それが評議会の場なのです。

評議会で長老たちと接見するとき、そこには「存在」と呼ばれる圧倒的な高次元の力が感じられます。多くの被験者が「それは神にきわめて近い存在」と言います。評議会の列席者よりもはるかに優れていて、評議会を支援するためにそこにいるという点では誰の意見も一致しています。一般的に被験者たちは高次元の

「存在」を、「神」ではなく「源泉」や「大霊」などと表現します。理由は「神」という言葉があまりにも人格化されすぎたからです。

魂が高い成長レベルへと近づくにつれて、この「存在」は彼らの中でますます身近になり大きくなっていきます。しかしこの高次元の存在は評議会に影響を及ぼすものの、究極の創造主ではないと思われています。それはスピリット世界のどこにでも存在する全能の力の一つなのかもしれません。「存在」に言及した報告を引用してみましょう。

実際に「存在」が見えるのではなく、究極のエネルギーとして感じるのです。それは私のために現れ、長老たちが間に入ることはありません。私はこの神聖な紫色の光とつながっている気がします。

評議会の部屋に入ると、脈打つ紫色の光の「存在」が長老たちを見回しています。ときどき私の心を浄化するためにまばゆい銀色に変わります。

「存在」とは純粋なエネルギーのことで、私を支援するために現れます。評議員たちが「存在」を必要とするのは、彼ら自身が肉体への転生を長い間経験していないからでしょう。この存在の純粋な英知によって、私たちは行くべき方向が見えてくるのです。

評議会で「存在」を感じるとき、それは共鳴のように心の中に浸透してきます。私のマスターガイドでさえ同じように至福へと導かれます。彼女があんなに楽しそうに評議会へ来た理由がやっと分かりました。それは愛と理解が湧き出す泉のようで、評議会が終わって「存在」から離れると……もう一度戻りたいという欲求に駆られます。

ときどき「評議会のメンバーとして『存在』に近づくとはどんなことなのか。その場面を説明できる人に会ったことがあるか」と聞かれることがあります。評議会のメンバーになった経験があり、まもなくレベルⅥになる被験者を数人知っています。なかでも次に挙げるチネラはもっとも進歩した魂の一人です。私を「存在」のすぐそばまで連れて行ってくれたのは、この魂だけでした。

チネラは数千年前、地球に来る前は別の次元で訓練を受けました。今の人生では鍼灸師としてさまざまな治療法を駆使して人々を助けています。**図9G**が、チネラが評議会で見たメダルです。

ケース44

ニュートン ガイド課程を終了したら、あなたは評議員になるのですか。

被験者 いいえ、それはまだです。私は若い教師たちを指導する教師になります……彼らがいろいろなレベルの生徒たちと触れ合えるように支援するのです。

ニュートン それはどうして分かるのですか。

被験者 私は現在も転生を続け、地球の生命体について学んでいる途中ですからね。

ニュートン チネラ、私たち二人は何かへの理解を深めたくて今日ここにいるのですよね。まず手始めにお聞きしたいのは、あなたと評議員たちとの関係です。とりあえず人数を教えてください。

被験者 現時点で、評議員席には十二人います。前世の後、中央の四人から「もっと地球を中心に活動したらどうかね」と言われましたが、私にはまだ対応が必要な障害があります。右側の四人は私の本来の次元から来ています。彼らは私が地球に持ち込んだエネルギーをもっと活用できるよう助けてくれます。

ニュートン　残りの四人についてはどうですか。

被験者　左手の四人は、地球周辺の次元間に共通する光や音を安定化させる役割を担っていて、同時に私に物質世界の基礎を教える重要な役割も果たしています。

ニュートン　どんな障害があなたの進歩を妨げているのか、ちょっとだけでも話してもらえますか。

被験者　基本的に評議員たちは、私がもっと多くの人たちに影響を与えるべきだと思っています。でもそのためには自己の拡張が必要なのですが、私はパワーが薄まってしまうと反対したんです。でもその主張は認められませんでした。

ニュートン　なるほど。結局それを受け入れたのですか。

被験者　（長い間があって）彼らの言うことも分かるのですが、私はまだ地球に違和感があるんです。

ニュートン　チネラ、あなたは自分が教えている学生たちのことで評議員たちと話し合ったことはありますか。

被験者　ええ、ちょっとだけ。

ニュートン　私は魂の進歩の研究をしているんですが、あなたは自分がどのレベルにあると思いますか。

被験者　私はマスター教師になろうとしています。

ニュートン　ガイドの一つ上のレベルですね。評議員にはなれないのですか。

被験者　必ずしもなる必要はありません。ほかの専門分野を選べますから。評議員に向いていない人もいるんですよ。

ニュートン　もしあなたが評議員に向いていて立派に役をこなしたとしたら、次にどこに行くのでしょうか。
被験者　（答えにためらいながら）ワンネスの位置に近づくでしょう。
ニュートン　評議会では「存在」がそれに当たりますか。
被験者　（あいまいに）本質的な意味では、そうですね。
ニュートン　そのワンネスを別の言葉で言うなら、大霊《オーバーソウル》のようなものでしょうか。
被験者　そうですね……多くの者が一体となります。私の知るかぎり、それは創造センターです……創造者たちが光エネルギーを新しい魂へと形作るんです。
ニュートン　チネラ、そのプロセスをもっと詳しく話してくれませんか。
被験者　あまり多くは話せませんが……そこは新しい魂のエネルギーが閃光のように放たれる場所です。私たちはそこで、魂が成長し、自分の個性を見つける手伝いをするのです。
ニュートン　ワンネスとは、「神」のことでしょうか。
被験者　それは神聖なエッセンスです。
ニュートン　ワンネスは一体になった多くの者たちから成り立っていると言われましたが、彼らはスピリット世界も含めたすべての宇宙の究極の神なのでしょうか。
被験者　（長い間があって）そうではないでしょうね。
ニュートン　「存在」の本質はどこから来るのですか。
被験者　（つぶやくように）至るところから……。（中断）
ニュートン　どうしてそれが分かりますか。
被験者　評議会に信頼する教師がいて……友人たちと……究極のリアリティについて質問し、教えてもらっているからです。

ニュートン　「存在」よりも高い力について尋ねると、どんな答えが返ってきますか。そしてどう感じますか。

被験者　それは「存在」も含めた同じエネルギーかもしれませんが、私にはよく分かりません。それは……巨大で力強く……柔軟で……そこには鼓動や……ささやきのような音があって……とても純粋で……。

ニュートン　（被験者の額に手のひらを当てて）断片的でもいいですよ。一緒に漂いながら音の方向へと近づいていきましょう。その音は何らかの光のエネルギーから発生しているのですか。

被験者　いいえ、そうではなく、音がすべてを生み出すんです……光やエネルギーも。

ニュートン　その音の発生源へ行きましょう。（強い調子で）**どうですか。何か見えますか。聞こえますか。**

被験者　私はすぐそばにいますが……無理です……。

ニュートン　（大きな声で）**もっと続けて、チネラ!**

被験者　（小さな声を絞り出すように）私が友人たちと……音に向けて心を一つにするとイメージが浮かんできます……それは……幾何学模様で……一列に並んでいます……。（中断）

ニュートン　（今度は優しく説得するように）もう少し……その先へ行ったら……何がありますか。

被験者　私が感じるのは……音響がこの構造を支え……そしてそれを動かし……変化させたり波打たせたりして……あらゆるものを作り出しています。それは響きわたる荘厳な鐘のよう……高く澄んだハミングのよう……無限に反響していくような……。（中断）

ニュートン　その中へ入りましょう。もう一息です。何が反響しているのですか。

被験者　（深いため息をついて）母です……愛情に満ちた……子どもに歌い聞かせています。

情報を引き出すためにチネラを強く後押ししたのは、彼女に匹敵するような被験者には、この先もう二度と会うことはないだろうと思ったからです。この人物やほかの高度に進歩した被験者たちは、「長老たちの評議会は、いまだ転生を続ける魂たちの概念を超えたリアリティに存在している」と言っています。

被験者の多くにとって「存在」は「誰」というよりも、そこに「ある」ものです。ある人たちは「存在」は長老たちの大きな意識と魂の小さな意識を平均化させる役割を担っていると感じます。その効果によって評議会の部屋はシンクロしたエネルギーに満たされます。ほんの少数ですがレベルVの魂でガイドのトレーニングとしてその席に座った者がいます。その一人に感想を尋ねると、次のような答えが返ってきました。

その席に座ると、人生から戻ったばかりの魂の内部に入ったように感じられます。それは単なる共感以上の……まるで相手になりきったかのようです。その瞬間「存在」は光を発し、評議会のメンバー全員に魂とまったく同じ思考になれる力を与えるのです。

一つの「存在」が評議会から評議会へと移動するのか、複数の「存在」がいるのか、あるいは「それ」は神そのものとして至るところにいるのか。もちろん私には分かりません。一人が複数の魂グループを担当するとしても、いったいどれほどの評議会が存在するでしょうか。私たちの宇宙の中に多くの世界があり、別の宇宙にも多くの世界があるのですから、彼らの任務は私たちの想像をはるかに超えています。

ケース44の高度に進歩した魂とは違って、被験者の多くは、長老たちが私たちと同じように過ちを犯す存在だとは思っていません。力強く愛に満ちた「存在」との短時間の接触を除けば、評議会は魂にとってもっとも権威ある場です。トランス状態の経験から被験者たちは、スピリット世界は階層的に進歩向上していく世界であると強く認識します。この秩序体系は人間の文明において何ら目新しいものではありません。インド、エジプト、ペルシア、中国の古典には、人格を備えた抽象的存在の「神の代理」が登場し、その一部は擬人化されました。初期のギリシア・ヘブライの宗教哲学もやはり、上に行くほど神聖さが増していく階層的概念を好みました。

多くの文化が神はあらゆる創造物の源泉であり絶対的善だが、私たちの世界は神に次ぐ神聖な存在たち、神の意志の伝達者に委ねられていると信じていました。彼らは創造主が遣わした存在ではあるが完璧ではないと見なされていて、おそらくこれが「神は万物の源泉であるのに、なぜ私たちの世界は完璧ではないのか」という疑問を解くカギになるのではないでしょうか。

汎神論は宇宙のすべてを神の顕現と見なします。一部の宗教哲学は、人生を支配する神聖な力は人間の理性に似たもので、本質的に「英知の言葉」なのだという概念を発展させました。ほかの社会では、そうした力は私たちの世界に影響を及ぼす「存在」たちであると考えられてきました。キリスト教では、至高の源泉から発する中間的存在という概念は容認されませんでした。完璧な存在が完璧ではない、間違いを犯し得る存在に、宇宙の統治を委ねることはあり得ないのです。

旧約聖書の神は預言者を通して語り、新約聖書では神の言葉はイエス・キリストによって語られます。大宗教の信者たちにとって預言者は神の反映なのです。あらゆる宗教で預言者たちが容認される遠因には、私たちと創造主である源泉の中間的位置に立つガイドや長老たちの魂の記憶があるからかもしれません。この惑星の長い歴史のなかで、多くの文化が人知を超えた神と私たちに敵対的な世界との仲介役として、神話上の存在を生み出してきました。私は神話を原始的なものとして排除すべきではないと思っています。それは世界を説明する一つの手段なのです。今に至っても私たちは、昔と何ら変わることなく、万物創造の神秘に答えを出せないでいるのですから。「万物の起源」について、新旧の宗教的概念はある興味深い点で一致します。

魂は自分に与えられたエネルギーから生き物を作り出せます。つまり魂は状況に応じて、あるものから別のものを作り出せるのです。神学では、神は無から有を生み出します。一方で神は物質を作らず、高度に進歩した存在が宇宙を創造できるように状況を作り出すだけだ、と信じる人たちもいます。

地球は高次の存在が、魂の成長のために作った実験室なのでしょうか。そうであるなら高次の存在は私たちの源泉ではあっても、万物の源泉そのものではないのかもしれません。前著でも述べたように、創造主は真の完璧さを欠き、自分のエッセンスを表現しながらもっと成長していかなければならないのかもしれません。あるいは、たとえ真に完璧だったとしても、成長は必要なのかもしれません。

神への段階論を支持する宗教哲学では、地球や物質的宇宙が究極の完璧によって作られたにしては混沌としすぎている、と主張しています。この考えは、「完璧な源泉が最終的にすべての魂が完全になるように万物を配置した」という考えに反するものではありません。完全な無知から完璧な理解へと向かう私たちの過程には、よりよい自己実現への信念と絶えざる啓発が伴っているのです。

❖評議会が終わるとき

会議の審査の場面では神の許しを基調とした空気が全体に満ちています。長老たちは究明と慈愛の場を提供し、その背後には魂への励ましが感じられます。ある被験者は評議会を去るとき次のように言いました。

会議が終わったとき、私は評議員たちが人生の正しかった選択に注目してくれたことを感じました。そして私にはすばらしい未来が見える、と言って意欲を高めてくれたのです。最後に「自分の正当化のために他人を利用してはいけない」と言われました。その場所を出るとき、私はすっかり浄化され存在全体に自信がみなぎっているのを感じました。

魂が極端な過ちを犯したとき、評議会で罪悪感に苛まれるのではないか、と尋ねられることがあります。もちろんありますが、それは次の人生のカルマの負債返済とセットになっていることが多いのです。魂は評議会を通じて次の人生の選択に関わりますが、それは彼ら本人が望んでいるからです。カルマは懲罰的なものではなく、すべての過去世の行いにバランスをもたらすものなのです。次の引用は、まもなく地球への転生を終えようとしている進歩した魂の言葉です。

評議会が終わると長老たちが立ち上がって私を囲み、鳥が翼を広げるように両手を高く掲げて、私を統一と調和で包み込んでくれました。それは多くのことを達成した私への称賛の儀式だったのです。

被験者は評議会で感じた畏敬の念や後悔、償いの気持ちをそのままグループへと持ち帰ります。当然、仲間たちと議論すると思っていたので、「沈黙の原則」などというものがあるとは思いもしませんでした。次に掲げるケースは心のプライバシーがテーマです。評議会には被験者の現在の人生には関係のない局面も存在します。そしてどういうわけか人々は、評議会の細部まで思い出すことができせません。この記憶のブロックは、ケース45のように被験者本人が故意にそうしている場合もあります。でもほとんどの被験者は、なぜ思い出せないのか本人も分からないのです。

ケース45

ニュートン では、議長の右にいる長老との対話に移りましょう。
被験者 (心配そうに) それはちょっと困ります。
ニュートン どうしてですか。
被験者 沈黙の原則を破るわけにはいかないんです。
ニュートン 私に対しては、ですか。
被験者 誰に対してもです。私のグループメンバーも含めて。
ニュートン グループの中では誰とでも情報を分かち合うのではないですか。
被験者 何もかもではないです。特に評議会のプライベートなやり取りに関しては。これは私たちが神聖な真理を守れるかどうかを確かめる方法なんです。
ニュートン もう少し詳しく話してもらえますか。
被験者 (笑いながら) 話せるものなら、もうとっくに話してますよ!
ニュートン 口にできないほど神聖だと思うことに、あえて立ち入るつもりはありませんが、あなたは理由があって私に会いに来たんですよね。
被験者 もちろんです。そして大いに参考になりました。でも今言いたくないこともあるんです。
ニュートン わかりました。それは尊重しましょう。しかし魂の仲間とも話さないというのは興味深いですね。

被験者　仲間の多くは別の評議会に出ますからね。それに別の理由もあります。全員がまったく同じ成長レベルにあるわけではないので、すべてを話せば混乱が起きたり、情報が過って伝わる懸念もあります。

ニュートン　なるほど。もう一度尋ねますが、この原則は私とあなたにも適用されるんですね。

被験者　（ほほ笑んで）そう答えたとしてもあなたは諦めませんよね。

ニュートン　そんなにすぐに諦めてしまったら情報なんてもらえませんし、人々を助けることもできませんからね。

被験者　（ため息をついて）でもやはり、ある神聖な事柄についてはお話しできないんです。

この被験者はプライバシーについて述べています。評議会の内容を仲間たちと話し合わないというのは何だか奇妙に感じられますが、ほかの被験者からも同様の声を聞きました。別の例を挙げてみましょう。

私はグループでは、友人二人としか評議会の話をしません。たった三人ですが、それでも慎重に一般論として話すんです。

スピリット世界はテレパシーで交流するのに、魂はお互いの思考をどのように隠すのだろう、と不思議に思っていました。分かったことは、若い魂はガイドのような経験豊かな魂から思考を隠すことはできないようです。レベルⅢになるとテレパシーも上達し、さらにブロックを学んでプライバシーを守れるようになります。魂のグループではプライバシーが何よりも尊重されるのです。グループの仲間たちには強い結びつきがあり、心を開きあって一緒に学び、そしてそれが現在の人生にも影響を及ぼします。テレパシーで交流する魂が、どのように心の選別をしブロックを行うのでしょうか。いくつかのことは分かっています。すべての魂には指紋のような個に特有の心の波動パターンがあります。中心的性格の周囲をエネルギーの束が緻密な籠《かご》のように覆っています。一本一本の束は概念やイメージを含む思考の映画フィルムのようなもので見せる見せないは魂の自由です。経験を積むと魂は映画のどの一コマでも隠せるようになります。こうして自分が望まないかぎり内部の詳細が外部に漏れ出すことはないのです。

誰もが評議会に対して大きな敬意を払います。グループに戻って評議会で得た情報を話し合うときも、長老たちの考えに異論を挟む者はいません。長老たちが口外しないよう勧めるのは、プライバシーが尊重されれば、魂はいっそう心を開くことができるからです。たとえ善意からにしても、仲間の余計な解釈が本来の意味を損ねてしまうこともあるのです。

ただ沈黙の原則にも例外があります。それは進歩した魂たちの場合です。彼らは評議会で得たプライベート情報を仲間たちと話し合い、それぞれの進歩に役立てるようです。

スピリット世界に時間の概念はありませんから、私は何世紀にもわたるカルマをざっと見るために、評議会を踏み切り板として利用します。被験者を評議会で論議されている過去世の決定的場面へと連れ戻すのです。私たちの姿勢や自我のこだわりはほかの人生からの影響が多く、それを別の視点から見ることで新たな視野を広げることができます。

被験者を人生選択の場へと移動させ、長老たちはなぜこの肉体を与えたのかを話し合いますが、もしまだ知るべきではないことがあれば、それはブロックされるでしょう。それが終わって一時停止していた映像を再びスタートさせると、評議会は何事もなかったかのように進み始めます。このいわばセラピー的介入を通じて、現在の問題解決への手がかりを探り、それが新たな進展への扉を開きます。私たちは、人生の紆余曲折にはすべて意味と目的があることを知るべきなのです。

私は、被験者、ガイド、長老たち三者の一時的な仲介者にすぎません。彼らの助けがあるから、トランス状態にある被験者が評議会の様子を説明できるのです。退行療法家である私は深い催眠状態に誘導することで、魂の心と人間の自我に触れることができます。超意識は永遠の時間の中で機能し、潜在意識はそれを現在の中で再現します。内なる真の自己に気づくことで、人生は計り知れないほど豊かになります。

もちろん、苦しんでいる人が三時間の退行セッションを受けるだけで、問題が解決すると言っているのではありません。しかし今後セラピーを受けるときにこの経験が大いに役立つはずです。もし精神的にも肉体的にも健全な人がこのセッションを受ければ、内なる自己の完全さと目的に気づき、感嘆することでしょう。

第七章　魂を取り巻く環境

❖ソウルメイト

最初と二回目の評議会の間に魂の修復再生の期間があります。

私たちの成長は、実際には転生前のほかの魂たちとともに始まります。私たちそれぞれには個性がありますが、魂としての進歩は集団的なもので、ここでは他者との共感や信頼が養われます。スピリット世界で学んだ他者との親密な関係が現世に持ち込まれて、人間としてカルマの課題にどう対応するかが試されるのです。転生すると至福に満ちた在り方が中断されますが、スピリット世界のマスターたちはそれを魂の意識を拡大する機会として利用します。

これまで過去世でのソウルメイトたちの恋愛関係についてたくさん聞いていますので、いくつかご紹介しましょう。彼らは予定どおりの時期、場所で再会したのです。

恋人が苦しめられたケース：石器時代、被験者の妻は好色な族長に辱めを受けていました。

恋人が英雄的にふるまったケース：三世紀前、あるポリネシアの花婿（被験者）は数時間前にめとったばかりの妻とカヌーに乗っていて突然の嵐に遭遇し、妻を助けた後、自分は溺死してしまいました。

恋人を殺してしまったケース：十八世紀のドイツ、被験者は根拠のない噂話から妻の浮気を疑って嫉妬に狂い妻を刺し殺しました。妻は潔白を訴えながら、彼だけを愛していると言って死んでいきました。

許されない恋愛のケース：ある兵士が南北戦争から帰還すると、故郷に残された妻（被験者）は彼の兄弟と結婚していました。一年前に死亡通知を受け取っていたのです。

このカップルはみな現世ではその相手と幸せな結婚をしています。過去の試練が次の人生への準備となり、ソウルメイトとしての絆を強めたのです。過去世への退行はカップルの結びつきに関わる興味深い情報をもたらしますが、スピリット世界へと誘導すると被験者は自分たちの関係についてもっと広い視野をもつことができます。

ソウルメイトとの愛には多くの試練が隠されています。長く幸福に共に暮らした人生もあれば、ソウルメイトに裏切られた人生もあるでしょう。ソウルメイトと共にいることで喜びや痛みがもたらされますが、私たちはその両方から学ぶのです。常に人生の人間関係の背後には重大なカルマ的な理由があります。

ヴァレリーという名の被験者は、二世紀前の中国で美しい女性としての人生を送りました。そこで彼女はもっとも大切にしていたソウルメイトを拒否したのです。彼はほかの男たちのように、彼女の虚栄心を満足させてくれませんでした。ヴァレリーはトランス状態で言いました。「おまけに彼はハンサムにはほど遠い外見をしていたので、一緒にいるのを見られるのも嫌だったんです。それでわがままを何でも聞いてくれるハンサムな男性と結婚しました。自分のものだったはずの幸せを失ってしまったのです」。

次の十九世紀アメリカの人生で、ヴァレリーはチェロキー族の首長の娘でしたが、条約を結ぶためにほかの首長の息子との結婚を強いられました。父親に従ったものの、相手の男性は肉体関係を拒否し、彼女の人生は惨めなものになりました。本当に愛していた自分の部族の戦士は、実は中国の人生で拒絶したソウルメイトでした。スピリット世界へ帰還したとき、ヴァレリーは私に言いました。

恋人と私は逃げようと思えば逃げられましたが、心の中で「父の言いつけに従わねばならない」という気持ちが逃げるのを思いとどまらせました。今なら分かりますが、それは試練だったのです。私たちは自分を愛してくれる人を傷つけたり、自分自身を傷つけたりします。チェロキーの人生は、中国女性だったときのプライドと虚栄心を思い出させました。

人生のある時期「間違った」人と暮らしていたからといって、それが無駄になることはありません。その関係はおそらく以前から予定されていたものなのでしょう。被験者がチェロキーの人生で結婚を強いられた相手の男性も同じです。彼の魂はヴァレリーの隣のグループに属していました。彼女が二度の人生で愛した男性の魂は、二十世紀になって、夫として彼女と再び一緒になりました。ヴァレリーの親友リンダは、チェロキーの人生で愛した戦士の妻になっていたので、それを知ったヴァレリーは「リンダが夫のそばにいるとき、不安になる理由がやっと分かったわ」と言いました。

先に進む前に、ソウルメイトとの出会いから始まる別の展開についてお話ししましょう。面接で心を開き合うと、まず現在の人間関係について詳しく聞き取りをします。トランス状態に入ると、先ほど聞いた魂同士のつながりが見えてきます。多くの人が現在の人生で関わっている人々が魂としてはどうつながりがあるのかを知りたがりますが、すでに見当がついているようなのです。

愛は人生でいろいろな形をとり、演じる役割が何であれソウルメイトとの間には必ず何らかの精神的つながりがあります。私たちは人生のたびに複雑なカルマのレッスンを学ぼうとします。激しい恋愛感情は表面的なもので、信頼がなければ本当の愛は育ちません。愛とは相手のすべてを受け入れることで、それが自身を成長させるのです。

多くの人は愛イコール幸福であると勘違いしています。愛はあなたの心の状態であって誰かに依存するものではないのです。自分自身が満ち足りた状態であることが、健康的な愛の出発点なのです。そしてその愛を他人へと広げることは利己的でも何でもありません。愛には不断の努力が必要であり、そうでないと維持していけないのです。最初に愛した人がソウルメイトだと気づかず、別れてしまったカップルはたくさんいます。もう少し努力をしていれば別の展開になっていたかもしれません。

一方でソウルメイトにまったく出会わない人生も珍しくありません。こういうケースでは、「ソウルメイトと私はお互いに依存してしまっているので、しばらく一人で成長しなければならない」という説明をよく聞きます。ソウルメイトとどういう関係をもつかは、人生ごとに違うのです。

私たちは失敗した関係から多くを学びます。よくセッション前の面接で「本当の愛が見つけられない」と訴える人がいますが、セッションが終わるとその理由を理解しています。自身の課題はほかにあるのではないかと別の視点から見てみることも必要なのです。

独り暮らしを選んだ人を「孤独ではないのだろうか」と推測することは筋違いです。彼らは穏やかで豊かな人生を送っているのかもしれません。孤独を嫌って気の合わない人と一緒になったら一人でいるときよりもっと孤独を感じるかもしれないのです。この人生で大事なソウルメイトが登場することになっているのなら、必ずあなたの前に現れます。

私は何年もスピリット世界の魂と関わってきて、ソウルメイトのタイプを三つに分類しました。彼らが人生のどの役割を演じているかで、どのカテゴリーに属するかが分かります。

❖第一のソウルメイト――人生で深く関わる魂

第一のソウルメイトは人生で親密な関係にあります。それは配偶者や兄弟姉妹、親友、ときには両親だったりします。

ソウルメイト以上に大切な魂は存在しません。被験者たちは「彼らがいたおかげで人生は計り知れないほど豊かになった」と言います。肉体を通して自己を表現できることは、魂にとっても転生の大きな動機の一つです。進歩した魂なら、人生によってお互いの性別を入れ換えることもあります。多くの人が第一のソウルメイトを「真のソウルメイト」と呼びます。

全国を講演で回っているとき、ソウルメイトや魂の分割は「双子の魂」理論とどういう関係にあるのか、と聞かれることがあります。簡単に答えるならば、世でいわれている「双子の魂」や「二つの炎」の理論とは一切関係がありません。正直なところ私の研究では、「双子の魂」の概念を支持する証拠は何もないのです。「双子の魂」の理論では、双子は同じ瞬間に一つのエネルギー卵から作られ分裂し、それぞれのカルマ的な転生が完了するまで、もう一方（真のソウルメイト）と一体にならないと説明されています。しかし、例えばケース26の被験者は「一つとして同じ魂は存在しない」と言っています。

エネルギー粒子は最初から独立した存在として作られます。私が「双子の理論」で腑に落ちないのは、完璧な状態に到達する前にカルマのレッスンを学ぶことがないのなら、本来のソウルメイトは何のためにいるのかということです。真のソウルメイトはお互いに助け合いながら目標に到達しようとします。半分の自分ではないのです。

❖仲間のソウルメイト――さまざまな脇役たち

第一のソウルメイトは私たちの永遠のパートナーですが、魂グループにはほかにもソウルメイトと呼べる魂がいます。その中でも特に親しい仲間が通常三人から五人います。みな性格も才能も異なりますが、それぞれ仲間の人生で重要な脇役を演じています。

グループ内の魂は同時期に出発しても、個々の意欲や動機によって進歩の度合いはまちまちです。やがてそれぞれの能力に適した専門分野へと分かれていきますが、お互いとの接触を失うことはありません。

❖提携関係にある魂――グループは違っても役割をもつ魂

この魂のカテゴリーには、基本グループではない二次的グループのメンバーも含まれます。**図1**で触れましたが、二次的グループに属する魂の総計は千名以上です。このグループの中に私たちとワークするために選ばれた魂たちがいます。多くの人生をともにした魂もいれば、行きずりの関係にすぎない魂もいます。両親は多くの場合、こうした近隣のグループから来ています。

転生しているときも含めて二次的グループの魂と関わりをもつことはほとんどありません。何らかの形でつながりがあったとしても、被験者は彼らをソウルメイトとは思っていないのです。彼らは本当の仲間ではないのですが、次の人生で監督から呼ばれればすぐに出演できるように待機しています。

この魂には特徴があって、それがまさに人生でカルマを学ぶときに必要になってくるのです。彼らは人生のなかで利害関係のある立場として登場します。もちろんこの役柄は当事者や教師たちとも同意の上です。

では明らかに提携関係にある魂との出会いを経験した例を引用しましょう。

私は仕事をクビになりすっかり落ち込んで、一人で海岸を歩いていました。すると見知らぬ男性が声をかけてきて何気ない会話を交わしました。話しているうちに苦しみが和らぎ、落ち着いた気分になりました。今なら分かりますが、彼は別のグループの人で、あの日私を慰めるために現れたのです。あの出会いは偶然ではなかったのです。

しかし、やはりもっとも深い関係をもつのは真のソウルメイトです。この続編の執筆内容を考えていたとき、ソウルメイトとのラブストーリーについて紹介してほしいという依頼がいくつかありました。私自身もロマンチストなので、このリクエストを断る理由は何もありませんでした。

❖ソウルメイトとの恋愛――モーリンとデールの運命的な出会いとカルマ

ケース46

モーリンは切羽詰まった様子で電話をかけてきて、男性を連れていきたいと言いました。男性について尋ねると次のような話が始まったのです。

三カ月前インターネットで死後の生に興味をもつ二十五名の人たちが、ネット上にチャットルームを開設しました。モーリンはデールという男性とソウルメイトの話題で不思議と意見が合い、何か特別なつながりを感じました。彼らはプライベートなチャットルームを開いて交流を続けていると、自分たちが五十年前にサンフランシスコ郊外で数カ月違いで生れたことが分かったのです。それからはさらに意気投合して、失敗した結婚生活やさまざまな思いを共有してくれる相手を探していたと打ち明け合いました。死後の生の話で、デールは私の本を話題にし、二人で退行催眠を受けようと決心したのだそうです。

私が予約を受けたのは彼らが初めて会う日の翌日でした。オフィスにやって来た二人の目はキラキラと輝いていて、モーリンは「相手がほほ笑む様子や目の表情、一緒に笑う声の響きすべてが幸福感をもたらした」と言いました。この話をモーリンの立場から紹介するのは、最初にコンタクトをしてきたのが彼女だったからです。

セッションの冒頭で明らかになりましたが、彼女は一九二〇年代の音楽を聴いたときや、当時のフラッパードレスを着てチャールストンを踊る人を見たときに、何度もデジャヴュ（既視感）の経験をしました。また彼女は子どものころから突然死の悪夢によく悩まされたそうです。

私がいつも被験者を前世の死の場面に誘導する理由は、それがスピリット世界へ入っていくもっとも自然で驚きに満ちた経験だからです。この方法には長所がたくさんあります。例えば前世の痕跡を現在に持ち込んでいるかどうかが分かります。もしプロセスを加速しようとして、母親の胎内から人生や死を通らずに直接スピリット世界へ誘導したなら、方向感覚を失ってしまい多くの大切なものを見逃してしまうかもしれません。特に死が突然だった場合には……。

そしてまた、死の場面を通ることで、苦痛に満ちた肉体の記憶から保護されやすくなるのです。モーリンには前世のもっとも重要な場面に行くように指示しました。すると、その死につながる出来事へと私を誘導したのです。これは深刻な事態が控えているというシグナルで、私はその場面への心の準備をしておく必要があるのです。

ニュートン　あなたは男性ですか、女性ですか。名前は？

被験者　女の子、と言ったほうがいいですね。サマンサ、短く言うとサムです。

ニュートン　あなたはどこにいますか。今この瞬間、何をしていますか。

被験者　寝室の化粧台の前でパーティに出る準備をしています。

ニュートン　それはどんなパーティーですか。

被験者　（間があって、笑いながら）今日は私の十八歳の誕生日で、両親が社交界デビューのパーティーを開いてくれるんです。

ニュートン　そうなんですか。誕生日おめでとう、サム。今日の日付は？

被験者　（少しためらって）一九二三年の七月二十六日です。

ニュートン　鏡のあなたはどのように見えているでしょうか。

被験者　私の髪はブロンドで、アップにしています。白いシルクのガウンを着ています。大人になって初めての正式のパーティードレスです。新しい白いハイヒールを履いていこうかと考えています。

ニュートン　ほとんど完璧ですね。

被験者　（作り笑いを浮かべて）リックがそう思ってくれるといいんですけど。

ニュートン　リックとは誰ですか。

被験者　（今度は取り乱して、顔を赤らめて）リックは……私の彼です……今夜はデートなんです。化粧を終わらせなくちゃ……彼がもうじき来るわ。

ニュートン　サム、化粧をしていても話はできますよね、あなたはリックに本気なんですか。

被験者　（また顔を赤らめて）ええ……でも、あまり焦っていると思われたくないんです。気のないふりをしていますが、彼が私に気があることは確かです。

ニュートン　これは大切なパーティーのようですね。もうじき彼が車で乗りつけてきて、あなたに聞こえるようにクラクションを鳴らすんじゃないですか。

被験者　（ムッとして）ぜんぜん違います！　彼は正装して玄関のベルを鳴らして、メイドが彼を中に入れ、階下の応接室へ案内するんです。

ニュートン　パーティー会場はあなたの家から離れていますか。

被験者　そんなに遠くないです。サンフランシスコの中心街の高級住宅です。

ニュートン　では遅れないようにダウンタウンへ行って、何が起こっているか話してください。

被験者　（はしゃいで）とっても楽しいわ！　リックは素敵だし、みんなが「大人になったね」と声をかけてくれます。（被験者の顔が曇って）両親が知らないところで、お酒が振る舞われています。

ニュートン　それは困ったことですか。

被験者　（感情を振り払うように片手で髪の毛をかき上げ）いいえ……お酒はパーティにつきものですし、私も飲んでいますが……リックと友人たちは強いお酒を飲んでいます。

ニュートン　では今夜の重要な出来事へ進みましょう。何が起こったか説明してください。

被験者　（表情が和らぎ、言葉は途切れがちに）リックと踊っています……彼は私にぴったりと寄り添って……耳元で「パーティーから抜け出して二人きりになろう」とささやきました。

ニュートン　そう言われてどう感じましたか、サマンサ。

被験者　気持ちが高ぶって……でも何かが私を引き止めます……両親かほかのもっと強い何かが……でも強引に押し退けました。私は自分の気持ちに忠実になろうとしました。

ニュートン　その感情のままでいてください。次に何が起こりますか。

被験者　私たちは人に見られないように家を出て、リックの車のところまで行きました。それは真新しい幌付きの赤いオープンカーでした。とても気持ちのよい夜でした。

ニュートン　次にどうしましたか。

被験者　私たちは車に乗り、彼は熱烈なキスをしてきました。そしていいところを見せようと……エンジン音を響かせ、長いドライブウェーを通って表通りへ出て行きました。

ニュートン　その表通りの位置と、どちらへ向かったのか教えてもらえますか?

被験者　（急にうろたえるように）サンフランシスコから太平洋岸の道路を南下しています。

ニュートン　それはどんなドライブですか、サム?

被験者　（一瞬何かを振り払って）暖かい夜で風に吹かれて髪が顔一面にまとわりつきます。リックは私の肩に腕を回し抱きしめて、「君はとてもきれいだ」と言いました。私たちは恋をしているんです。

ニュートン　（被験者の両手が震え始め、何かが起こりそうなので、彼女の手を握りました）ところでサマンサ、私たちは何かが起きるところまで進まなければなりません。分かりますよね。

被験者　（消え入りそうに）ええ……。

ニュートン　ではドライブ中に何か起きるところまで移動して、その様子を話してください。

被験者　（全身が震えだして）リックはお酒をずいぶん飲んでいて……崖があるカーブでハンドルを……車は反対車線まではみ出してしまい（ここで叫びました）……**リック、スピードを落として!**

ニュートン　どうなりましたか。

被験者　（今度は泣き出して）だめだわ、彼は笑いながら私を見ていて、道路を見ないんです。

ニュートン　続けて！

被験者　（泣きながら）次のカーブを曲がり切れなくなり、車は空中に飛び出して、海へ落ちました……私は死のうとしています……水が……とても冷たくて……息ができない……ああ、リック……リック……。

ここでいったん停止してサマンサの魂を肉体の外へと導き出しました。そしてこれまで何度も死を経験しているから何も心配いらない、ということを思い出させました。「リックを置き去りにして行きたくない」とサマンサは言いましたが、彼女を海から連れ去ろうとする感覚は「抵抗できない」ものでした。

魂の研究を始めた当初はサマンサとリックのように二人が同時に死ぬと、連れ立ってスピリット世界へ入ると思っていました。でも実際は違うのです。同じ魂グループに戻るにしても、それぞれ上昇速度が違いますし、適応指導や修復なども異なるからです。唯一の例外は自分を愛してくれる人と死んだ幼い子どもたちです。彼らはその人と一緒にスピリット世界へと上昇していきます。

ニュートン　近くにリックが見えますか。

被験者　抵抗しても何かに引っ張られるように上へ昇っていきます……リックを助けたいんです。

ニュートン　結局、何かに引き上げられるように太平洋から遠ざかっていくんですね。

被験者　（あきらめた表情で悲しそうに）ええ、地球のずっと上まで来ました。

ニュートン　（よく尋ねる質問です）遠くへ行く前に、両親にお別れをしますか。

被験者　いいえ……いいです……後でも……今はこのまま行きます。

ニュートン　分かりました。次に何が見えるか説明してください。

被験者　トンネルが……私の動きに合わせるように開いたり閉じたりしています。そこを通り抜けると、とても軽くなって周りが明るくなってきました。ローブを着た人がこちらへ向かってきます。

デールとのセッションで、彼がリックだったことが分かりました。サマンサは事故の数秒後に海から上昇していきましたが、リックの魂は車が空中にいるときに肉体から脱出していました。魂はそうしてエネルギーの損傷をできるだけ抑えるのです。二人のセッションが終了し、分かったことを三人で話し合いました。

モーリンはいつもサンフランシスコの南一号線を走るとき理由もなく不安になり、ある場所がとても気になっていたそうです。今ようやくその理由が分かったのです。一九二三年の死の場面を忘れさせる催眠をかけ、彼女の突然死の悪夢が消えることを期待しました。一カ月後モーリンは、その悪夢がついに終わったと手紙で知らせてきました。

このケースにはシンクロニシティ（共時性）の不思議がよく表れていて、デールが生まれ故郷を離れたのは、サンフランシスコ周辺をドライブしていると不安を感じたからです。スピリット世界で過ごすとほとんど過去の記憶は消えてしまいますが、一部の人はカルマのレッスンのために過去の痕跡を持ち越すのです。

このソウルメイトたちは現在の人生で、どうして五十年も離れていたのでしょうか。これを理解するには、彼らのグループ内の力関係を見ていく必要があります。デールとモーリンはレベルⅠのグループに属し、程度の差はありますがメンバー十二名の魂はみな闘争的で危険を冒したがります。ガイドは彼らを定期的に仲良くやっているグループに連れていき、穏やかさを学ばせようとします。でもデールとモーリンには、訪問は興味深いが平和的な魂は「退屈な連中」に見えるそうです。彼は現在の人生では陸軍特殊部隊の兵士として三度もベトナムへ派遣されました。「帰って来れるとは思わなかったが、それでもよかったんだ」とデールは私に言いました。彼は危険の瀬戸際で生きるのが好きなのです。戦争後に軍隊を除隊したのは、平時の兵士ほど退屈なものはなかったからだそうです。

自動車事故の後の適応指導でリックはかなり時間がかかりました。その過程でサマンサの人生を若くして断ち切ってしまったことを詫びたそうです。彼らが事故の可能性をどれだけ知っていたかは明らかになりませんでした。

二人はこれまで何度も恋人同士になりましたが、いつも混乱が伴っていました。今回一九二〇年代の人生と同じ場所に同時期に転生しましたが、若いうちに会うように運命づけられていなかったのです。このソウルメイトたちはそれを知っていました。デールは特に自分に合う女性を何年も待ち続ける感情を味わう必要がありましたし、サマンサだったモーリンにも当時にはなかった成熟を学ばなければならなかったのです。そのために五十年という年月を要したのでしょう。

このカップルとのワークは、二人が実質的に同じ宣言をして終わりました。「私たちは人生の神聖さと許しの大切さを改めて確認することができました。残された時間を一緒に大切に過ごしていきたいと思います」。

最後にもう一つ付け加えておかねばならないことがあります。新たに転生する直前に出席する予習クラスで、ガイドも一緒に次の人生の重要な問題を再確認しますが、この予習クラスには別の側面があって、ソウルメイト同士がお互いの新たな肉体がどう見えるかイメージを送り合うのです。そうすれば出会ったときすぐに分かります。しかし必ずしも出発前に会えるわけではありません。そんな場合でもどちらかが相手をよく知っているということが少なくありません。

次は、未来の妻と出会ったソウルメイトからの引用です。

次の人生を検討する部屋のスクリーンで、妻を見る機会がありました。彼女は魅力的なエアロビクスのインストラクターで、ジムで会うことになっていました。せっかくの出会いを台なしにしたくなかったので、前の人生でもそうしたように、彼女の体つきや容貌を注意深く観察し……何より魅力的なその目を脳裏に焼き付けました。この人生で彼女と会った瞬間は、まるで二つの磁石が引き合うかのようでした。

❖魂グループと人間の家族との相関関係

一般的に同じ魂グループのメンバーは、次の人生で同じ人間の家系には転生しません。つまりアメリカインディアンの伝統には反するのですが、祖父の魂は孫の肉体には入らないのです。魂の分割やＤＮＡについて説明したときに、魂は遺伝的な輪廻転生をしないということを強調しました。前と同じ伝統や民族、同じ地理的条件に暮らす肉体へ戻っていけば、新たなレッスンを学ぶ機会は限定されてしまいます。魂は人生のたびに異なる家族に生まれ、さまざまな肉体を選ぶ——この多様性が輪廻転生に深みをもたらすのです。

まれですが家族内の未解決のカルマにこだわって同じ家族へ戻りたがる魂を、ガイドが大目に見ることがあります。こうした魂は自分が受けた深刻な被害に対処するために、または自分が家族の一員に加えた危害を是正するために、もう一度チャンスを与えられることがあります。彼らは次の世代の子どもとして戻ってくることがありますが、そのカルマ的な出来事に関与した人の存命中でなければなりません。彼らに気づいてもらう必要があるのです。

しかしカルマの目的のために同じ血筋に転生するケースはきわめてまれであることを強調しておきましょう。ほとんどの場合魂は深刻な過ちを修正するため、前世の家族とは軽い付き合いの家族へと転生します。でもそれもまためったにないケースです。特に魂が傷ついているときは、それが復讐にもなりかねないからです。

魂は一般的に同じ遺伝的家系には転生しませんが、同じ魂グループのメンバーは、またお互いに再び会える関係にある家族を選びます。彼らはどの人生でも何らかの結びつきがあるようですが、どのような役割を選ぶのでしょうか。皆さんも自分の家族や友人、恋人といった主要な人たちや、単なる知人も含めて相関図を描いて、誰が自分のグループメンバーなのか予想してみてはどうでしょうか。

第五章の**図7**にはある魂の家族のオーラの色が示されています。一方**図10**では、あるグループの魂たちが過去三百年にわたってお互いとのつながりを保つために、複数の人間の家族へと転生してきたことを図表化しています。注意していただきたいのは、これは家系図のように見えますが、世紀が移ると完全に異なる家系へと移行していることです。

図10はルースの肉体に宿ったスピリットの友人たちの略図です。各世紀に彼女自身のグループ六名と提携グループの二名が現れています。図の中心がルースで、外側へと向かう直線は、一つの魂が二十世紀から十八世紀までの間に異なる家族でルースともった関係を表しています。ルースの第一のソウルメイトはこの人生では夫であることが分かります。前世では彼女の親友で、その前の十八世紀の人生では男性だったルースの妻でした。彼の光輪は保護的な黄色味を帯びていて、ルース自身の光輪は白と青が入り交じり明晰さと

学習への情熱が表れています。このソウルメイトたちは、最初の人生で一緒になって以来七千年にも及ぶ長い間、一度の例外もなくパートナーであり続けてきたのです。

ルースのグループ仲間だけでなく近隣グループの提携関係にある魂二名も取り上げています。現在の両親となった二人は十九世紀には祖父と祖母、十八世紀にはルースの叔母と叔父の関係でした。ルースの関係図は典型的な被験者を表しています。どんな魂グループも人間の家族への好みがそれぞれ微妙に異なります。

私がルースと会ったその週に、彼女の母親と近い関係にある被験者がやって来ました。母親の魂はその被験者の魂グループの一員で、前世では彼女と姉妹だったのです。祖父母は人生の初期に中立的立場の親友のように私たちに大きな影響を与えます。この人生で大好きだった祖父母が、前世で兄弟姉妹や親友だったというケースは少なくありません。親密な人間関係は社会的に大きな影響を与え合いますが、私が扱った大半のケースでもソウルメイトは互いの人生で重要な役割を演じ、カルマのレッスンに深く結びついています。

私たちは人生で身近な人に傷つけられたり、逆に彼らに疎外感や別離をもたらしたりしますが、彼らはそのレッスンを学ばせるために志願したのであり、また彼ら自身もレッスンを学んでいるのです。ケース47で見たように、こうしたレッスンでは両者が未来の関係に向けて準備を整えておくことが望ましいのです。

提携関係にある魂たちは脇役的な役割を果していますが、それは何世代にもわたって続くということを指摘しておきましょう。紙面の関係から**図10**にはすべての魂を掲載できませんでした。ここにいない重要な提携関係にある魂の一例が、ゼンダという魂です。彼はルースのお気に入りの中級のガイドでした。ゼンダは前世紀には近所に住む隣人で、十八世紀には被験者が働く職場のオーナーでした。**図10**のデザインは、ある人物の人生と、そこへ組み込まれたほかの人たちの人生の相関関係を表すものです。

図 10　魂グループと人間家族の相関図

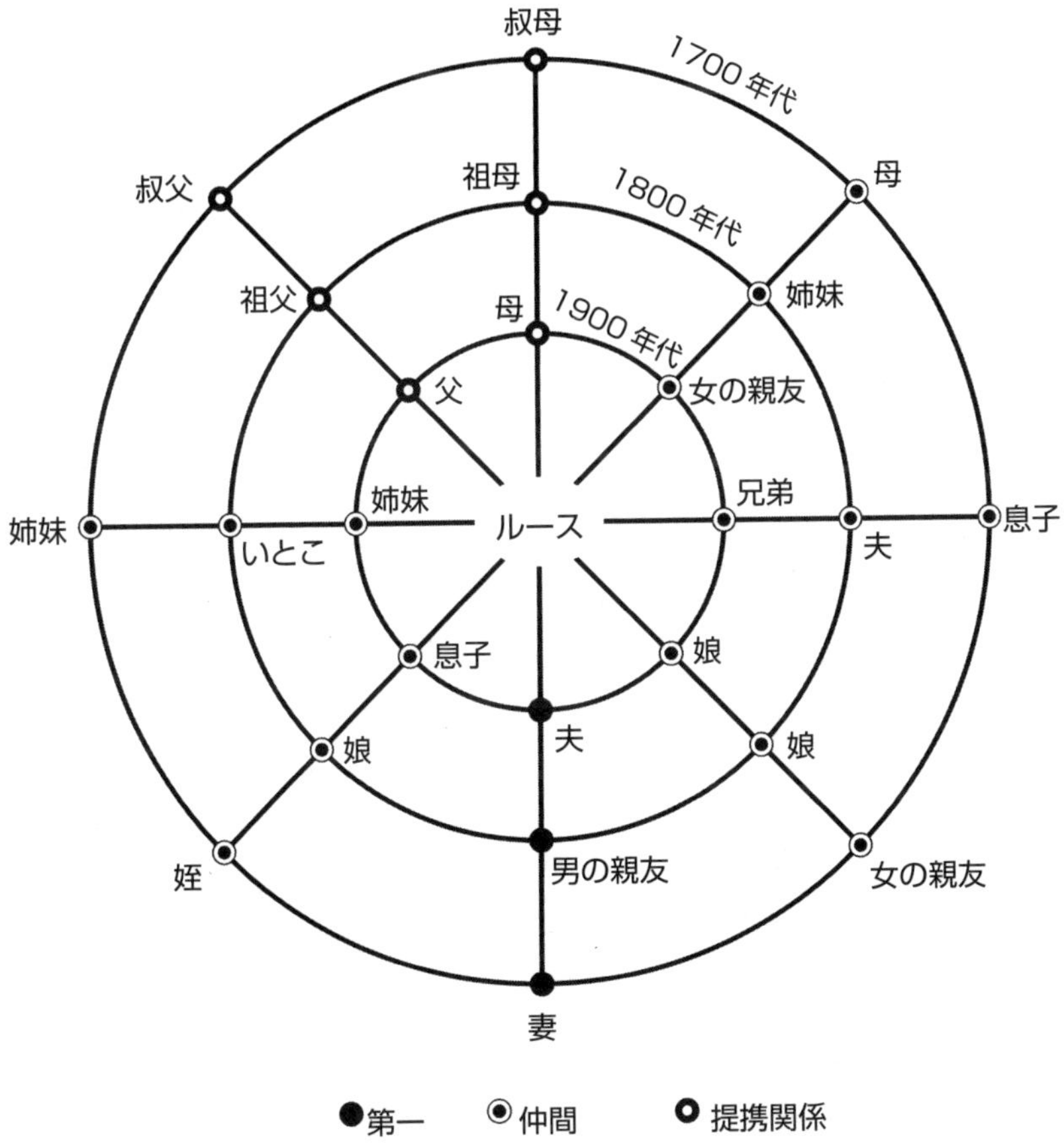

この蜘蛛の巣形の図は、過去300年にわたり被験者ルースの人生と関わりのある肉体へと転生した第一、仲間、そして提携しているソウルメイトたちを示しています。中心から外側へと向かう年代順の直線は、異なる肉体に宿った同じ魂を表します。

ソウルメイトたちの人物像は詳細な系統図を描くのに大いに役立ちます。過去三百年を振り返ったとき、提携関係にあるグループから来た魂が、ルースの人生で大きな役割を演じていることに気がつきます。

例えばオーティアという魂は、嫉妬深く冷淡でかつ狡猾な人物の役割を引き受けました。彼女はルースのお人好しな性格に試練をもたらし、早く心の傷から立ち直るレッスンのために送り込まれたのです。この人物は善良な気質ももっていますが、好ましくない性格のほうが勝っていました。ルースの現在の人生では、彼女は義理の母親です。前の人生では彼女を裏切る親友でした。

しかしオーティアとルースとのカルマのサイクルは近いうちに終わりを迎えそうです。ルースは情熱的で思いやりのある人物です。彼女の第一のソウルメイトは、このような性格に加え、粘り強く、そして決断力があります。図10のほかの多くは控えめで静かな魂たちで、彼らもまた執拗なまでの完璧主義という点では共通しています。

このグループには大らかでのんびり屋の魂がいます。彼は現在の人生で兄弟のアンディです。この魂は前世紀、ルースの気分を変えるために夫の役を買って出ました。そして第一のソウルメイトは男性の友人役を選びました。

二人はアンディとの結婚生活が破たん寸前になるまで激しく愛し合いました。でも最後にルースは気がつきます。確かにちょっと変わった夫でしたが、彼女をリラックスさせ楽な生き方へと導いてくれたのです。毎日の生活を楽しみ穏かに暮らすことができるようになりました。大恋愛ではなかったもののアンディからは寛容や遊び心を学んだのです。一方、第一のソウルメイトはルースよりも気が強い性格の女性と結婚し、新たなチャレンジに立ち向かいました。

でも第一のソウルメイトと結婚しなかったことを不満に思わないほうがいいのです。何らかのチャレンジのために意図的に複数の親しい仲間の魂と次々と結婚することがあるのです。ルースとアンディの魂も十九世紀にそれを試し、結果はお話ししたとおりです。ルースは自分には欠けていたものを獲得したのです。

❖自分を傷つけた魂との和解

ところでソウルメイトによって人生で演じる役柄は違うのでしょうか。よく講演会で「魂グループに戻ったとき、自分を傷つけた相手と会うのはどんな気持ちでしょうか」と尋ねられます。哲学者のハイデッガーは「誰もあなたの代わりに愛せないし、あなたの代わりに痛みを感じられない」と言いました。この言葉は人間社会では真実かもしれませんが、スピリット世界では違います。魂は友人の心の中へ入り同じように感じることができます。そうすることで前世のお互いの立場を理解するのです。

ケース47は前世で波乱万丈なスタートを切った男性を取り上げます。被験者レイは子どものころから粗暴な父親に虐待を受け、自尊心のない問題の多い子ども時代を過ごしました。大人になってからも父から受けたトラウマに悩まされ、周囲に防御壁をつくって自分を表に出さない人間になっていました。この二人がスピリット世界で再会したとき何が起こったのか……。それがこのケースの見どころです。

私たちがこれから傍聴するのは、レイが言うところの、カールとの「意図的な批評セッション」です。最初は、いつもとまったく変わりない出迎えシーンで始まります。**図3**のようにグループメンバーが時計の文字盤のように並んでいます。私はいつも帰還する魂に「時計のテクニック」を使って、被験者とメンバーの関係を探っていきます。

ケース47

ニュートン あなたが入っていくと、彼らはどんなふうに並んで迎えますか。
被験者 そうですね……私を中心にした半円状に並んでいます。
ニュートン では彼らが時計の文字盤に並んでいると考えてください。あなたの正面の人は十二時の位置で、左の人は九時、右の人は三時です。いいですね。
被験者 はい、でもガイドのイクスアクスは、今は私の後ろにいます。
ニュートン 分かりました。彼は五時から七時の間にいることにしましょう。では、最初にあなたを迎える魂は何時の位置から出てきますか。（最初に出迎えてくれるのは重要な立場の魂です）
被験者 左のずっと先の九時の方向です。
ニュートン 分かりました。その魂は男性ですか。女性ですか。それとも性別が分からない魂ですか。
被験者 （声が和らいで）私の妻マリアンです。
ニュートン たった今、彼女は何をしていますか。
被験者 両手で私の顔を包み……優しく静かにキスをして抱きしめてくれました。

マリアンの次にレイの祖母が、彼を愛情深いエネルギーですっぽりと包み込みました。そして娘のアンが前に出てきましたが、今まだ転生中なので残されたエネルギーです。それでも元気いっぱいの様子でレイを抱きしめ、落ち着かない素振りの彼を笑いました。

時計順に回っていくにつれて被験者に落ち着きがなくなってきたのに気づきました。グループの重要なメンバーがまだ現れていないのでしょう。最後に近づくにつれて雰囲気が変わり、レイは私が名づけた「しゃがみこみ症候群」の兆候を示し始めました。それは背後に隠れている魂が原因です。多くは遊び半分の隠れんぼのようなものですが、この場合は違いました。

ニュートン　これで全員ですか。

被験者　（居心地悪そうに身をよじって）いいえ……ベス叔母の後ろに影が見えます。

ニュートン　（落ち着きを取り戻したので）次にどうなるのか詳しく話してください。

被験者　光がチラチラし始めました。（気がついて）あれは……父です……カールです。みんなの後ろに隠れて、私を避けています。抱き合ったり、笑ったりしているみんなの雰囲気に当惑しているようです。父はこれに参加したくないんですよ、私がいますから。（暗い雰囲気で）私も同じですが……。

ニュートン　カールと話をする時点まで進んでください。彼とはどんな会話をしますか。

被験者　すぐに……何が起きたのか、理由は何なのか、と激しい議論になりました……お互いの態度についてです。そしてカールは残念そうに「お前には父親として厳しすぎた。そんなはずじゃなかったのに……。もう私の手には負えなくなってしまったんだ……」と言いました。

ニュートン　この告白を聞いてどう思いますか。

被験者　（ようやく分かったという表情で）彼の魂は父のようなアル中の男ではありません。彼の中の善良さが表に出てこなかったんです。自分の肉体がもつ強迫観念をコントロールできなかったんです。

ニュートン　ちょっと口をはさみますが、あなたは彼を弁護をしているのではないですか。カールもあの人生で学ぶことがあったはずです。

被験者　確かに彼は感情的で暴発しやすい肉体に宿ることを希望しました。私に課題を与えるというだけでなく、彼自身、攻撃的な肉体を抑えられるかどうかを試しかったのです。それがうまくいかなかったことを彼も認めています。カールは私にも自分にも成果を残せなかったのです。

ニュートン　（さらに食い下がって）あなたは気づいていないようですが、カールは肉体のせいにして、言い訳をしているだけではないのですか。

被験者　もちろん犯した行為からは逃れられませんが、彼が言っているのは、自分はいろいろと失敗したけれど学ぶこともあったということです。そしてお前も何か学んだのか、と聞いています。（黙り込む）

ニュートン　続けてください。

被験者　（深くため息をついて）彼の怒りが消えたのは確かですよ。奇妙な感じですが、彼の本当の自己にまだ慣れていないので……でも長くはかからないでしょう。

ニュートン　これまでの事情を考慮したとして、カールの魂がこの人生へと持ち込んだ否定的な傾向とは何だったんでしょうか。

被験者　人々をコントロールしたいという欲求です。それは彼自身も分かっています。前の人生では私の父親になりその支配欲に溺れてしまいました。私たちは二人とも対決的な態度になりがちなので、それが困難を引き起こしています。

ニュートン　あなたはどんな事情があって、このような父親に支配されねばならないのですか。仮にカールが自分の役割を果たしたとしても、彼の息子に自ら志願した理由が分からないのです。

被験者　（笑って）それだったらガイドのイクスアクスについて知るべきですね。彼はお説教よりもユーモアを使うんです。カールと私はプッシュされると反発しますからね。イクスアクスは私たちをやんわりと押して、自分の行動をあたかも自分が決断したかのように思わせるんです。

ニュートン　イクスアクスについては分かりました。それが、二人の関係が打撃を受けた過去世とどのように関係するんですか。

被験者　（辛抱強く）二つ前の人生で私はみなしごで悪い心の習慣に染まっていました。その肉体では本当の自分を見失っていたんです。そしてそれは目覚ましベルのように私を揺り起こしました。

ニュートン　何かに気がついたのですか。

被験者　私は子どものころに母親を亡くして、一人ぼっちなので誰も何も教えてくれませんでした。そして大人になり、他人には冷淡で奪えるものは何でも奪い、けっして与えようとしない人間になってしまったんです。自分以外の人はひどい目にあって当然だと思っていました。

ニュートン　でもどうして極端から極端へと走るのですか。孤児だった前世の代償に、カールとの人生では愛情深い父親をもってもよかったのではないですか。

被験者　（肩をすくめて）それは安易ですね。孤児の人生の後、イクスアクスは私に尋ねたんです。「この辺で過保護な両親に育てられる人生を経験してみるかね？」と。そして「金持ちの両親の一人息子なんてどうかね？」とも言いました。しばらくこのシナリオに熱中しているとカールがやってきて、「どうせ金持ちの親になるなら、自分は競馬をやりたいからお金をたくさんくれ」と冗談を飛ばしました。

ニュートン　それで最終的にどうやってストレスの多い人生を送るという結論に達したのでしょうか。

被験者　イクスアクスは私たちをよく知っていますが、私たちは穏やかな人生とは縁遠い性格なんですよ。最終的に困難な境遇で一緒にやれるように手配を頼みました。

ニュートン　この二度の人生で、少なくとも孤独と疎外感に関しては状況が悪化したのではないですか。そんな父親と息子の関係から、あなた方が何かを学ぶことができたなんて信じられませんね。

被験者　（しばらく考え込んで）いや、そうでもないんですよ。確かに二度の人生での疎外を進歩がなかった言い訳にもできますが、少なくとも前世では父親がいつもそばにいたんです。孤児のときの一人ぼっちの寂しさや不安に比べたら、カールの虐待などどうってことなかったんです。

ニュートン　それは理由にならないですね。カールの魂は孤児のときもあなたの父親だったのですか。

被験者　いいえ。

ニュートン　ではこの二度の人生で、あなたの主なレッスンは何だったんでしょう。

被験者　どんな困難な境遇でも、自分のアイデンティティを失わないことです。

ニュートン　それは叶ったようですね。でもときどき気楽な人生を送ってみてはどうですか。

被験者　（明らかにこの提案に憤慨して）とんでもない！　前にも言ったように、私はこれぐらい楽にできるし、イクスアクスもそれは知っています。私の強みは逆境と闘う忍耐力です。カールが父親だった人生は、孤児だった人生からの回復プロセスで、けっして失敗ではなかったんです。私は次の人生のために多くを学んだし、カールにもそのことは伝えるつもりです。きっと安心するでしょうね。

ニュートン　あなた方はスピリット世界で、このすべてをどのように理解し合うのですか。

被験者　（穏やかな、落ち着いた声で）二人きりになったときに同意のうえで、一緒に過ごした人生の記憶のエネルギーを交換します。

ニュートン　それはいわゆる「全面的な心の交換」というものですか。

被験者　そうです。カールの息子としてのアイデンティティを彼に伝達して、一方カールも父親としてのすべての記憶を私へと送るのです。私のグループではこのやり取りを「苦汁の一杯」と呼んでいます。

ニュートン　お互いの視点は公正なものですか。

被験者　ここでは騙すことはできませんよ。

ニュートン　その交換は長く続きますか。

被験者　いえ、交換は短時間ですが完璧です。私たちはすべての試練や重荷、痛みと怒り、あらゆる衝動を他人の立場から知ることができます。相手になりきりますからね。

ニュートン　この心の交換は許しをもたらしますか。

被験者　それ以上ですね。それは二つの心の言葉に尽くせない融合です。私たちは相手にその選択を強いた周辺事情を経験できます。カールの不満を感じられますし、彼も私の不満を感じられるのです。いったん交換が行われると、それは深みへと到達し、相手への許しなど必要がなくなります。それは自分自身を許し、そしてお互いを癒すのです。お互いの理解が完璧なものになるまで、別の人生でもまた挑戦するでしょう。

レイとカールはスピリット世界で再会し、最初は気まずさがあったものの、やがてグループでゆっくりと楽しめるようになりました。カールの行為がすぐに許されてしまったのではありません。レイに会う前の人生回顧と評価で、カールは自分がレイに与えた苦痛と屈辱をはっきりと認識したのです。

そこには二つの力が働いていて、一つは魂の本来の性格が肉体のもつ生物的特徴によって著しく損なわれてしまったのです。二つめはカルマの因果関係のなかで彼らが引き受けた役割です。一つ一つの人生は、私たちの全存在というタペストリー（つづれ織り）を構成する個々の布切れのようなものです。家族や友人が乱暴で聞き分けがなかったり、人間関係が希薄で冷淡だったりすると、私たちはその魂の本当の性格の外側だけを見てしまいがちです。

レイに対するカールのように極端に難しい親に育てられたなら、次のように自問してみるべきです。「自分はこの人から何を学んだのだろう。もしこの人が自分の人生にいなかったなら、身に着かなかっただろう知恵は何だろう?」と。

レイは現人生で薬物依存や脅迫行動などの問題を抱えていましたが、魂のアイデンティティに触れられたことが大きな助けとなって、四十五歳のときに内面の資質に目覚め状況が一変しました。カールの魂は現在では被験者の兄ですが、子ども時代にはレイに優しくありませんでした。

過去世の人間関係が現在でも続くことがよくありますが、それがあったとしても二人の魂は、兄弟としてかつての親子関係よりはずっと親密な関係を築いています。この過去世の不快な記憶に蓋をしなかったおかげで、レイの魂は現在では精神的にも健康な肉体に生きています。今回は主要な登場人物のアンは、レイの娘ではなく母親になりました。彼女は異なる世代の次元を彼の現在の人生にもたらしたのです。

ガーシェン・カウフマンは「屈辱は魂の殺人だ」と言っています。レイの問題の一つは屈辱感をどう扱うかです。屈辱感は、自分は受け入れられず無価値だという感覚へとつながり、私たちの心を麻痺させます。そして閉ざされた人間の心の中で魂の進歩が阻害されていくのです。しかしすでに見たようにレイは並外れて忍耐強い魂なので、ときどきは楽な人生を選ぼうとは思わず困難な人生を積み重ねてたくましく成長していくでしょう。

ケース47では性格の弱さを克服しようと過酷な人生を選び続ける魂がいることが明らかになりました。レイとカールは特定のタイプの肉体を選ぶので決まった行動パターンに陥りがちです。なぜ彼らはこうした肉体を選び続けるのでしょうか。彼らは訓練を積み重ねているのです。気分転換ばかり求める行動には麻薬のような作用があり、レイはそこに陥ってしまわないように努力しているのです。この魂には必ず進歩が見られることでしょう。

二度の結婚に失敗してから理想の女性に出会ったのですが、彼女に愛されるには薬物とアルコールを止めなければならないのです。どうやら彼の結婚相手はマリアンのようです。

最後に「しゃがみこみ症候群」について触れておきましょう。戻った魂には見えないメンバーがいるという現象です。私のオフィスでこの現象が起きるとき、被験者が認識しないその魂が将来的に大きな影響力をもつということがよくあります。

あるとき夫を亡くしたばかりの若い未亡人がやって来ました。彼女の魂グループをすべて調べてみると、その中には先立った夫の魂もいて、彼は妻を感動的に抱きしめて励ましました。そこで彼女が言ったのです。「あっ、もう一人います。ほかの人たちの後ろで座り込んでいます。まあ、あれは未来の夫の魂だわ。間違いないわ。でも今は誰なのか知らないほうがいいわ。だってまだ会ってないんですもの。そうでないと、出会ったときに不自然になってしまいますから」。

❖ほかの魂グループを訪問する

若い魂グループの大多数は自分の学習エリアにとどまります。特にレベルⅠとⅡに指定されたスペースは、各クラス間の自主的な境界によって不可侵の領域となっています。こうした慣例の根底にはほかの学習エリアで行われるワークのプライバシーへの配慮があります。

スピリット世界のクラスは人間の学校と違って欠席届けなど必要ありません。参加しない自由があるのですから。ほかのグループワークの邪魔をしないかぎり思いどおりにする自由があるのです。魂は学習を強制されませんし、また長い休息をとる者もいます。とは言っても大半の魂は、その時点でのプロジェクトに参加していないと遅れをとってしまうと考えます。彼らを駆り立てているのはスキルを身につけたいという欲求なのですから。そのために魂たちはプロジェクトに集中し、ほかのグループと関わりたがらないのです。

どんな学習分野であれ、近隣グループがまったく同じレベルということはなく、グループ間では特別な理由がないかぎり訪問し合うことはありません。ときどき教師ガイドが招待する場合もありますが、それもかなり例外といえるでしょう。

レベルⅡの訓練が終わりに近づくと、魂は次に進もうと大変な努力をするようになります。被験者がほかのグループへの訪問を口にするのはまさにこの時期です。ケース48のクライアントは、ある訪問について次のように話しています。

ケース48

ニュートン　どうしてこの近くのグループを訪問しようと思ったのですか。

被験者　私のグループはほかよりも勤勉さが足りません。ここはまもなく自主学習ができるレベルになるので緊張感にあふれています。何かアドバイスがもらえるかもしれません。

ニュートン　よく訪ねるのですか。

被験者　いいえ、そうでもないです。彼らはみな忙しいので迷惑をかけたくないですからね。

ニュートン　前回の訪問のときどんなことがあったか話してくれますか。

被験者　（間があって）激しい議論の真っ最中でした。メンバーのオリックが、終えたばかりの人生で見た夢を振り返っていました。ほかの人もその内容に興味があるはずだと、オリックは思ったのです。

ニュートン　彼が前の人生で見た夢ですね。

被験者　そうです。そのとき転生していなかった魂が、オリックが眠っている間に情報を送ったんですが、彼の人間の心がそれを誤解してしまったんです。

ニュートン　なるほど。この夢の話から、あなたは何を学びましたか。

被験者　夢を見た翌朝、オリックはメッセージを解釈しようと深い瞑想に入ったそうです。ところが人間の心の中で混乱してしまって、意味がつかみにくかったのでしょう。オリックはその友人に、夢でメッセージを送るならもっときちんと送ってほしいと言ったのです。

ニュートン　友人は何と答えたのですか。

被験者　不機嫌そうに「いや、君が間違って解釈して間違った行動をしてしまったんだよ」と答えました。

ニュートン　グループの人たちはこの議論にどのような結論を下しましたか。

被験者　全員が同意したのは、魂同士がどんなに近い関係にあっても、情報を受け取る人間の心に乱れがあればうまく伝わらないということです。転生している魂にメッセージを送るときは、何度も試みる、情報は短く明快にする、そして夢見のような特定の手段に頼りすぎないことだと結論づけました。

ニュートン　では、この訪問はとても有意義なものでしたね。

被験者　このグループに行くと私は口を出さずに耳を傾けているんです。今回のテーマは私にとってとても勉強になりました。帰ったらみなと共有します。

こういう一般的な訪問者を好まないグループでも、第五章でも述べたように、スペシャリストや特別な経験をもつ魂は歓迎します。また排他的なグループでも学習エリア外での社会見学は楽しむようです。多くの魂はこのような活動を気晴らしのためのレクリエーションと考えています。

多くの魂はときどきワークに飽きてくるので、教師たちはコミュニティセンターに外部の講師を招いて講演会を開きます。こういう目的で招かれる講師は魂たちをふだんの教師から解放し、新たな視野をもたらしてくれます。ここでは他人への感謝や誠実さ、与えられた能力をどう分かち合うかなどといった内容が中心になります。

このような倫理的感情の話がレクリエーションになるとは思えないかもしれませんが、講師は自分の経験を織り交ぜて話すのでとても楽しいのです。また特定の技能をもつ講師と聴衆との間で交わされるやり取りも興味深いものがあります。次の引用はそうした集会の雰囲気を伝えています。

私たちのトレーニングは、ガイドとは性格もアプローチも違う外部講師の支援を受けています。私が敬愛するシャラキンという女性はときどきセンターに来ますが、私は逃したことがありません。

彼女はどんな問題でもすぐに要点をつかんで核心に迫るという特異な才能をもっています。複雑な概念でもすぐに分かりやすく説明してくれるので、次の人生でそういう場面に出会ったら以前よりもっと的確に対応できるような気がします。彼女は誰にでも学ぶべきところがあるのだから、好きではない相手にも耳を傾けなさい、とよく言っています。

❖レクリエーション活動——余暇をどう過ごすか

ここでは、スピリット世界は学ぶことばかりで余暇の部分はないのだろうか、という読者の疑問にお答えしましょう。

余暇という概念はスピリット世界でも大切なもので、訓練エリア外で何が行われているのか被験者からいろいろ聞いています。魂は人間に転生していたときの楽しかったことを忘れていません。食べ物や飲み物の美味しさや山に登った爽快感、海で泳ぐときの匂い、それらの記憶はすべて残っているのです。ときどきかつての肉体を再現し、そのような地球での記憶に浸りたいと考えるのも当然です。いずれにしても、人間という有機生命体のエネルギーモデルが生み出されたのはここスピリット世界なのです。

ではスピリット世界の余暇の過ごし方について紹介していきましょう。生の合間に地球を訪れるケースがよく見られますが、第八章では地球以外の世界へ旅する魂を取り上げます。

❖余暇の過ごし方――ブレークタイム

被験者たちは学習の休憩と本格的なレクリエーションを区別しています。次の男性の例では学習中の休憩が話題になっています。

私のグループは十名ですが休憩のときは別々です。私は教室の外を散歩のように歩き回るのが好きです。ホールを抜けると、ほかのたくさんのグループの人たちが話をしたりしています。

この休憩時間は自由だからいいですね。こうした休憩はおしゃべりするだけでなく、ほかの魂と知り合いになるチャンスです。もちろん過去世で知っていた相手と出会えば、あれこれと語り合うこともあります。未来の人生でカップルになるかもしれない相手と出会うことだって大いにありうるんです。

次の例は同じグループ内で、女性の肉体を選ぶことが多い仲間と休憩時間を過ごす魂の話です。

私たちは花が咲き乱れる庭園へ行きます。そこには美しく生き生きとした流動的エネルギーの水たまりがあるんです。浅いので泳ぐというより歩きます。私たちはスイレンのように浮かびながら、過去世の楽しかった思い出を語り合います。

魂がまだ完全に両性具有になっていないグループでは、男女分かれて余暇を過ごすようです。これは驚くことではなく、若い魂は転生するときに一方の性だけを選ぶことが多いのです。

ある被験者はこんなことを言っています。「女性の友人たちとピクニックに行ったとき、別のグループから来た男性的な魂たちをからかったんです。すると、お行儀よくしないと次の人生で奥さんにしてしまうぞ、と脅されました」。

❖余暇の過ごし方――一人静かに過ごす

グループの学習活動には多くのエネルギーが求められますから、オフの時間に一人になりたがる魂がいるのもうなずけます。多くの魂は人生で演じるさまざまな役割に振り回されて、本当の自分を見失ってしまいがちです。

ケース22では著しく過酷な人生の後に長期の調整期間を必要とする魂を取り上げましたが、彼らは常に一定の孤独が求められる修道院にいる魂とは違います。多くの魂にとって孤独なほうが回復が早いのは事実です。しかしグループ活動の合間に一定期間の離脱を必要とする魂にも何度か会っています。こういうタイプは修道士のような生活を望む魂が多いようです。静かに過ごす精神的な内省を必要としているのでしょう。ある被験者が次のような意味深い発言をしています。

私はグループでリースウィーバー（花輪を編む人）と呼ばれていて、私自身もそうありたいと願っています。静かな時間にエネルギーの帯をまとめて、私自身や六人の親友たちの人生のタペストリーを編むのです。異なる素材、多様なエネルギーの属性、人々や出来事という装飾を一つに編み上げて、私たちの人生の豊かさを表現しますが、これを仕上げるにはかなりの集中が必要です。

このように一人になりたがる魂には純粋思考の中で「源泉」に触れたいという強い願望があるようです。神聖な瞬間を経験することもありますが、それは厳しいワークの結果なのです。こうした行者のような魂はグループ活動への参加にも支障が出て、レクリエーションを返上し黙想に没頭する者もいます。トレーニングには無関心ですが、長い目で見ると、彼らも得意な分野で大きく貢献することが期待できるのです。

❖余暇の過ごし方――地球へ旅する

生の合間に見えない存在として地球を訪れる魂もいます。問題なのは現在の時間に戻らなければならず、その間の地球環境の変化に直面しなければならないことです。

またケース17では、ある魂が休暇旅行で地球へ戻りほかの見えない存在と遭遇しますが、彼らの中には破壊的な行為をする者もいました。これに加え、昔の記憶を薄れさせたくないこともあって、地球へ戻ることをためらう魂も少なくありません。また肉体のない状態で感傷旅行のように地球に行っても意味がないと考える魂もいます。もちろん愛する人たちを慰め助けるために戻っていく魂は別です。

私の見るところ、休暇旅行へ行く魂がいちばん困るのはその後の変化です。休暇旅行のために地球へ戻りたがらない魂が多いのは、彼らの記憶にある地域や生活が近代化されすっかり変わってしまっているからです。

スピリット世界ではその場所やかつてそこに暮らした人々のイメージは、真空の中で凍結されけっして消えることはありません。人間の歴史が刻まれたエネルギー粒子のパターンは、絶対的な物質時間から離脱した魂なら簡単に取り戻すことができます。

それでも地球へ戻りたがる魂はいます。次のケースがそうです。彼は自分がいた場所を懐かしく歩き回りました。私が多くの中からこのケースを選んだのには個人的な理由があります。ここに登場する地域は私が生まれ育った場所なのです。

そしてケース49の被験者と私は時期は違っても同じ活動に参加し、一九四八年で終わる彼の人生の最後の数年間は、私の人生と重なっているのです。このケースを思い起こすたび考え込んでしまいます。もしかしたら二十一世紀の今日、私はこの魂のレクリエーションを模倣しているのではないか……と。

ケース49

ニュートン　余暇の過ごし方でもっとも楽しいことは何でしょうか。

被験者　地球を訪れるのが好きですね。

ニュートン　どこへ行くのですか。

被験者　前世で過ごした南カリフォルニアの海岸です。そこに戻ると太陽の下で砂浜に座ったり波に乗ったり……私が愛してやまないのは波です。その躍動感や砕け散る白い波頭がたまらなく好きです。

ニュートン　肉体がないのに、海岸でそこまで体験できるんですか。

被験者　できるだけ多くのエネルギーを持っていきます、人間に見られるぎりぎりのところまで。

ニュートン　休暇にエネルギーを全部持っていくこともあると聞きましたが、あなたもそうですか。

被験者　地球なら通常五パーセント以下ですね。人々を驚かしたくないですから。

ニュートン　それで波乗りもできるのですか。

被験者　（笑って）もちろん！　それ以外にも鳥たちと一緒に飛んだりイルカと戯れたりします。

ニュートン　あなたが海辺に座って太陽を浴びているとき、私が通りかかったら何か見えますよね。

被験者　何にも、私は透明なんですよ。

ニュートン　つまり例えば私が浜辺を散歩していて、あなたがいる空間を通り抜けたとしても、あなたの存在は感じないということですか。

被験者　それは……ほんのわずかの人が何かを感じるでしょうけど、すぐに通り過ぎてしまいますよ。

ニュートン　こういう経験をするために、別の物質的な世界へ行くことはありますか。

被験者　なくはないですよ。でも私はここが好きなんです。何度もここで暮らしていますから。海は私の魂の一部です。スピリット世界で作ることもできますが、ここと まったく同じものにはなりませんからね。

ニュートン　ほかに行ってみたい場所はありますか。地球上の以前暮らした場所で？

被験者　地中海やエーゲ海の周辺ですね。

❖余暇の過ごし方――思い出の場所を再現する

アパッチ族は「知恵は場所に宿る」と信じています。スピリット世界ではどんなリアリティでも作れるので、余暇の時間をかつて地球で暮らした家で過ごしたがる魂がいるのもうなずけます。多くの場合、こうした魂は前世で生きた時系列を停止させて、大幅な人口増加やその後の変化の影響を受けないようにします。

これは過去の時間を凍結させるのと同じです。彼らはかつて住んで慣れ親しんだ周辺環境を、例えば郊外の田園地帯や公園など昔を思い出させる完璧な複製を、精神によって作り出そうとします。これらの場所を記憶から呼び覚まし、エネルギービームを放ってイメージを現出させるだけでいいのです。このような純粋エネルギーから作られた投影をもっと完璧にするには、他者の援助も必要になります。

いったん再現されれば、それは魂が興味を失わないかぎり存続します。魂が特定の場所に住んでいたときの肉体も、彼らがその家にいる間は再現されます。魂はこの場面に昔のペットを加えたりしますが、それは動物のセクションで説明しましょう。

このような再創造を楽しむ魂は、遊び好きでユーモアのある者が多いようです。彼らは過去世の友人たちを招待し、再現されたおなじみの環境で昔話に興じたりするでしょう。この場合でもソウルメイトは重要です。それが次の引用によく表れています。

> 妻のエリカと私はアルプスのバイエルンに建てた小さな家が好きでした。私たちは死後またそこに住みたくなり、エネルギー教師の助けを借りて再現しました。
>
> 家の形は私の心の中にあり、エネルギー転送を行う前に教師が詳しくチェックしました。外観の仕上げを、バイエルンでも隣人だった友人のハンスとエルフィーが手伝ってくれました。内装は私とエリカでやりまし

た。私は当時の書斎を作り、妻はキッチンを昔どおりに再現しました。こんなふうに彼女と二人きりになれるのは素晴らしいことです。

魂は再現された身体で親密な肉体関係を結ぶことができるのか、と多くの人が興味をもちます。充実したセックスが心から生まれるとしたら、純粋な魂は肉体的制約がないのですべての恩恵を得ることになります。分かっているかぎりでは、神経組織をもつ高密度な肉体がないために、身体が触れ合う感覚は完全には得られません。いずれにせよスピリット世界で再現された肉体に、感覚や知覚が欠けていたとしても、完全に一体化した二つの心はそれだけで計り知れないほどの幸福感に包まれるのです。

愛とは、その愛の対象と完全に一体化したいという欲求です。スピリット世界にいる魂は人間としてより、もっと親密に愛を表現することができます。それでもなお、かつての愛の場面を再現したいと望む魂がいます。それを再現することはパートナーたちにとって意味のあることです。結局のところ、生物としての肉体を楽しみたいということも、魂がまた転生したいと思う要因の一つなのです。

❖余暇の過ごし方——亡くなったペットとの再会
動物の本能を超えて人間の愛に応えようとするペットたち

ニューヨークで講演をしたとき、前列の女性が質問をしてきました。「猫に魂はあるのでしょうか」。私は「猫を飼っているのですか」と尋ねると、女性の隣にいた友人がほほ笑んで指を四本立てました。

この質問には世界中の猫好きの人たちだけでなく、あらゆる動物好きの人たちが関心をもつことでしょう。私は「猫に催眠をかけたことがないので、猫に魂があるかどうか証明はできません」と答えました。その女性が不満そうだったので、さらに「被験者の中にはスピリット世界で動物を見た人たちもいますよ」と言いました。

世界中の宗教は昔から動物に魂があるどうか論争してきました。例えばユダヤ教では動物の魂と人間の魂は同じだと言います。ユダヤ教では魂に序列があり、もっとも高いのが人間でもっとも低いのが動物です。イスラム教は動物にも魂があるが天国と地獄を理解できないので、彼らの魂は不滅ではないと考えます。キリスト教は永遠の魂は高徳な存在である人間にしか存在しないと考えています。

ペットを飼っている人は自分のエネルギーをその動物へ注ぎますが、ペットの種類によっては動物からも知らないうちに影響を受けています。こういうことは魂がある証拠なのでしょうか。私たちは動物も考えることは知っていますが、どれだけ考えるのかまでは分かりません。犬は人間を守ろうとしますし、猫には知恵があり、イルカには複雑な言語パターンがあります。何らかの理性的な思考や、あるいはその欠如が、動物に魂があるかないかの判断基準になるのでしょうか。

ペットを飼っている人なら必ず、「動物には個々の性格や感情があり、飼い主のこともちゃんと分かっている」と言います。そして肉親を失ったときや病気のとき、動物たちが慰めてくれるとも言います。ペットは無条件に私たちに愛情をささげます。また彼らには私たちの気持ちを高揚させ癒す能力もあります。動物は本能的な生き物にすぎないと考える人たちに、私はこう言わせてもらいましょう。「動物が何かを考え理解する能力があるのなら、彼らはあるレベルの個性化されたエネルギーをもっているに違いありません」。

被験者たちはどんな動物もそれぞれ特有の知的エネルギーをもっていて、魂が人間に転生したり動物に転生したりすることはないと報告しています。これらの動物がもつ固有のエネルギーは、例えばチンパンジーのような複雑な生命形態から単純な構造のものまで大きな幅があります。被験者たちは人間と動物間の転生を否定していますが、おそらく地球上のすべてのものは波動エネルギーを放出していて、何らかの目的に沿って互いに結びついていることは間違いありません。

スピリット世界で多くの動物とつながりをもった被験者たちは、動物たちもやはり何らかの魂のエネルギーをもっていると言います。それは人間のものとは異なり、また動物の種類によっても違います。死ぬと動物のエネルギーは「人間の魂とは違う領域」へ行きます。スピリット世界の動物については数多くの報告を受けていますので、その中の一つを紹介しましょう。

ケース50

ニュートン　キモエ、時間があるときには何をしたいですか。

被験者　私はあまり社交的ではないので、一人でガーデニングをしたり動物と触れ合ったりしたいです。

ニュートン　スピリット世界で、実際に何かを育てるのですか。

被験者　エネルギーから生き物を作るのは、ここでは重要なレッスンの一つなんですよ。

ニュートン　動物と触れ合うというのはどうするのでしょう。

被験者　私は犬と猫だけでなく馬も飼っています。彼らは前世からの私のペットなんです。

ニュートン　彼らはあなたが望んだときにだけ現れるのですか。

被験者　いいえ、呼び出さなければなりません。ふだんは私たちの領域には住んでいませんから。私が彼らの場所へは行けないので、トラッカーと呼ばれる動物の世話係が彼らを連れて来るんです。

ニュートン　つまりトラッカーはエネルギーから作るのではなく、あなたのペットを探すわけですね。

被験者　そのとおりです。

ニュートン　動物には魂があるのですか、キモエ？

被験者　ええ、もちろんです。でも、いろいろな種類があるんですよ。

ニュートン　動物と人間の魂の違いとは何でしょうか。

被験者　生き物の魂はみな違っています……属性が違うからです。動物の魂はエネルギーが小さく……全体量が少なくて、人間の魂のように複雑で多面的ではありません。

ニュートン　人間の魂と動物の魂では、ほかにどんな違いがあるでしょうか。

被験者　大きさや能力以外では、動物の魂は自我に動かされていないことです。彼らは私たちのように、自分は誰かというアイデンティティの問題で悩みません。また人間のように自然をコントロールしようとせず、それを受け入れて調和しようとします。彼らには学ぶべきところがたくさんあります。

ニュートン　そうですね。動物の魂はスピリット世界で独自の領域をもっているんですよね。とすると世話係の魂が間に入るとしても、どのように彼らと交流するのでしょうか。

被験者　（質問に戸惑って）彼らは私たちと同じように感覚を伝達することができます……私たちと同じように肉体をもっています。もちろん心も！

ニュートン　でも彼らは、私たちとは違った特性の組み合わせだと言いましたよね。

被験者　植物たちも違いますよ。でも、どんなに違っても共存することは可能なのです。

ニュートン　犬の話が出ましたが、植物のエネルギーが犬のエネルギーになったりはしないんですか。

被験者　それはありません。どんな生命形態にも独自のエネルギー配分があるからです。同じ惑星ではこのエネルギーが一線を超えて別の物質形態に侵入することはありません。

ニュートン　つまり猫は自分よりも高度な生命形態に転生しないし、人間もまた自分よりも低い生命形態、例えば猫の身体に入ったりはしないということですか。

被験者　ええ、そのとおりです。エネルギーは特定の身体と心に合わせて作られ割り当てられるのです。

ニュートン　なぜでしょうか。説明できますか。

被験者　（笑いながら）魂のタイプが混ざらないほうがよいのだろう、というくらいしか言えませんね。

ニュートン　あなたのペットの魂は、あなたがグループに属しているのと同じように、動物のグループに属していると思いますか。

被験者　さっきも言いましたが、彼らのほうから私たちを呼び出す必要はないので、私も行ったことがないんです。世話係から陸、空、水の世界という大きな区分けはあるとは聞いています。それ以外は分からないですね。

ニュートン　動物たちはそれぞれつながりがあるのでしょうか。

被験者　クジラとイルカとアシカは同じ場所にいます。カラスと鷹、馬とシマウマたちも同様です。動物は種類ごとに集団を作るようです。それがどのようなつながりなのかは分かりませんが。

ニュートン　ということは……？

被験者　（途中でさえぎって）たぶん知る必要があれば教えてもらっているでしょう。

ニュートン　なるほど。では余暇にはペットたちと触れ合うという話に戻りましょう。狼のような野生動物は飼わないいんですか。

被験者　人に慣れている狼なら大丈夫です。

ニュートン　そこをもう少し説明してもらえませんか、キモエ？

被験者　生命体とのワークは、たとえ相手が動物であっても一緒にいることで何かが得られるものでなければなりません。私が地球で飼っていた犬は、スピリット世界に作った家や庭でなら私と一緒に触れ合うことができます。なぜなら彼がそこにいるのは当然だからです。そこでお互いへの愛情と敬意が再現され、それはまさしく双方にとって好ましく有意義なことです。だからこそ再会が実現するのです。

ニュートン　なるほど。では人とつながりがある動物と野生動物とでは違いがありますか。

被験者　ありますよ。さっきも言ったように、動物の魂は人間ほど複雑ではありません。人間と共に暮らす動物たちは、私たちが求める愛情やさまざまな感情を示してくれますが、野生動物の魂は人間とのつながりがないので人間を理解することもありません。同じ環境に住んではいますが、彼らには彼らの世界があり、それを人間が侵すべきではないのです。

ニュートン　野生動物にはもっと自由が必要なのでしょうか。

被験者　そうでしょうね。でもすべての生き物の魂には、特に私たち人間がそうですが、自分を主張表現する自由が必要なんです。それにもかかわらず人とつながりをもった動物の魂は、自身の自由を犠牲にしてでも人間から受ける愛情や保護に応えようとするのです。

ニュートン　あなたの話を聞いていると、ペットたちは人間のために存在しているかのようですね。

被験者　お互いに与え合っているのです。動物好きな人たちはペットと気持ちを通じ合えると感じていますが、純粋な魂として彼らと再会したときには、それがより鮮明になることに気づくでしょうね。

ニュートン　スピリット世界では、動物の魂について、みなあなたのように感じているのですか。

被験者　多くの魂は私ほど動物好きではなく、たとえ地球でペットを飼っていても、ここでは彼らとの交流を望まない者もいます。つまり余暇には別のことをしたいんですよ。（ちょっと時間を置いて付け加えました）

もったいないですね。かけがえのない素晴らしい時間なのに……。

動物の世話係の魂はスピリット世界では専門職のようです。被験者たちにはあまり知られていませんが、ペットの愛好家たちからは高く評価されています。彼らは必要な技術をもっていますが、動物園の飼育係とは違います。

私は十五年もの間家族の一員として、ソクラテスというバセットハウンド犬を飼っていました。そこで「スピリット世界で自分が住んでいた家や自分の肉体を再現できるのだから、私の愛犬もよみがえらせることができるのでしょうか」と尋ねてみました。すると次のような答えが返ってきました。

あなたがエネルギー創造に熟練していればできるでしょう。でも専門家が手がけるほどリアルにはなりませんよ。世話係の技能をもってすれば、ソクラテスとともに死ななかったエネルギーの痕跡を見つけ出して、あなたの愛犬をそのまま再現できます。もちろん愛犬はあなたを認識し、そしてまたかつてのようにあなたが望むだけ一緒に遊ぶことができるのです。

おそらく動物のスペシャリストは下位生命体のエッセンスを見つけ出し、復元する能力をもっているのでしょう。彼らは創造的な魂で、私たちのためにペットを再現する能力をもっていますが、同時にそれは彼ら自身の地球上の生命に対する深い愛の表れなのです。動物との関わりは過去世のカルマとも関連があるのかもしれません。それは動物の世話係がここにいる理由の一つです。

ある女性被験者は熱心な動物保護の活動家ですが、十六世紀初めのオーストラリアの人生以来ずっと動物の苦しみを軽減する活動に人生をささげてきました。当時少年だった彼の家族は牛や豚の屠殺をしていて、それが彼のトラウマとなったのです。これまでの人生やスピリット世界でも、自由な時間があればすべて動物たちと過ごしてきました。今では動物を「私の子どもたち」と呼んでいます。

また彼女は「変容の空間」と呼ばれる場所で彼らのエネルギーと溶け合い、動物たちへの理解力を高めています。キモエも基本的に同じことを言っています。「この空間へ入ると、特別に設定された動物たちのエネルギー場があり、私は彼らと同じように感じることができます。おかげで地球の動物たちへの理解や愛情を深めることができるのです」。

どちらの被験者にも言えることですが、この活動は単なる余暇にとどまらず学習も兼ねています。

❖余暇の過ごし方――あらゆる姿に変容できる空間

長い訓練期間を経て魂は多くの技術を学び実践できるようになります。こうした教育エリアの中に、魂の変容の領域があります。ほとんどの魂がこの区域に入り多くを学びます。若い魂はここで興味のある技術を教えられ、年長の魂は習った技術にさらに磨きをかけます。

この空間について説明するとき、私はよく『スタートレック』のテレビシリーズに登場する宇宙船のホロデッキに例えます。概念に共通点はありますが、変容の空間は単なるシミュレーションをはるかに超えたものです。変容の空間では、魂は動物のエネルギーの中に入るだけでなく、自分が慣れ親しんだ生物であれ無生物であれどんな対象にもなることができます。火や気体、液体にもなれます。それどころか完全に無定形になることもできるのです。

変容の空間をレクリエーションの項目に加えたのは、この空間を変身術、つまり遊びとして使う魂がいるからです。でも多くの魂はほかの物質的世界で同様なエクササイズを行います。これについては次の章で取り上げましょう。ケース51では変容の空間で、魂の心が精神的鍛錬を通じて強化されます。

ケース51

ニュートン　何のために変容の空間に来るのですか。

被験者　ここで経験したいことがあるのです。エネルギースクリーンに入り、思いやりの層に自分のエネルギーを溶け込ませます。すると私はそこに飲み込まれ、思いやりが私の魂の一部になるんです。

ニュートン　そのエネルギーの流れについて説明してもらえますか。

被験者　ここには清浄化されたエネルギーのベルトが何本もあり、私が溶け込んだのは思いやりです。

ニュートン　このスペースで誰があなたのために、その特定のベルトを用意するのですか。

被験者　分かりません。私が空間に入り望むものに心を集中すると、それが与えられるのです。この訓練ではエネルギーの勢いが増せば増すほど、私はさらに多くのものを得ることができます。

ニュートン　人間相手でも学べるのになぜここに来て、思いやりを経験しなければならないのでしょうか。

被験者　そうですね。でも地球で他者のヒーリングにエネルギーを使っていると、人生が終わるころにはすっかり枯渇してしまいます。そのことも理解していただかないとね。もちろん一人前のヒーラーとしては、まだ経験が浅いということもあると思いますが……。

ニュートン　でも元気回復のためにここに来るのだったら、もっと具体的に何をするのか教えてもらえませんか。

被験者　（深く息をついて）私は痛みを突き止めたとき、それを体内で散らせるには、まず吸収しなければなりません。それが原因となって私は無力化してしまうんです。はね返せばいいのに取り込んでしまうんです。ここではその技術を磨くことができます。

ニュートン　どうするのですか。

被験者　痛みを吸収しないように自分のエネルギーの操作を学ぶのです。思いやりのエネルギーベルトはプールのようなもので、そこに入ればその一部になることができます。でもその経験はあまりにも主観的なのでうまく説明できません。それは逆境の荒海で冷静さが必要なときに驚くべき力を発揮します……それは……生きた知識なんです。

変容の空間について聞いていると、それは多幸感に満ちた経験であるとの印象を受けます。こうした集中したエネルギーの心霊的プールは、一時的に魂を変容させるように見えますが、それが本物なのか仮想なのかは議論の余地があります。というのも、スピリット世界を究極のリアリティと見ている被験者たちが、この空間を異なるリアリティの一つと見なしているからです。

このような概念を識別するときに役立つ一定の判断基準があります。一時的で、最終的に消滅してしまうリアリティがあるとしたら、その作業モデルは幻影なのです。そのプロセスを分析し評価する魂の永遠の世界こそ不変の意識状態だ、と被験者たちには思えます。変容の空間は魂の成長のために作られたのです。

❖余暇の過ごし方――ダンスと音楽とゲーム

世界の辺境には、いまだにスピリチュアルなダンスや歌が重要な意味をもつ民族がいます。

何年も前のことですが、ビルマの高地で、先住民のラフ族の歌と踊りの催しに参加する機会がありました。彼らはビルマとタイの国境沿いの山々の奥地に暮らしています。私は西洋人の少数グループと行ったのですが、この完全に孤立した部族に潜入した最初の外国人でした。トレッキングは困難で、ジャングルを横切り山々を越えなければなりませんでしたが、その体験は神秘的なものでした。

スピリット世界ではダンスの身振りによって内面にある本質を表現すると聞いています。それを聞くといつもこのラフ族を思い出します。彼らはアニミズムを信仰し、すべての自然現象には魂が宿り人格を備えていると考えています。主要な宗教が興隆する前の古代では、多くの社会がこうした信仰をもっていました。

被験者たちは魂グループのこの種のレクリエーションには、儀式的そして神聖な源泉の祝祭の要素があると言っています。地球の古代から現代までの文化と同じように、魂はこの種の表現を高揚感を得る手段として利用しています。そうした身振りが魂の記憶を呼び覚まして、地球やほかの世界、スピリット世界そのものの原点を思い起こさせるのです。

ダンスと合唱はすべての思考と一体感をもたらします。被験者たちはまるで至福の記憶を漂っているかのように、このレクリエーション効果を説明します。ハープや竪琴や鐘の音やリズムが自分の魂の本質を表している、と言うのです。特に焚き火の周りで輪になって太鼓を叩きダンスを踊るという話を聞くと、やはりまたラフ族を訪問したときのことを思い出します。

二人の被験者が次のように語っています。

私たちは輪になって踊り、優雅な身振りをして流れるようなハーモニーを奏でます。焚き火の周りから軽やかなハミングが聞こえています。私たちのエネルギーは渦を巻いて、風のように移り変わる雰囲気に合わせて歌の韻律も変化します。これは多くの過去世で育まれた信頼関係への感謝の表現なのです。こうしてお互いの絆を確認し集合的な英知を呼び覚ますために、ダンスや歌に参加します。

私のグループは特にアクロバットが好きです。人間の形で体操をするのではなく楕円形や細長い形の純粋エネルギーのままで、トランポリンのようなエネルギー場をつくり交替に跳ねるんです。説明が難しいですが、ダンスも取り入れて笑いが絶えません。このような活動が私たちを団結させるのです。

芸術や創作、その他のレクリエーション活動は静かな場所で個人的に行われ、音楽や彫刻は一人でも集団でも行われます。エネルギーを彫刻したり生命体を創造したりする作業はレクリエーションとは見なされず、課題志向クラスの教育の一環ですが、それが遊びの時間と重なることはあります。

音楽はほとんどすべての魂に訴えかけるという意味で、独自のカテゴリーとなっています。地球では楽器や歌が不得手な人がたくさんいますが、魂はそうではないようです。被験者たちは至るところで、美しい旋律をよく聞くと言います。

私は自分の研究を通じて、魂を高揚させるという点において音楽は地球上で知られるどんな伝達媒体にも勝ると確信するようになりました。音楽の創造に使われる音には限界がないようです。催眠状態にある人は、音楽的思考は魂の言語だと言っています。ハーモニックな共鳴の生成と伝達がスピリット言語の形成に関係しているようです。音楽的コミュニケーションをはるかに超えて、和声法がエネルギー創造と魂の融和の基盤になっているのです。

スピリット世界では多くの魂が歌うことを楽しんでいますが、指揮者の魂と出会うまでにはずいぶんとかかりました。次の被験者の前世は一九三〇年代、イタリアのオペラ歌手でした。

ケース52

ニュートン　あなたは主にどんな余暇を過ごしていますか。

被験者　音楽を作ります。

ニュートン　楽器を使うのですか。

被験者　楽器はいつでもどんな楽器でも空中から取り出して演奏できますよ。でも私にとって、合唱曲を作ることほど満足させられるものはありません。声は楽器の中でいちばん美しいものです。

ニュートン　でも、有名なオペラ歌手だったときの声帯はもうないんですよね。

被験者　（私に笑いかけて）ここはスピリット世界ですよ。人間の身体は要りません。実を言うと私たちが生み出す音は、人間のものよりずっと軽やかで音域が広いのです。

ニュートン　誰でも高音や低音を歌えますか。

被験者　（熱っぽく）もちろんですよ。私たちは誰でもソプラノ歌手にもバリトン歌手にもなれるんです。しかも誰でも常に音程は正確です。あとは指揮者が必要なだけです。

ニュートン　あなたのすることを説明してもらえますか。

被験者　（穏やかに）私は魂たちの指揮者です。自分の情熱や喜びをみなと分かち合っています。

ニュートン　ほかの魂よりも音楽に精通しているのは、オペラ歌手としての音楽的才能があったからですよね。

被験者　ええ、つながりはあるんでしょうけど、私ほど音楽に熱中している魂は多くはありません。歌手や演奏家の才能はそれぞれですから、全体をまとめるには指揮者が必要です。美しい音楽を作り出すだけでなく、みなで楽しみたいんですよ。

ニュートン　そうするとあなたはオーケストラよりも合唱団の人たちと仕事をするほうが楽しいのですね。

被験者　ええ、でも私たちは歌も楽器もミックスしています。楽器と歌唱の両方に精通したら、それはすばらしいことです。音が散らばることなくハーモニーを奏でて、それがスピリット世界全体へと響き渡ります。

ニュートン　地球で指揮するのとどう違うのですか。

被験者　共通点もありますが、ここでは誰でも楽音が完璧になるんです。人間ではしわがれ声だった人が、いくらでも美しく歌えるのです。

ニュートン　あなたのグループ以外の魂も合唱に加わることがあるのですか。

被験者　ええ、たくさんのグループが向かい合って交互に歌い、誰が一番斬新かを競い合ったりします。

ニュートン　スピリット世界でこんなにも音楽が大事にされるのには、何か魂の動機があるのでしょうか。

被験者　音楽がエネルギーを揺り動かし……ほかの魂たちと斉唱し調和することで、魂が新たな心のレベルへと導かれるのです。

ニュートン　あなたは何名くらいのグループを指揮するのですか。

被験者　本当は二十名くらいが好きなんですが、私の指揮を受けようと何百もの魂が集まってきます。

ニュートン　大きなグループは、あなたにとってチャレンジでしょうね。

被験者　（深く息をついて）その音域たるや驚くべきものですよ……高い音や低い音……まさに歓喜の極みのようにバイブレーションがありとあらゆる方向へと放出されます……。

最後にスピリット世界で人気のあるゲームをリストアップしておきましょう。これまで余暇について紹介してきたのは、グループの学習時間と余暇の違いを示すためでした。しかし講演でゲームについて詳しく述べることは控えたほうがいいと感じています。死後の生はそのような軽薄なものではなく、もっと重々しいものであると考える人たちがいるからです。余暇についての話が、これまでに公表してきた驚くべきそして神聖な事柄の信用を損なってしまうと忠告してきた人もいました。でも嘘を言っているわけでもなく、死後の生は恐ろしいものでないということを伝えるのに、重要な情報であると考えています。

スピリットのゲームはルールを簡単には定義できません。遊びながら競い合う要素はありますが、誰かが勝って誰かが負けることを想定したものではないのです。ガイドはエネルギーの使い方や機敏さ、思考伝達を練習する手段としてゲームへの参加を勧めます。一方でゲームに参加しないグループもいます。特に、より進歩した魂の場合などはエネルギー訓練に没頭しているので、ゲームをしている時間などないからです。

被験者の説明には一貫性があります。地球のゲームの記憶をスピリット世界へ持ち込むことができるなら、スピリット世界が発祥のゲームが人間世界へと持ち込まれ、無意識の記憶から呼び起こされることもあるのではないでしょうか。次の報告から考えてみてください。リストの最初に取り上げるのは、鬼ごっこの一種と思われる人気のゲームです。

私たちはお互いを捕まえようと追いかけます。勢いよく一直線に突進し、そのスピードで急に曲がったり、機敏な者は急旋回して停止し、また突進したり、けっして捕まりません。
鬼ごっこに音楽やダンスが組み込まれることもあります。特に若者たちはお互いを追いかけまわし、個人の領域へと逃げ込みます。

草原では木に登ったり草の中を転げ回ったり、馬跳びをしたり、ときには化けたりもします。

ドッジボールを連想させる電光投げというゲームもあります。魂たちが向かい合って横一直線に並び、エネルギーの電光を投げ合うのです。ほかにも魂が向かい合わせに並ぶレッドローバー、または遊園地のカートによく似たものがあります。これはレッドローバーのように一人が前に出て手をつないだチェーンを破ろうとするのではなく、すべての魂がお互いに一気に相手に押し寄せます。ある被験者が言うには、このゲームの目的は大規模な集中エネルギーを作り出すことのようです。

次のケース53は、被験者たちがうまく説明できないゲームの一つ「宝石のボール」と呼ばれるものです。

ケース53

ニュートン どのグループもゲームに興味を示すのですか。
被験者 そんなことはありません。私のグループはクラス学習よりも楽しいことが好きなんです。
ニュートン 魂は前世で楽しんだゲームを持ち込むと聞きましたが本当ですか。
被験者 (ためらいながら)ええ、まあ……でもすべてではありませんよ。見ていないのもありますから。
ニュートン 見ていないゲームとは例えばどんな?
被験者 ゴルフは見ませんね。あまりに自己中心的ですからね。テニスは少しましですが、やはりやりません。二人だけのプレーヤーでは限界がありますから。

ニュートン　ということは、フットボールは人気があるのですか。

被験者　いいえ……そうでもないです。スター選手のいる競技はやらないんです。私たちは大勢の魂が一緒に行うグループゲームを楽しみます。誰もが平等なポジションで同じ動作をするんです。

ニュートン　では、私は水泳が好きですが、スピリット世界では好まれないようですね。

被験者　（笑って）いいえ、そんなことはないです。やりたければここにプールもゴルフコースも作れますよ。でもほかの魂たちとスポーツを楽しみたいのなら、集団でやらないと……。

ニュートン　つまり、個人の楽しみとグループでの楽しみを別と考えるわけですね。

被験者　ええ、そうです。

ニュートン　なるほど。ではスポーツではなく気楽にやれて楽しいゲームはありますか。

被験者　「宝石のボール」というのがあります。たくさんの魂が一カ所に大きな輪になって座り、それぞれテニスボールくらいのエネルギー塊を作ります。それらはまるで宝石のように見えるんですよ。

ニュートン　そのボールに特別な意味はあるのですか。

被験者　もちろんです、エネルギーの色に個性が表れます。

ニュートン　分かりました。そのゲームはどうするのですか。

被験者　スタートの合図で全員が静かにボールを輪の中心に投げ込みます。ボールはさまざまな色を放ちながら、お互いにぶつかり四方八方に飛び散り、私たちはそのボールを動き続けるようにします。

ニュートン　ちょっと分からないのは……。（被験者がさえぎって続けました）

被験者　最後に一つが自分のところに転がってきます。何回プレイしてもお互いに磁石のように引き合う相手もいます。相手が必ず私のボールを受け取るのです。

ニュートン　ボールを受け取れないと、どうなるのでしょう。
被験者　よくありますよ。大きなグループでプレーヤーを替えて何度もやれば、最後にはボールが自分のところへ転がってきます。
ニュートン　二人のプレーヤーがお互いのボールを受け取るのですか。
被験者　いいえ。細かい決まりがあるわけではないので、何だって起こり得ます。
ニュートン　誰かのボールを受け取ることに、どんな意味があるのでしょう。
被験者　つまり、そのボールの持ち主と何らかの形でつながっているのです。宝石のボールは期待と信頼のゲームです。自分のボールがどこへ行くのか分かりませんし、誰のを受け取るのかも分かりません。
ニュートン　ボールを受け取ったらどうしますか。
被験者　まず両手で取り上げるんです。ボールは、あなたと関わりがある相手の個人的な側面を知る手がかりを与えてくれます。私はこれを参考にして、将来出会う人たちとの関係を何度も確認しました。

研究を始めたころ、スピリット世界にさまざまなゲームがあるなどとは思いもしませんでした。ゲームはそれぞれに特別な楽しみをもたらしてくれます。このレクリエーションに詳しくなるにつれて、被験者たちは前よりも気軽に娯楽などについて話してくれるようになりました。
ゲームは遊びに始まって最後にはエクササイズにまで発展し、その活動に参加しようと多くのグループから魂が集まってきます。その中の一つかくれんぼゲームが私の注意を引きましたが、次の章で取り上げる将来の旅人の魂にとって重要な意味をもつことが分かりました。このゲームは熟達度によって違いますが、魂はこの遊びを通じて空間的な座標系を学んでいくのです。

このゲームが注意を引いたのは、ゲームが複雑になってくるとコーチが登場すると聞いたからです。彼らはゲームキーパーと呼ばれる専門的なトレーナーで、異次元へ旅をする冒険心に富んだ存在を見つけ出します。本格的な旅人を志望している、高度に進歩した魂の発言を見てみましょう。

スピリット世界のかくれんぼは光と闇のエクササイズから始まります。まだ若い魂に遠くからエネルギーを投げかけ、その子が私たちの方向へやって来たら、そのエネルギーを消してしまいます。私たちは立ちふさがり、視覚と思考のシグナルを混ぜ合わせると同時に、テレパシーエネルギーを開放します。立ち並ぶエネルギーの柱の間に光への戸口を取り付けると、それらが光をさえぎる壁板となり、この壁が平行に水平軸に沿って配置されます。進歩するとそれらは不規則な幾何学的パターンへと変えられます。私たちは扉から扉へと走り回るので、若者たちは私たちを見つけ出すには大変な時間がかかります。でもこの段階ではまだゲーム感覚なので、彼らは楽しんでいます。

そのうち何人かはとても上達し、もう彼らを騙せなくなります。そのころには次元間ゾーンの私たちの領域に迎えられる実力がついています。そこはエネルギーの障壁とバイブレーションの変動率で仕切られ、入っていくのは容易ではありません。なにしろ訓練生がそこにたどり着くには、各次元に特有の波動パターンに自分のエネルギーを適応させなければならないからです。この時点で多くの魂が脱落していきます。

そのワークは鏡の部屋にいるように自分の適性が見えてしまいます。このワークが好きな者だけが、物質的次元間に真空のように存在する構造も形態もないメンタルな次元に精通することができるのです。私は今でもこのトレーニングをレクリエーションと考えています。それはとても魅力的なので、また友人たちと一緒にこのエクササイズができる日が待ち遠しいです。

第八章　進歩した魂の役割

やがて魂が基本的グループを離れる時期が近づきます。次のケースには何千年もの転生の後、最近レベルⅢに達した魂が登場します。この人生では学習障害のある子どもたちの教師をしています。

ケース54

ニュートン　評議会への出席が楽しみですか。

被験者　ええ、肉体の鎧の最後の一枚を脱ぎ捨てて、準備が整いました。

ニュートン　肉体の鎧ですか。

被験者　保護の鎧です。怒りを抑えられずに私を傷つける人たちでさえ信頼することを学ぶのに何百年もかかりました。これが最後の高いハードルでした。

ニュートン　どこがそれほど難しかったのですか。

被験者　魂の強さではなく感情に同化してしまい、他者との付き合いに自信がなくなりました。他人よりも劣っていると思うようになりましたが、そうではなかったのです。

ニュートン　この最後のハードルがあなたのアイデンティティに関わるものだとすると、今のあなたは自分をどんなふうに見ているのでしょうか。

被験者　傷と痛みの深淵を渡るには肯定的なエネルギーが必要でした。もうどんな苦境にあろうと、アイデンティティの問題でエネルギーを浪費しません。この千年どんなに苦しい人生でも、一人の人間としての尊厳をもち自分のアイデンティティの維持に努めてきました。もうその実現のために保護の鎧を必要としません。

ニュートン　評議員たちはあなたの自己認識への前向きな姿勢を、どのように評価しますか。

被験者　私がこの困難な試練を乗り越えたことに、彼らは満足しています。多くの困難な人生で本当の自分は誰かという自己認識は揺るぎませんでした。忍耐と勤勉さを通じて私の潜在的可能性が高度なレベルにまで達したことを、彼らはとても喜んでいます。

ニュートン　人生で、どうしてこれほどの苦労をしなければならなかったのでしょうか。

被験者　自分が試練を乗り越えて強くならないかぎり、どうして他者を教えられるでしょうか。

ニュートン　では……（心に何かが浮かんだようで、私の言葉をさえぎって）

被験者　ああ……こんなサプライズが待っていたなんて。**ああ、私はとっても幸せだわ！**（被験者は喜びのあまり泣き崩れました。彼女に何かが起こっているようでした）

ニュートン　どうしたのですか。

被験者　（はしゃぐように）卒業式です！　私たちは神殿に集まっていて、ガイドのアルーが評議会の議長の隣にいます。マスター教師や学生たちが集まってきています。

ニュートン　もう少し詳しく話してくれませんか。教師と学生は何名くらいいますか。

被験者　（慌てて）ええと……十二名ほどの教師と……学生は四十名くらい。

ニュートン　学生の中にはあなたのグループの魂もいますか。

被験者　三人の仲間がいます。ほかからも準備ができた学生たちが集まってきます。多くは初対面です。

ニュートン　少し気後れしているようですね。あなたのグループのほかの魂はどこにいますか。

被験者　（残念そうに）まだ準備ができていません。

ニュートン　周りの学生たちの中心色は何色が多いですか。

被験者　明るい黄色です。私たちがここまで来るにはずいぶんかかったんですよ。

ニュートン　分かっていますよ。そこで起こっていることを話してくれませんか。

被験者　みんなお祭り気分です。列になって入り……私は最前列に座りました。アルーが誇らしげに私にほほ笑みかけています。マスターたちが短い挨拶をして、次に私たちの名前が呼ばれました。

ニュートン　一人ずつですか。

被験者　ええ……私の名前が聞こえます。自分の名前が記された巻物を受け取りに前に出ます。

ニュートン　その巻物にはほかに何が書いてありますか。

被験者　（謙遜して）個人的なことです、私が時間をかけて達成したことや克服したことなど。

ニュートン　ではそれは単なる卒業証書ではなく、あなたのワークの証明書のようなものですね。

被験者　（穏やかに）そうです。

ニュートン　式の後には何がありますか。

被験者　みなで集まって新しい課題について話し合い、同じ専攻分野の魂たちと出会う機会もあります。それぞれの能力に最適の新しいクラスで再会することになるでしょう。

ニュートン　あなたの最初の課題は何でしょう。
被験者　幼い魂を養育することです。種をまいて花を育てるように。それには優しさと理解が必要です。
ニュートン　その新しい魂はどこから来るのですか。
被験者　神聖な卵……創造の場所から絹糸のように紡ぎ出され……養母たちのところへ連れて行かれ……それから私たちのところにやって来ます。責任もありますが、やりがいのほうが大きいです。

❖中間レベルへの移行──魂グループからの卒業

レベルⅢに移行中の被験者が最初に出会う困惑が、定期的に自分のグループを離れ、またそこへ戻ってくることです。彼ら自身にもその理由が分かりません。催眠中に心の中でこの場面を見て、すぐにその一コマを魂の履歴のすべてを収めた映画に組み込める被験者はごく一部です。

退行療法家の役目は場面をゆっくりと自然に展開させていくことです。グループからの卒業プロセスが始まっている被験者は、「最近仲間から少し切り離された感じがするんです。これまで一緒にワークをしたことのない魂を見かけるようになりました」と言います。

もともとのグループの団結が失われることは永遠にありません。卒業したとしても仲間との絆は失われないのです。魂グループは最初から何百もの転生を通じて密接な関係を保ち続けます。グループに五万年以上もとどまり、ようやく中間レベルに移行する準備ができたという魂たちもいますが、五千年以内にこの状態にまで達する魂はほんのわずかです。

いったんレベルⅢに達すると、成長の速度は早まり、個々に違いはありますが、その過程でさまざまな才能を発揮し始めます。そして宇宙的意識に貢献するようなスキルの完成に全努力を傾けます。魂の行動にも変化が表れて、彼らの視野はグループを超えて広く外へ向けられます。これまでの学びを無視するというのではなく、今自分が取り組んでいることがすべての目標となるのです。そうしてレベルⅣに達するころには、この移行は完了しています。

この移行過程で新しいレベルⅢの魂は、自分がもはやクラスに縛られていないことに気づきます。仲間も感じ始めますが、お互いに詮索しないことが暗黙の了解のようです。新たな専門グループへの割り当ては、よく似た傾向の魂が集められますが、この選択の基本要素は才能、過去の実績、個人的意欲の三つです。別の重要な要素として、スピリット世界からの要請があるようですが、この情報は私には開示されていません。

❖専門分野――魂の進むべき道

この時期になると専門集団に繰り込まれるようになります。それは中世のギルドのような排他的なものではなく、意欲に燃える魂はいつでも歓迎されます。この専門的会合を「自立学習グループ」と呼んでいますが、訓練は定期的に異なる専門教師を招いてゆっくりと始まります。ここでの学習は基本グループのときとは違い、魂は自由に出入りします。グループが自主的なものであることが分かると、授業はますます熱を帯びたものになります。

この初期の段階で魂はもともとのグループから自立することが多くなりますが、今もなおガイドと共に、元のグループ活動にも参加もします。自立学習は魂の自由意志に委ねられ、彼らがレベルⅣやⅤへと上がっていくと、ますますそれが鮮明になります。

これまでにいくつかの専門職が登場しました。夢のマスター、迷える魂の救い主、中立の守り人、回復のマスター、卵をかえす母、記録管理者、動物の世話係、指揮者、ゲームキーパーといった専門職がありました。一部には重複する部分もあり、例えば旅人を訓練するゲームキーパーは、同時に保養に適した場所やエネルギー訓練場所を探したりする探検者の魂でもあります。この章では専門分野の別の例を取り上げていきましょう。

魂が最終的に評議員に就任するための決まったルートはありません。長老はさまざまな専門分野の出身ですが、ガイドはこの地位に就くのに有利なのではないかと考える被験者が多いようです。平均的な魂が、彼らを高いレベルにいる存在と思えても不思議ではありません。しかしガイドの多くが専門職の進歩した魂とほとんど接触がないという事実を考えると、その見方は必ずしも正しいとは言えないでしょう。

講演会でこの話題が出ると、「魂は成長してみな教師のガイドになると思っていた」と多くの人が言いますし、実は私もそう考えていました。教職はスピリット世界の主要な専門分野ですが、でもだからといってすべての魂が偉大な教師になれるわけではないということが分かってきたのです。では、まだ取り上げていない専門職を紹介していきましょう。

❖養育教師の魂──生まれたばかりの魂の世話係

前著では初級と上級のガイドについて述べ、この本ではガイドの活動内容についてお話ししましたが、養育教師の魂についてはあまり情報がありませんでした。というのも、彼らがワークする若い魂はまだ転生したことがないからです。

ケース26の後に若い魂の地球での記憶を引用しましたが、そこでは魂が作られてもすぐに肉体へ転生することはないと述べられています。地球は困難の多い訓練学校ですから、次の報告にもあるように新しい魂たちは肉体のない存在として惑星に順応する機会を与えられることが理想なのです。

まだとても若かったころ、数名の仲間と初めて地球を訪れました。教師に伴われ、私たちはあちこち漂いながら、自分の能力や地球への適性を確かめました。この惑星のバイブレーションと自分のそれをどうやって混ぜ合わせるかも習いました。ここで肉体に入るために何が必要なのかを実感したのです。

被験者の大多数は教師の訓練を受けてガイドになりたがります。それは彼らが現在のガイドを尊敬し、彼らを見習いたいと思っているからでしょう。だからと言ってもちろん希望どおりにいくわけではありません。教師は意志疎通がうまくなければなりませんし、宿主の肉体の多様な自我への融合を支援できなければならないのです。

若い魂を教える養育教師は、多くの理由から一般的なガイドになる道を選ばないようです。子どもの魂を教えるのは容易ではありません。彼らは転生した人生で、自分一人ではやっていけないので常にフォローが必要になるからです。いつもセッションで進歩した被験者に注目するのは、彼らが魂の色やその背景を詳しく説明してくれるからです。

レベルVにまで達したケース55の男性は、自分を含めた専門グループの黄と青のバリエーションについて、今まさに話し終えたところです。

ケース55

ニュートン　この辺りで見る色はそれだけですか。

被験者　いいえ、ここには十一名の子どもがいて、みな白い光ですがエネルギーは小さくパターンも単純です。まとまりはありませんが、子どもたちは元気いっぱいです。（この時点でこれらの魂が現在の自分の子どもと分かり、とても興奮しました）

ニュートン　その十一名の魂は、光の明るさに違いはありますか。

被験者　似たようなものですね。訓練はほかのグループから来た二名の同僚に手伝ってもらっていますが、彼らとは付き合いがあまり長くないんです。

ニュートン　この最初の実習の前提として、あなた方は何か共通の背景をもっていたのですか。

被験者　私たちは教師、聖職者、ヒーラーなどの過去世があります。この種のワークには繊細さだけでなく強い忍耐力が要求されます。（思いついたように）私たち教師は生徒たちからも学べるんですよ。

ニュートン　そのとおりですね。ところで今皆さんはどんなところにいるのか説明していただけますか。

被験者　子どもたちが周りに迷惑をかけるので、私たちは中立的な訓練エリアに移動しました。

ニュートン　今はどんな状態ですか。

被験者　彼らは勉強するよりもいたずらに夢中で走り回っています。転生が始まれば変わってくるでしょう。

次の引用は転生を始めたばかりの魂とワークをしているある女性の報告です。

　私は七名の怠け者たちで手がいっぱいです。彼らは遊んでばかりで、転生したらどうなるか心配です。彼らの一番の興味はもっと外見をよくすることです。私の上級ガイドのウラントは彼らを私に任せっぱなしで、めったに顔を出しません。

私が彼らを甘やかしすぎてだめにしていると言う教師もいます。教師の中には可能性のある幼い生徒に手厳しく当たる者もいますが、評議会は私の愛と優しさの手法に興味を示しています。彼らは精神的なお仕置きよりも、私の寛大さのセオリーを試してみたいのです。

この子どもたちは目覚めさえすれば、一気に成長の階段を駆け上るだろうと私は期待しています。彼らは厳しいレッスンにうんざりしていないので、好奇心を失っていないのです。

❖道徳家の魂――個人の理想や価値観を全体の幸福につなげる仕事

次に登場するのは、デトロイトに住む二十六歳の男性アンダラドです。私は三十歳以下の被験者は人生経験が短いので本来は受け入れません。彼らにかかっている記憶のブロックも固く閉ざしているでしょうし、彼らのガイドがカルマの道筋を知るのはまだ早いと感じれば、私とのセッションを妨害するかもしれません。しかしアンダラドはその懸念を見事に振り払ってくれました。

彼は次のような手紙を送ってきました。「私は自分の不滅のアイデンティティをどうしても知りたいのです。前から感じているのですが、私は自分の年齢に見合わない知識がたくさんあり、難なくこなすこともできるのです」。これまでも多くの若者から似たような主張を聞きましたが、いざセッションを行ってみると、大半は本人が考えるほど進歩していたわけではありませんでした。しかし今回は違いました。

初めて会ったアンダラドは、その年齢からは想像できない落ち着きや思慮深さを漂わせていて、正直なところ私はショックを受けました。セッションが進むと、彼はバビロンの時代に地球に来たことが分かりました。青い光にしてはずいぶん遅い時代に来たものだと思いました。

彼の最初の転生は暗く静かな惑星で感情のない知的生命体として始まったそうです。そこは理性と論理が優勢な世界でしたが、種は滅びかけていました。そこでアンダラドはもっと明るい世界で繊細な存在に転生したいと申し出て、地球に来ることになったのです。

過去の話からアンダラドの興味が「惑星の磁気エネルギーが特定の世界で知性的行動に与える影響」にあることが分かりました。彼の課題は小さな猫のような生き物に脳の組織を作ることで、「行動反応のパターンを拾い上げるためにエネルギー格子を組みましたが、過大なエネルギーが流れないように注意しました」と言いました。たぶん生命設計者になりたいのだろうと私は思いましたが、本当の答えを聞いてびっくりしました。

ケース56

ニュートン　あなたはスピリット世界で学生を指導するかたわら、小動物のエネルギー創造の研究もしていると聞いたのですが、それは教育かデザインの専門家になる準備をしているのですね。

被験者　（笑って）どちらも違います。私は道徳教師になる訓練をしているんです。

ニュートン　本当ですか。ではなぜこの二つの分野を専攻しているのですか。

被験者　私が道徳教師として幅を広げるために必修科目として与えられたのです。私は知的存在の倫理規範の研究に情熱を注いでいます。

ニュートン　でも倫理は基本的指導の一つですから、ガイドなら誰でも知っているのではないですか。

被験者　ええ。でも客観的価値観としての道徳原理は人間の成長には欠かせないので、その分野を専攻する意味があるんです。評議会には必ず道徳教師が出席するんですよ。

ニュートン　地球に来る前にずいぶん長い間、異世界で過ごしたのはなぜですか。

被験者　道徳教師にとっては、ほかの知的存在の道徳を熟知することがよい訓練になるのです。

ニュートン　なるほど。ではスピリット世界で何名くらいの魂を生徒にしましたか。

被験者　最初は二人だけでした。

ニュートン　彼らはとても若い魂だったのでは？

被験者　ええ、でも配置換えになって、今は十八名の中程度レベルの魂たちを教えています。

ニュートン　あなた自身が転生を終えていないのに、どうしてレベルⅢの魂とワークできるのですか。

被験者　それこそ私がこのクラスを割り当てられた理由なんです。私はまだ問題を抱えた未熟な魂を支援できるほど経験を積んでいません。難しいケースは引き受けられないんです。もっと成熟した魂にならアドバイスできます。少し前まで私も彼らと同じ立場だったのですから。

ニュートン　あなたはスピリット世界でも地球にいるときも、彼らと一緒にワークをするのですか。

被験者　（きっぱりと）彼らが地球に転生したときは、彼らのガイドに優先権があります。

ニュートン　道徳が人間社会の試金石となるのはなぜだと思いますか。

被験者　最大の理由は人間がしばしば行動規範から逸脱し、自身を正当化しようとするからです。

ニュートン　つまり普通の人間は現実的なので、目的が手段を正当化してしまうと言いたいのですか。

被験者　そうです。そして人々にとって、個人の利益の追求は普遍主義とは正反対のものに見えるのです。

ニュートン　普遍主義と個人主義という二つの人間の葛藤は解決できると思いますか。

被験者　この世界を改善する活動は、結果的に私たちとは異なる考えの人たちへの不寛容を一掃することになります。個人的地位の追求やエリート主義が幸福と同一視されることが混乱の原因なのです。

ニュートン　では自分の幸福を全人類のそれよりも優先してしまう私たちのジレンマが、あなたにも理解できるのですね。

被験者　この惑星の多くの人たちにとって、それは利己主義というジレンマです。

ニュートン　人間は本質的に平等で博愛的な生き物ではないという意味ですか。

被験者　普通の人間はこのジレンマを抱えていながら、自己中心性が問題だとはほとんど考えません。これは地球外から来る者にとって大きな試練で、私も苦労しています。地球でのレッスンは倫理や道徳という観点から見ると、個人の生存を叫び求める本能……その本性を備えた存在の肉体の中に、魂が閉じ込められることです。だから他者の窮状が二の次になるんです。

ニュートン　魂の道徳心につながる生まれながらの善良さは人間の中には見いだせないのですか。

被験者　それこそが私の主要テーマです。この善良さを伸ばすことで、いずれは困難な状況にも対応できるようになるでしょうね。

ニュートン　独立独歩を求めることで、他者への配慮に欠けるようなことになりませんか。

被験者　個人の理想や価値観が、結果として社会全体の幸福につながることがあります。心の公正さを自己の中心原動力とできれば……。

ニュートン　地球へ戻っていく学生たちに、どんなアドバイスを贈りますか。

被験者　彼らは競走馬のようなものですから、忍耐強く気楽にやりなさいと言いますね。彼らは倫理的行動の微妙なバランスを学ぶ段階にあります。地球でうまくやっていくには、結果を焦らないことです。

このセッションの後で、私は考え込んでしまいました。人間の感覚器官は先祖と比べれば過剰なまでに発達している、と多くの生理学者が考えています。攻撃と回避行動は、石器時代以来、人間が生き延びるための手段でした。進化のプロセスで頭脳を獲得しましたが、それはまだ完全に肉体をコントロールできません。ストレスが高まると私たちは理性を失いがちです。

私たちはたくさんの過ちを犯しますが、人生も終わり近くなると賢くなります。人が何度も生まれ変わるのなら、私たちは最初から過ちのない生産的な人生を送ることもできるはずなのです。私たちはよくエゴに駆り立てられ、自分によいことは他者にとってもよいことだ、ということを忘れてしまいます。

道徳教師の魂が強く求められているのです。未熟な魂が混乱した人間の頭脳と共存するために問題行動を起こし、そのような条件下では正しい選択をしようとする自由意志も抑制されるでしょう。しかしすでにお話したように、スピリット世界では宿主の肉体を理由にした言い訳はできないのです。私たち全員にとっての解決策は進化のプロセスをたどり続け、自分自身を向上させることです。

ガイドも現在の地位に就く前は、私たちと同じだったのです。私たちはさまざまな肉体を与えられますが、どれもみな不完全です。一度の人生にすぎない肉体に執着するのではなく、魂の自己の進化に集中するのです。そうすることで他者と結びつく能力が向上していくのですから。

❖調整者《ハーモナイザー》の魂——世界的規模の混乱を回避する

この専門分野には広範囲なタイプの魂が含まれます。多くの魂の心に触れていると、これらの背後には相互依存とつながりがあるのを感じます。一般的に「調整者《ハーモナイザー》」と呼ばれる魂は、しばしば多彩な能力をもつコミュニケーターとして転生してきます。そして政治家や予言者、芸術家、音楽家、作家などになります。

肉体のない存在のときは、地球表面で混乱したエネルギーの修復を行っているようです。一般的にこの魂は人間関係も含めエネルギーのバランスをとる役割をもっていて、いわば世界的出来事の裏方的存在なのです。人々を癒す伝統的なヒーラーとは異なり、もっと大きな規模で活動するのです。

前著でも触れた賢者たちですが、彼らは個人的な進歩には必要がないのに、いまだに地球への転生を続けています。彼らは言語能力に優れ心に深く触れるバイブレーションで言葉を生み出します。

これらの賢明な存在が転生してくるのは、肉体を通した方法で人類を助けることが彼らの使命だからです。彼らは人目につかず行動し、世に知られるのを好みません。こうした私たちの中にいる高度に進歩した魂は出来事の立会人と見なされ、特別な注目を要する人物の動向を報告するのです。この理由から、私は彼らを調整者の魂に分類しています。

報告によるとこの賢者たちは、スピリット世界の「観察者《ウォッチャー》」と呼ばれる調整専門グループと何らかのつながりがあるようです。これらの存在は転生はしませんが、地球やその他の世界の現状について多くの情報源から報告を受けています。その彼らについて、調整者の訓練をしている被験者から希少価値の高い情報が得られました。おそらく観察者たちは、地球上に大混乱を生み出さないように活動している調整者たちに情報を提供しているようなのです。次のケースは調整者の訓練を受けているレベルⅤのラリアンの報告です。

ケース57

ニュートン　ラリアン、調整者とはどのような専門分野で何をするのか教えてください。

被験者　私は見習いですが、人々のために地球の不調和なエネルギーを調整することを学んでいます。

ニュートン　それは大嵐や地震などの物理的な自然の力のことですか。

被験者　それらを研究している友人もいますが、私の専門分野ではありません。

ニュートン　ではその友人が学んでいることを話していただけますか。

被験者　彼らは地球の修復者と呼ばれ、自然災害の破壊的影響を緩和します。

ニュートン　スピリット世界のパワーで自然災害を未然に防ぐことはできないのですか。

被験者　それでは自然災害がなくなってしまいます。それはもともと地球の生活条件の一部なのです。惑星の調整者は何が起きようとも自然力には干渉しません。自然災害は彼らの責任ではないのです。

ニュートン　では、彼らの役割とは?

被験者　困惑した人たちが生み出す巨大な負のエネルギーを中和させて、人々の復興を支援するのです。

ニュートン　分かりました。ではあなたの仕事はどのようなものでしょう。

被験者　私は人間そのものが生み出す悲惨な出来事に、何らかの貢献をしたいと思っています。

ニュートン　あなたのセクションには何名くらいの見習いがいますか。

被験者　四名です。

ニュートン　あなたたちは戦争を止めようとしますか。

被験者　(動揺して)私たちは苦しみの原因を作る人々の心に立ち入ることはありません。

ニュートン　なぜですか。ヒトラーのような狂人に何らかの形で介入しないのですか。

被験者　精神病質者の心は理性が働きません。私は世界的出来事を左右できる人間の周囲で、肯定的エネルギーを維持拡大する訓練を受けています。

ニュートン　それは自由意志や因果関係や自然なカルマへの干渉にはならないのですか。

被験者　もう因果関係が起きているんですよ。私たちはその重要な人物にポジティブなエネルギー波を送って理性的思考を促すのです。対話のための土台づくりを支援するだけで、結果は後からついてきます。

ニュートン　どこからが干渉で、どこまでが干渉でないという基準が分かりにくいのですが。

被験者　では、私の説明が不十分なんでしょう。私の今の活動を話せば理解してもらえるかもしれません。私は地球で日々作られる人間の負のエネルギーを拡散し、再編成することを習っています。それは下流の農地を肥沃にするために、ダムの水門を開いて必要なだけの水を流すようなものです。

ニュートン　まだよく分からないのですが、このまま続けてください。

被験者　（辛抱強く）私はレッスンのために巨大ドームへ行きます。アーレットという指導者が待っていますが、即座に私たちの間違いを見抜いてしまいます。ここではバイブレーションの調整の仕方を習っていて、最終的には破壊的エネルギーの巨大な塊を除去することが目標です。

ニュートン　ドームの中では何が行われているのですか。

被験者　そこには集団的思考が生み出す異常波形を模擬的に作り出す装置があり、私たちはその異常波形の除去の練習をするのです。

ニュートン　つまり……調和的な思考を促進させるということですか。

被験者　そうです。私たちは音声分析も含めて、ネガティブ思考に影響を与えるすべてのものについて学んでいます。何とかしようと努力する人々を助けてあげたいのです。これは直接介入ではありません。

ニュートン　分かりました。調整者の魂として成長すると、どんな力を得られるのですか。

被験者　大衆の負の思考を回復させるエネルギーの送り手になります。私たちは希望のメッセンジャーなのです。

調整者の魂から話を聞くうちに、この地球という混沌とした実験場を計画したマスターたちは、それが正常に機能する前に去ってしまったのではないかと考えるようになりました。私はこれまでの人生で、私たちの生存を案じる優越した存在がいるとは考えたことがありません。調整者の魂たちは口を揃えて、自分で何とかしたいと思う人たちにその手段を与えたいと言います。しかし彼らは人々の良心を左右できませんし、また人々の自由意志を阻むこともできません。

私たちは宇宙で生み出され、地球という困難な環境に暮らす知的生命体としてそれらの課題を克服するために送られてきたのです。確かに地球には多くの苦難がありますが、同時に素晴らしい美と希望にあふれています。この両極のバランスを日々のリアリティの中で認識することが大切なのです。中国にこんな格言があります。「私たちは不幸はしっかりと数えるのに、幸せは大した考えもなく受け入れている」。

❖設計者《デザインマスター》の魂——惑星の設計者と生命の設計者

この専門分野も多方面にわたっていますが、地球物理学的に見れば構造を研究する専門家と、その環境に生物を創造する専門家がいます。私が知っている範囲では、設計者の見習いは物質宇宙、しばしば恒星から形成され、冷える過程にある生物のいない惑星へと送り込まれる魂と、新たな生命が進化している世界に送られる生命の創造に関与する魂がいます。

最初に惑星の環境を作り出す魂の活動を見ていきましょう。彼らは地形を設計し造成し、山脈や湖沼、大気や気候などの惑星表面に働きかけます。この構造専門家は植物や樹木や動物などを専門にする魂と連携しています。構造に関わる魂は、地球で知ったものをスピリット世界で模倣することから始めるようです。

ケース58

ニュートン　最初の基本的なグループは何名でしたか。彼らとは今でも会うことはあるのですか。

被験者　二十一名でした。今はみな散らばっていて旧友以外は会いませんね。

ニュートン　ここに昔のメンバーはいますか。

被験者　三名いましたが……残っているのは二名です。

ニュートン　新しいグループには何名所属していますか。

被験者　現在は八名ですが、もう一人来ると聞いています。

ニュートン　基本的グループからどのように移行が行われたのか教えてください。

被験者　最初に気づいたのは、私たちの学習クラスに別のガイドがよく来るようになったことです。バータクという名前で私たちのガイドのアイロウに招かれたのだそうです。

ニュートン　バータクは当時、あなたのどの学習活動にも来ていたのですか。

被験者　いいえ、構造研究をしていたときだけです。

ニュートン　当時の構造研究ではどんなことをしていましたか。

被験者　エネルギーを組み合わせ、素材を実用的なデザインに形成するのが好きでした。

ニュートン　そうなんですか。バータクがグループを訪問したとき、彼もその活動に参加しましたか。

被験者　いいえ、彼は見ているだけでした。構造研究のときには私たちを注意深く観察していて、ときどき「その課題は何にヒントを得たのか」とか「こういう課題に興味はあるか」などと尋ねていました。

ニュートン　当時のあなた方に対するバータクの態度を、あなたはどう感じていましたか。
被験者　私たちが自分のしていることを本当に楽しんでいるかどうか見ていたようです。
ニュートン　あなたとバータクの間で何が起きたのですか。
被験者　三つ後の人生で、新しくグループができるから一緒にやらないかと、何人かが誘いを受けたんです。ヒアンスが行きたいと言ったので……私も一緒に行きました。
ニュートン　ヒアンスは、あなたにとって大切な存在ですか。
被験者　私のソウルメイトです。
ニュートン　彼女は新しいグループに加わったんですね。
被験者　はい、でもヒアンスは長くはいなくて……新しく作られる別のグループに行ってしまいました。
ニュートン　彼女はあなたのグループの何が気に入らなかったのでしょう。
被験者　私はエネルギーを変形させたり物質の構造を研究したりするのが大好きなんです。一方彼女は生物に適した環境条件のデザインに興味があります。私は幾重にも連なる山脈を造成しようとしますが、彼女はその山脈に植物や樹木を加えようとするのです。
ニュートン　あなたは生命創造の専門家と物質世界へ行って、そこで山脈を造成するのですか。
被験者　いえ、私たちは形成過程にある物質世界で地質学的な力を始動させます。そこに生命は不可欠ではないんです。ヒアンスは樹木の森を作るのではなく、樹木に成長するだろう細胞をデザインするのです。
ニュートン　では、あなたのグループとヒアンスのグループは一緒に行動しないのですね。
被験者　（深く息をついて）でも、彼女は近くでワークをしていますよ。
ニュートン　新しいグループはどんな感じですか。

被験者　新しいメンバーと一緒にいるのは奇妙な感じです。慣れるまでには少し時間がかかりそうです。

ニュートン　グループのメンバー間で競争心などありますか。

被験者　いいえ……まったく！　みな真剣で助け合ってもいます。それぞれ独自の才能や理想をもっていてお互いに切磋琢磨したいと思っています。が、それぞれ弱点があることも確かです。

ニュートン　あなたの弱点は何でしょう。

被験者　自分のパワーを実地に移すことに不安があります。私はデザインを完璧なところまで詰めるのが好きなんです。新しい友人はちょうど反対で、まだ全体像がつかめないうちに手を出してしまい、せっかくの計画が台なしになってしまいます。自分の能力を超えたプランを考えるからなんです。

ニュートン　このクラスで、構造的デザインの課題をどのように始めるのですか。

被験者　望むものを心に思い浮かべ慎重に組み合わせて青写真を作ります。ここでは適正な質のエネルギーを適正な組み合わせで大きなスケールで利用することを学んでいます。アイロウは部分ごとに完成させていくのが好きで、バータクは全体を緊密なシステムにしたがります。

ニュートン　エネルギーの各要素の相互関係が、あなたのワークの形態とバランスには重要なんですね。

被験者　そのとおりです！　光エネルギーがプロセスを始動させますが、そのデザインには調和がなくてはなりませんし、応用が利くものでなければなりません。（急に笑い出しました）

ニュートン　なぜ笑うのですか。

被験者　ヒアンスとの造成プロジェクトを思い出したんです。オフの時間に彼女は、私たちが過去世で結婚式を挙げた教会のミニチュア版を作ろう、と挑戦を仕掛けてきました。私はその人生では石工でした。

ニュートン　挑戦を受けましたか。

被験者　ええ、彼女が手伝ってくれるという条件で。

ニュートン　でも彼女は構造の専門家ではありませんよね。

被験者　そうなんですが、ヒアンスはステンドグラスの窓と好きだった彫像を作ることにしました。彼女は美しさを、私は機能を追求しました。ところが、とんでもないことになったんです！　私が作った丸天井とドームがひどいことになり、バータクを呼んで手直しをしてもらいました。

ニュートン　（よくする質問ですが）でも、それはみな幻影ですよね。

被験者　（笑って）冗談でしょう。この建物は私たちが望むだけそこに建っていますよ。

ニュートン　その後は？

被験者　消えてしまいます。

ニュートン　ところで、惑星の研究はどこまで進んでいますか。

被験者　エネルギー粒子を岩石の形にすることを惑星規模でやっています。

ニュートン　それはあなたが今もっとも注目していることですか。

被験者　いいえ、私は一人で小さな地形モデルを使って、物質の全要素を統合する方法を実験しなければなりません。たくさん失敗はありますが、トレーニングは楽しいですね。歩みはとてもゆっくりです。

魂が物質に働きかける力を誰が与えるのでしょうか。彼らの未発達の能力は直近の源泉である教師によって育まれます。こうしたマスター教師たちはそのパワーをもっと高いところから得ていると考えられています。

私は設計者の魂から聞いた宇宙に関する断片的な情報を一つにつなげようとして、何年間も宇宙創造について自問自答したものです。私が到達した結論によると、知性的なエネルギー波が原子未満の物質粒子を作り出し、その波の振動周波数が特定のやり方で物質の反応を引き起こすのです。天文学者たちは宇宙の密度そのものを左右する何らかの未知のエネルギー形態の存在を知って当惑しました。

知性的エネルギーの音楽的な共鳴は宇宙では一定の役割をもっていると聞いています。私のケースに登場する多くの人たちが、和声的調和は「エネルギーの音響的比率と配分といったリズム的要素」に関係すると言っていますし、ある構造研究の魂は、こうした構想が「浮遊する柔軟な幾何学的形状のパターン」を形成し、生きた宇宙の構成要素の一つになっていると言っています。

設計者の魂は宇宙創造に巨大な影響力をもちます。彼らは始めも終わりもない宇宙を行き来して、無数の環境条件の中で自分の目的を達成するそうです。このマスターたちなら銀河系内物質の旋回するガス雲を作り出すこともできるのでしょう。それはやがて恒星や惑星となり、いつしか宇宙の生物を生み出すプロセスをすでに歩み始めているのです。

すべての生物無生物の形成の背後には知性的思考があるに違いない、と確信しています。この見方は光エネルギーを利用して生命体の分子や細胞構造を編成操作している魂たちから得たものです。こうした生命体はすでに彼らが構想した完成形の物質的属性を備えています。前のケースではヒアンスが完成品が適正なものか調べるために、完全に成長した樹木を作った後、それを逆行させて苗木に戻し、最後には樹木の細胞にしたと聞いています。これは有効に機能する物質を作る一つの方法です。この種のエネルギー訓練の実例は、ネズミの創造と変容にかかわったケース35でも確認できます。

ケース59

これはカーラと呼ばれる設計者の魂の特徴的な例です。被験者はある惑星活動について語りました。それは進化の適応だけでは修正できない生態系の問題を調整するために行われたのです。このケースに出会うまで、魂が既存の環境を修正するために惑星に戻ることがあるとは考えてもいませんでした。なぜならもともとのデザインに欠陥があったことになるからです。管理実験下で、既存生物の分子化学的性質を改変するというカーラの試みはとても興味深いものでした。

被験者がほかの惑星での転生体験を語るとき、いつもその銀河の位置や惑星の大きさ、軌道、恒星からの距離などについて尋ねます。私はアマチュア天文学者なのでつい詳細を知りたくなるのです。とはいえ私の質問を煩わしく思う被験者もよくいます。私たちの物質宇宙には一千億もの銀河があり、それらは何光年もの距離で隔てられ何百億の数え切れないほどの恒星を従え、暗黒の宇宙空間を移動しています。それらの恒星には生命を維持できる惑星を伴うものがあるかもしれません。

カーラの説明によると彼女の創造デザインの訓練クラスは「地球周辺にはない」惑星を訪れました。この世界はジャスピアと呼ばれ、「近くの黄色い星と遠くの暗い赤みがかった巨大な星」の周囲を巡る連星系の惑星です。ジャスピアは地球よりもいくらか大きく海は小さいようです。この世界は亜熱帯性気候で月が四つあります。

カーラがやっと語り始めたのは、地球の動物とどことなく似ている奇妙な生き物についてのワークでした。ほとんどの被験者は別惑星での経験を容易には話してくれません。自分に委ねられた知識を明かすべきではないと感じると、貝のように口を閉ざしてしまいます。それが異世界のことであればなおさらです。カーラには私が単なる好奇心で尋ねているのではないこと、彼女の能力を知ることが双方にとって大切であることを知ってもらいました。このような場面では「これまでもっとも魅力的だった異世界の生物は何ですか」という質問が、旅をする魂にとって抗しがたい質問となります。

ニュートン　カーラ、ジャスピアでのワークについてもう少し詳しく知りたいのです。この計画はどのように始まったのですか。

被験者　私たちは設計者の魂たちと植物の異常繁殖が動物を脅かしている世界への対処を任されました。

ニュートン　では、ジャスピアの問題とは、基本的に生態系に関係するのですか。

被験者　ええ、繁殖力の強いツル植物が小動物の食糧となる植物を枯らしてしまい、ジャスピアには草を食めるような場所がほとんど残っていないのです。

ニュートン　彼らはそのツルを食べないのでしょうか。

被験者　食べません。そのために、私たちはジャスピアへ行ったのです。

ニュートン　（すぐに切り返して）では、そのツルを惑星から駆除するのですか。

被験者　違います。ツルはその土地の自生種です。

ニュートン　とすると、何をしに行ったのですか。

被験者　このツルを食べる動物を作るためです。

ニュートン　動物を作るんですか。なるほど。で、何という動物ですか。

被験者　（笑って）リヌキュラです。

ニュートン　ジャスピアの固有種ではない動物をどうやって作るのでしょうか。

被験者　既存の四足動物を突然変異させて、その成長を加速させるのです。

ニュートン　あなたは動物のDNAの遺伝子情報を変えて、別の動物を作り出せるわけですね。

被験者　一人ではできません。クラス全員のエネルギーを束ねて、さらに同行した上級者たちの熟練した操作が必要になります。

ニュートン　自然淘汰を避けるために、エネルギーで分子レベルの化学的性質を変化させるのですか。

被験者　そうです。既存の小動物の種を突然変異させて、生き延びられるように体を大きくします。自然淘汰を待っている時間はないので、この四足動物の成長を加速させるのです。

ニュートン　変異を加速させるのか動物そのものの成長を加速させるのか、どちらですか。

被験者　両方です。リヌキュラには大きさが必要です。この進化を一世代でやり遂げたいんです。

ニュートン　それには地球時間でどのくらいかかるのでしょうか。

被験者　(間があって)そうですね……五十年ぐらい……私たちには一日程度ですが。

ニュートン　リヌキュラになる小動物に何をするのですか。

被験者　すべてそのままで、ただ全体を大きくします。

ニュートン　最終的にリヌキュラはどんな見かけになりますか。

被験者　(笑って)長く曲がった鼻が口まで垂れて……唇が厚く……あごががっしりしていて……巨大な前頭部があり……ひづめのある四足で歩きます。馬ぐらいの大きさです。

ニュートン　動物の体毛は元のまま？

被験者　ええ、リヌキュラの全身には長い赤褐色の体毛が生えています。

328

ニュートン　脳の状態は馬と比べてどうですか。
被験者　リヌキュラは馬よりも賢いです。
ニュートン　まるでスース博士の絵本に出てくる生き物みたいですね。
被験者　（ほほ笑んで）そうなんです。この動物のことを考えると楽しくなります。
ニュートン　リヌキュラは、ジャスピアを変えることができましたか。
被験者　ええ、体が大きいですし、あごの強靭さもあってツルをすっかり食べてくれました。リヌキュラは従順で、しかもここには天敵もいません。これは上級者が計画したことです。
ニュートン　彼らはこの惑星で繁殖するのですか。すぐに数が増えますか。
被験者　いいえ、繁殖はゆっくりです。ですから相当数の個体を作らなければなりませんでした。
ニュートン　この実験は最後にはどうなったのでしょう。
被験者　ツルは制圧され、今では草食動物が住むバランスのとれた世界になりました。
ニュートン　今後ここに高度な知性的生物を作る計画はありますか。それが本来の目的だったのでは？
被験者　（あいまいに）たぶん上級者なら……私には知る由もありませんが……。

❖探検者の魂――未知の生物との出会い

生の合間に異質な環境へ旅する者たちを、私は探検者の魂と呼んでいます。彼らは自分の進歩のために探検を求めるのでしょうか。それとも単なる好奇心なのでしょうか。

生の合間に一時的なワークをする者もいますし、見習い中の魂はこの宇宙だけでなくほかの次元にさえ旅をします。魂のスピリット世界からほかの場所への移動は点から点のもので、途中でどこかに立ち寄ることはないようです。その旅を長いとも短いとも思ったことはないと被験者たちは言います。次の二つの引用を見てみましょう。

スピリット世界から物質世界への扉が開くとチューブのようなものが見え、それが曲がりくねって向こう側へつながっています。そして通路の先の扉が開いて、気がつくと自分はそこにいます。

別次元の心的世界へ行くには、テレビ画面を突き抜ける静電気のように純粋思考で構成された磁力場へと入ります。その真空スペースは大きな脈動するエネルギー場です。そのパワーは物質宇宙よりも強いので、そこを通過するために自分の共鳴波長を同調させなければなりません。この移動はほとんど瞬時に行われます。

異世界を探検する魂は教師に引率されますが、この次元間の旅人たちは必ずしも進歩した魂ばかりではありません。彼らは挑戦や新しい自己表現を求める冒険心に富んだ魂です。ある世界では知的存在が高密度の銀や鉛に似た物質に宿っていると聞きました。また水晶の塔が立ち並ぶような領域があったり、火や水、ガスから成る世界には多様な知的生命が繁栄しているそうです。

探検者の魂にとって、訪れる世界のさまざまな条件の違いはあまり重要ではありません。例えば喧騒と静寂、密度の濃淡、物質と心の次元といった諸条件に左右されないのです。宇宙的意識の多様な領域を行き来する旅行者の魂は、これらの境界を通るためにエネルギー調整を学ばなければなりません。

探検者のガイドは魂たちを、彼らの意識の高揚のために短期間なら高次元へと連れて行けますが、これらの記憶が被験者の心に長くとどまることはありません。前章では余暇の過ごし方についてお話ししましたが、次のケースでは探検と保養を兼ねた異世界への旅が詳しく説明されています。

ケース60

ニュートン　グループで過去を振り返っていないときには、何をしていますか。

被験者　そうですね……旅をしますね。かなり個人的なので言っていいかどうか迷いますが。

ニュートン　差し支えなければ楽しい思い出が残っている旅とか魅惑的な場所とかぜひ教えてください。

被験者　（すぐに満面の笑みを浮かべて）ああ、それならブロールです。

ニュートン　（声を落として）あなたが転生した世界ですか。

被験者　いいえ、私は魂として行きました。ブロールへは元気を取り戻すために行くだけです……あそこへの旅は楽しいですよ。地球に似ていますが、人間がいないんです。

ニュートン　なるほど。休暇でそこに行くのですね。地球と比べると環境的にどうですか。

被験者　地球よりも小さく太陽が遠いので少し寒いです。樹木や花々がありますが、海はありません。

ニュートン　誰があなたをブロールに連れて行くのですか。

被験者　それは……ジュームという名のナビゲーターです。

ニュートン　彼は探検者の魂ですか。それともあなたのガイドですか。

被験者　探検者とも言えますが、私たちはナビゲーターと呼んでいます。ガイドも一緒に来れますよ。

ニュートン　分かりました。いつも一人ですか。それともグループのほかのメンバーと一緒ですか。

被験者　一人のときもありますが、ナビゲーターがほかのグループから数人のメンバーを連れてきます。

ニュートン　ジュームをどう思いますか。

被験者　彼は活動を休止中の魂のためにツアーガイドのようなことをしています。

ニュートン　興味深いですね。ではブロールについて話してください。動物はいますか。

被験者　そうですね……魚、カエル、蛇などの両生類はいません。

ニュートン　そうなんですか。なぜいないんでしょうね。

被験者　（間があって、戸惑いながら）分かりません。言えることは、みなここの特別な動物に触れたくてやって来るということです……それは……。（止まりました）

ニュートン　（気をつかいながら）それはどんな動物ですか。

被験者　（笑って）みんな大好きです……アーダーが。熊と猫を足して二で割ったような毛むくじゃらで抱きしめたくなるような優しい動物です。でも私たちが知っている動物とは違います。

ニュートン　どういう意味でしょうか。

被験者　アーダーはとても知性的で愛情深いんです。

ニュートン　そうなんですか。その知性は人間と比べるとどうですか。

被験者　説明するのは難しいです。人間より上でも下でもありません……とにかく異質なんです。

ニュートン　一番大きな違いは？

被験者　彼らは仲間内で喧嘩も競争もしません。だから心が休まります。私たちが力を合わせれば、地球も将来こんなふうになるかもしれないという希望が見えてきます。

ニュートン　あなたたちはブロールで何をしますか。

被験者　このおとなしい生き物と遊びます。彼らは休息のためにやって来た魂たちに親近感を抱いているようです。私たちは自分のエネルギーを変化させアーダーたちと交流します。

ニュートン　具体的にはどうするんですか。

被験者　彼らを抱くときには透明な人間の姿になります。心に溶け込んでいくと繊細で神秘的な力に癒されます。そして人間としての可能性を思い出させてくれるので、またやる気が湧いてくるのです。

こうした魂の探検旅行では未知の生物と出会うことと同じぐらい、保養という目的が重要な要素になります。被験者は地球とよく似ているが人間がいない惑星に親近感を抱き、こういう場所を自分にとって特別な場所として大切にします。心的世界へ行った記憶がある被験者はそれほど多くないようです。次の引用は純粋な遊びの感覚で生物と交流したもう一つの例です。

私たちは旅行者の魂に引率されてクィグリーがいる場所へ行きます。彼らはマスクラット（ネズミ科の哺乳類）ぐらいの大きさで丸々と太ってふわふわで、盛り上がった前頭部、丸くて大きな耳、真っ直ぐな頬ヒゲが生えています。たぶん賢い犬くらいの知能があるでしょう。忠実で陽気な動物で、私たちになついています。

彼らの惑星は古代から続く神秘的な場所で、なだらかな丘と谷が広がり、花々が咲き乱れています。ここはとても明るく美しい湖があります。私たちはこの本当に安らかな世界でくつろいで遊ぶのです。

もしあなたがあるとき、雲を突くような大男や小さな妖精や水と火の身体をもった生き物になる夢を見たとしたら、それらは別の世界へ転生したときの記憶のかけらかもしれません。あるいは生の合間に保養で訪れた異世界の存在を示唆しているのかもしれません。奇妙な生物が登場する神話の多くも、こうした記憶から派生したものと考えられます。

多くの人が空を飛ぶ夢を見ることも付け加えておきましょう。これはたぶん過去世で空を飛ぶ生き物だったというよりも、肉体のない魂の状態で浮遊していたときの記憶と関係するのではないでしょうか。

地球の魂とほかの生命形態との共生関係を理解するために、次に引用するハイブリッドの魂のケースを見てみましょう。ハイブリッドの魂は生の合間に探検者の魂に連れられて、自分の最初の転生場所によく似た世界を訪問するようです。

地球での生の合間にアントゥリアムと呼ばれる水の世界を訪れます。困難な陸上の生の後ではとても安らぎます。

アントゥリアムにはアイスランドほどの大きさの島が一つあります。水に親しみのある友人たちと訪れると、探検者のガイドがクジラに似たクラトンたちの元へと案内してくれます。彼らはテレパシーで交信する長命な種族で、私たちをまったく気にしないので好きなだけ触れ合っていられます。ときどき彼らは特定の場所に集まり、ほかの二つの惑星（アントゥリアムと同じ銀河の近隣の星々）に棲息する知的海洋生物とテレパシー交信をします。

この世界で何が好きかといえば、心を活気づかせてくれるクラトンたちと一体化し調和することで、私の本来の惑星を思い出せることです。

クラトンは自分たちの思考を統一し、航路標識《ビーコン》のように、アントゥリアムからほかの世界へと投射する能力をもっているようです。彼らは自分たちの惑星を取り巻く磁力エネルギーのベルトの合流地点を知っています。こうした渦巻状のヴォルテックス地帯は、第四章で述べた地球のレイラインのようにクラトンのテレパシーパワーを増幅し、良好な恒星間コミュニケーションの導管の役割を果たすようです。

私はこのケースやほかの何百ものケースから、地球や宇宙のあらゆるものは、思考波によってスピリット世界とつながりをもっていると確信するようになりました。同じことは私たちの近くにあるほかの次元についても言えます。知性は物質のすべての要素を伴って複合的に進歩しますが、それは宇宙意識の計画に基づく秩序と進化の調和を象徴しています。

❖探検者の魂――心的世界から地球へ来た日本人科学者

前章で一部のゲームが探検者をめざす魂のトレーニングに使われると説明しましたが、彼らはもっと熟練すると次元間の旅行をするようになります。探検者になるには多くのリアリティ体験が必要だと聞いています。物質世界への旅から始まり、心的世界や次元間の旅行へと進んでいきます。

読者の皆さんに次元間の生に親しんでもらうために、ある日本人被験者カンノの奇妙なケースをご紹介しましょう。彼は深い催眠下で、自分の魂は別の次元から来たと語りました。

ケース61

カンノは日本の科学者で、数年前から高度な教育を受けるためにアメリカに来ています。現在は研究所でちょっと世間離れした生活を送っています。

彼には免疫システムの問題がありますが、それはハイブリッドの被験者にはよく見られる症状です。彼らは人間身体の経験が少なく、かつての世界から多くの地球外の痕跡を持ち越しているため、好ましくない影響を受けやすいのです。前にも述べましたが、ハイブリッドの魂の古いエネルギーパターンの記憶を完璧に浄化するには、何世代もの地球での転生が必要になります。

セッションはいつものように始まり、カンノが母親の胎内にいる時点まで退行しました。このタイミングが被験者の魂と交流を始めるのにちょうどよいのです。胎内にいるとき、カンノは誕生への不安や動揺を訴えましたが、それは三百年前のインドの人生がトラウマになっていたからです。

カンノがガイドのフィーナスに出会ったところから、この対話を始めることにしましょう。

ニュートン フィーナスは何と言いましたか。

被験者 「お帰りなさい、うまく乗り切りましたか」と言いました。

ニュートン あなたはどう答えたのでしょう。

被験者 あそこまでする必要があったんですか、とちょっと不満を述べました。

ニュートン 彼女は同意しましたか。

被験者 最初の地球の人生に困難な境遇を求めたのは私だと、指摘されました。この混乱に満ちた惑星の影響を最大限に受け止めたかったんです。私はインドで極貧の家庭に生まれて、惨めな人生を送りました。

ニュートン 最初の人生なのにそれほどの苦しみを求めたのですか。

被験者 あまりに悲惨すぎて、私は十分な対応ができませんでした。子どものいない夫婦が、大家に金を払って私の子どもを連れていってしまうなんて……。それに対して何もできないなんて。自分のふがいなさに言葉もありません。（カンノは寝椅子の中でもがいて、前回の死を思い出しました）**ここは何てひどい惑星なんだ。自分の娘を売り飛ばすなんて！**

ニュートン　（私はカンノがハイブリッドの魂だと気づかず、間違った質問をしてしまいました）地球に初めて転生した新しい魂にとって、厳しすぎる人生だったのでしょうね。

被験者　どうして私が新しい魂なんですか。

ニュートン　いや、失礼しました。現在の人生が地球で二度目だと思ったものですから。

被験者　それはそのとおりですが、私は別の次元から来たんですよ。

ニュートン　（びっくりして）そうなんですか。ではその異次元について話していただけますか。

被験者　私は地球のような物質世界ではなく、心的世界に転生していたんです。

ニュートン　あなたはその世界でどのように見えるのですか。

被験者　私は骨格のない海綿状のうねうねした身体をもっていました。銀色がかった透明の身体です。

ニュートン　性別は？

被験者　私たちはみんな雌雄同体です。

ニュートン　カンノ、スピリット世界から最初に転生した次元へ行くときと地球へ来るときとでは、どのような違いがあるか教えてください。

被験者　私たちの次元では、移動は柔らかな光の糸の中を通っていく感じですが、この宇宙へ来るときは濃密な湿気の多い霧の中をかき分けて進むような感じでした。

ニュートン　初めて地球で生まれたとき、故郷の世界と比較してどうでしたか。

被験者　足にコンクリートが縛り付けられているようでした。心的世界と比較してここのエネルギーははるかに重く荒々しく……過酷で……あのインドの人生には本当に打ちのめされました。

ニュートン　今は少しはよくなりましたか。ここに慣れてきましたか。

被験者　（自信なさそうに）多少は……。今でもかなりつらいですが……。

ニュートン　そのようですね。あなたにとって人間の脳でもっとも困ることは何ですか。

被験者　（ぶっきらぼうに）何というか、衝動的な行動です。思考を伴わない肉体反応や、品格の劣る連中との関わりも心配です……裏切りとか……耐えられません。

ニュートン　（カンノがひどく汗をかき始めたので、少し落ち着かせて）あなたの元いた世界について話してください。そこに名前はありますか。

被験者　（間があって）私の声では再現できない音なんです。（記憶の糸をたぐるように）私たちは静かな心の海の中を漂っています。……ゆるやかに……気持ちよく……地球とはまったく違います。

ニュートン　ではなぜ地球へ来たのでしょうか。

被験者　（深いため息をついて）私は探検者の教師になるために学んでいます。仲間たちはそこの次元で満足していますが、私は幅広い経験がしたいとフィーナスに言ったところ、彼女が「過酷な物質世界があり、そこでのレッスンを克服できれば洞察力に優れた魂になれるようだ」と地球を紹介してくれたのです。

ニュートン　別の選択肢はなかったのですか。

被験者　（肩をすくめて）あのような状況ではガイドはあまり多くの選択肢を与えないんです。彼女は、私が地球のワークを終えるころにはほかの友人たちよりも数段たくましくなっているでしょうと言いました。さらに地球はとても興味深い場所だと言ったので、決心したのです。

ニュートン　あなたの仲間で、こちらの次元に来た人はいますか。

被験者　いいえ、申し出たのは私だけで、もうここには戻って来ないと言ったんです。同僚たちは私をとても勇敢だと思っています。これをやり遂げたら私は有能な探検者になると、彼らは確信しています。

ニュートン　ひょっとしてあなたは、この物質的宇宙の周囲には無限の次元があるのか知っていますか。

被験者　（素っ気なく）知りません。

ニュートン　（慎重に）ではあなたの故郷の次元は、私たちの次元の隣にありますか。

被験者　いいえ、ここに来るまでにほかの三つの次元を通らねばなりませんでした。

ニュートン　それらの次元を通り抜けるときに、何か見ましたか。

被験者　最初の次元は爆発的な光や音やエネルギーに満ちた領域で……形成中のようです。次は暗く何もないので、私たちは未使用の領域と呼んでいます。そして温和な環境、明敏な思考に満ちた物質的で心的な素晴らしい次元があります。この次元は私の次元やあなたの宇宙よりも格段に優れています。

ニュートン　これら四つの次元を移動するには長くかかりますか。

被験者　いいえ、空気の粒子がフィルターを通過するのと同じようなものです。

ニュートン　スピリット世界と比較して、これらの次元はどんな構造をしているのでしょうか。

被験者　（長い間があって）あまり話せません。あらゆるものが……スピリット世界を中心に輪のように取り巻いていて、それぞれの宇宙は次のものと鎖のようにつながっているようです。

ニュートン　（さらなる情報が得られなかったので）この宇宙にはもう慣れましたか、カンノ？

被験者　少しは……。エネルギーを枯渇させずに安定して解き放つ方法を学んでいます。短期間で飛躍的な進歩を遂げたいと思っていますが、この地球で最後までやってみようという気持ちにもなってきました。

探検者の魂の項目を終える前に、この種のトレーニングには知性的エネルギーの基本構造の学習も含まれているということを付け加えておきましょう。

残念ながらこのエネルギーが、実際に心的世界でどのように機能しているのかはいまだに知ることができません。物質的でありながら心的でもある世界を経験した魂から、わずかですが情報が得られています。以下の引用を見てください。

私たちは「同化」を通じて学ぶために、火山性ガスの世界クリオンを訪ねました。そこは物質的な外観をもった心的世界でした。私たち探検者の一行は流動的エネルギーの小球となってガス状物質の海に浮かびました。私たちは何にでも身体を変形できるので、この生命が純粋思考の形をとる姿に変身したのです。地球とは違って、ここではバイブレーションがすべてのものを統一していました。

次元間を旅する魂は、バイブレーションの帯域が波長によって開いたり閉じたりする歪曲した領域を出入りします。探検者の見習いはまずその出入りの技術を学ばなくてはなりません。宇宙に隣接した領域の境界面について知ることも重要です。彼らは多重空間の点、線、面について語りますが、それは大きな立体構造を、少なくとも物質宇宙を示唆しています。幾何学的空間にはそれを支える四次元空間が必要でしょう。探検者の魂は超高速で四次元空間を移動するので、その移動速度、時間、方向を割り出すことは難しいようです。

探検者となる訓練はそう簡単なものではないのです。五種類の次元を旅した魂の次の引用にその困難さがよく表れています。

これらの次元は互いと交錯しているので、音と色の違いを除けば境界は判別しにくいです。音に関しては、自分のエネルギーを各次元の波長に同調させることが前提ですので、とても複雑でまだ完全には把握できません。紫、青、黄、赤、白といった色は、私が旅する次元のエネルギー粒子の光と密度を表しています。

第九章　運命のリング

❖未来の映写室——次の人生を検討する

「運命のリング」と呼ばれる人生選択の場には光を放つスクリーンがあり、私たちはそこで次の人生の肉体を初めて見ることになります。被験者たちはこのリング（円舞台）を床から天井までのパノラマスクリーンがぐるっと取り囲んだ映画館のようだと言います。

リングは魂が次の人生で遭遇するはずの出来事や人々の光景を、それぞれのスクリーンで映し出したり、候補となる肉体の幼少期から老年期までの場面を映し出したり、あるいはすべてのスクリーンが一度に一つの場面を映し出すこともあります。映し出された画面の傍観者になるか参加者になるかは魂の自由です。でも多くは最終的に肉体を決定する前に、その人生を実際に体験したいのでスクリーンに入ることを選びます。

このリングにも操作盤やレバーがあり、これらの操作は時系列のスキャニング（走査）と呼ばれます。進歩した魂なら目の前で展開する出来事を心でコントロールすることもできるそうです。映像を一時停止して、もっとじっくり検討するのです。

被験者たちは見ている画面が彼らのために編集されている、つまり見たいものをすべて見られるわけではないことを知っているようです。それだけでなく、彼らは後半生よりも初期の人生を多く見せられたと感じます。これは報告に伴うバイアス、先入観なのかもしれません。というのも私が被験者に会った時点までの人生は終わっているからです。

新たな人生でもっとも注目すべきは八歳から二十歳までで、この時期に人生の最初の大きな岐路に遭遇します。「特定の数年間は詳しく見ることができるのに、ほかの部分は完全に無視されている」と多くの人たちが言います。その意味では操作盤は何の役にも立たないのですが、被験者はそれほど気にしていないようです。ここには記憶喪失のブロックが働いているのでしょう。ある男性は「現在の肉体の四歳、十六歳、二十四歳のときの場面までは覚えていますが、それ以降に見たものはよく覚えていないのです」と言っています。

スクリーンを見ていると、まるで水のフィルムでできているかのように満ち潮のような動きを繰り返します。次の報告はこの様子をきわめて的確に表現しています。

スクリーンが動き始めると、あたかも水面下にある水族館に入っていくような感じです。深呼吸をして水に潜っているように、目の前を人々や場所や出来事が一瞬のうちに流れ去っていきます。そして水面まで戻ります。検討中の人生の一場面を見せられている時間が、水中に潜っている時間に相当するのです。

今の人生の肉体を選んだときの経験、その感想が、私の催眠セッションでもっとも情報に富み治癒にも役立ちます。私の臨床ワークは、現在の人生に深く関わるリングの場面に戻ったときに一気に展開が加速します。このプロセスをより分かりやすく読者に提示して、それぞれの人生の選択がいかに重要なものであるかを、多くの人に知ってもらいたいと思っています。

この章では専門分野に加えたい最後の一つタイムマスターを紹介します。彼らは人々や出来事の過去、現在、未来の時系列を調整する専門家で、このリングという円形劇場の監督のような存在です。この魂は、私たちの未来設計に関与しているガイドや記録管理者、評議会の長老たちと同じ共同体に属しています。リングでタイムマスターを見かけることはありません。映写技師以外は自分一人しかいないと感じる者もいますし、人生選択の決断を助言してくれるガイドや長老と一緒にいる者もいます。

自分自身の決意はどうかというと、多くの魂は次の転生についてすでに考えをまとめています。それでもここに入ると、魂は脅威や不安を感じ、本当はまだ心の準備ができていないことに気づきます。タイムマスターは姿を現しませんが、もし被験者に彼らが見えたとしても言葉を交わすことはありません。ケース62を見てみましょう。

ケース62

ニュートン　人生選択の部屋へ入ったら、そこで何が起きているのか説明してください。

被験者　ガイドのフィームを手伝う二名の者が前に出てきました。

ニュートン　新しい人生に入る前には、必ずここで彼らに会うのですか。

被験者　いいえ、肉体の選択が難しいときや次の人生がきわめて困難なときだけですね。

ニュートン　肉体の選択肢が多すぎるのか複雑な事情の肉体を選ばねばならないのか、どちらでしょう。

被験者　そうですね……私はたいてい数名の肉体から選ぶんですよ。そのほうが簡単ですから。

ニュートン　フィームと話している専門家たちの名前は知っていますか。
被験者　（椅子の中でびくっとして）知るわけないでしょう！　ここは……時間のマスターたちと気楽に話せるような雰囲気じゃありません……だからフィームがついて来るんですよ。
ニュートン　なるほど。ではあなたに人生を見せてくれるタイムマスターたちについて教えてください。
被験者　（リラックスして）いいですよ。一人は見た目が男性的で厳格な感じです。彼は私にもっとも有意義な肉体を選ばせたがっています。この肉体なら次の人生で十分に必要な経験ができそうです。
ニュートン　意外ですね。リングの監督は控えめであまりしゃべらないと聞いていますが……。
被験者　そうなんですが、立案者たちがベストと考える選択があって、そうした肉体は特に念入りに提示されるんです。彼らはこの初対面の候補者たちから最適のものを選んでほしいんです。
ニュートン　そのようですね。もう一人についても話してもらえますか。
被験者　（ほほ笑んで）彼女は女性的でもっと温和です。私に楽しい人生を過ごせる肉体を選ばせたいようです。「レッスンを学ぶ時間は十分にあるから」と言って別の肉体を見せています。
ニュートン　警察の尋問で厳しい刑事と優しい刑事がいるような感じですか。
被験者　（笑って）そうです。両陣営にお勧めの候補がいて、フィームは中立的立場なわけです。
ニュートン　では、フィームはある意味で調停役ということでしょうか。
被験者　それは……違います。私がどちらを選ぶか迷っていても、フィームは関知しません。肉体を選ぶのは結局、一緒に生きていく私自身なんです。
ニュートン　自分の選択に責任をもたなければならないことは確かですね。前世ではどんな肉体を選んだのか、少し話してもらえませんか。

被験者　私は結婚して二年後には死んでしまう女性の肉体を選びました。夫は前世のカルマを埋め合わせるために、深く愛した人が死んでしまう悲しみを経験する必要があったのです。

ニュートン　若いうちに死んでしまう可能性が高い肉体をどうして選ぶのでしょうか。

被験者　ええ、そこです。

ニュートン　では、その辺の事情を話してもらえますか。

被験者　映写室で三つの死に方を見せられました。いずれもテキサス州アマリロ郊外の牧場での短い人生です。第一は二人の酔っ払いの喧嘩で流れ弾に当たって即死する。次は暴れ馬から落ちてゆっくりと死ぬ。最後は川で溺れて死ぬ。この三つです。

ニュートン　生き延びる可能性はなかったのですか。

被験者　(間があって) あることはありましたが、それではあの肉体を選んだ意味がないでしょう。

ニュートン　というと?

被験者　ソウルメイトと私はこの牧場で夫婦になりましたが、それは彼にレッスンが必要だったからです。私はほかの肉体を断って彼を手伝うことにしたのです。

ニュートン　三つの候補を前にして、あなたはどの肉体を選んだのですか。

被験者　私は銃弾で死ぬ肉体を選びました。当然です。重要なのは若くして死ぬということですから。

読者はカルマの法則と未来の可能性や確率とのつながりを疑問に思われるでしょう。カルマは私たちの行為に関わるだけでなく思考や感情、衝動を反映した内面的なものでもあり、すべてが原因と結果につながります。カルマは他人に正しい行動をとるだけでなく、正しい意志をもつことも求めます。

アマリロの女性は早死にする運命でしたが、それは細部まで確定していたのではありません。その肉体を選ぶ魂によって違ってくるのです。短命が予想される肉体を選んだとしても、自由意志は考慮されるべきです。この女性が撃ち合いの流れ弾で死んでしまうことは、百パーセント確定していたことではなかったようです。

その日彼女がアマリロに買出しに行っていなかったらどうなっていたでしょう、と尋ねると、彼女はこう言いました。「ええ、でもちょうどそのとき町に行くようにと何かが私を急き立てたんです。なぜだか分からないけれど思いとどまろうとする気持ちもありました」。

もし別の魂だったら、なぜか分からないままにぎりぎりのところで、そこに行っていなかったのかもしれません。

❖肉体がもつ未来の可能性——未来はあなたの自由意志で変化する

物質宇宙の外では時間はまったく意味をなしませんが、私たちは日々自分や周囲のものが年をとっていくのを目にしています。この地球さえもです。時間の運動とこの次元のリアリティの時系列を含んだ生命のサイクルは、進歩した存在からの影響を受け、その彼らが転生する魂にリングでの活動を許しているようです。

図書室や学習センターでは、過去世であり得た別の可能性を見ることができます。自由意志の定義に基づけば、過去の出来事は必然ではなく、そのときに私たちがとり得た行動の一つにすぎません。私たちは操り人形ではありませんから、運命の命ずるままに一定の状況が起きるわけではないのです。

この宇宙では過去の出来事やそれに関わった人たちは、スピリット世界で永久のものとなり保存されます。過去、現在、未来の歴史的な時間も、スピリット世界では「今」に相当するようですが、では人生選択のリングでは未来の時間はどのように扱われるのでしょうか。

ケース30の後に同じ出来事が並行宇宙に存在する可能性について検討しました。この仮説が物質宇宙で意味することは、地球のような惑星が同じ時間枠内に同時に複数――光エネルギーの運動する粒子の波として――存在するかもしれないということです。

宇宙は同じ次元内に並行して重なり合うように共存するリアリティなのか、あるいは何かまったく想像もできないものなのでしょうか。空間的配置がどうであれ、スピリット世界の真のリアリティから見ると、時間や出来事は地球の審査官《イグザミナー》によって停止や前進後退などの操作をされ得るものなのです。リングの人生選択で示される、私がベースラインと呼ぶ主要な時系列の線は、肉体の未来の可能性を表しています。過去の出来事の波は、スピリット世界の図書室のように永久に存在しています。

では現在と未来が両方とも今の時間に存在するのなら、過去は変えられないにもかかわらず未来はどうして変えられるのでしょうか。量子力学では、光の粒子はある地点で消滅し、同時に別の地点に出現すると考えられています。時間内の出来事が可能性と確率の同心円状の波として存在するのなら、過去の出来事が一定の永遠性をもっているとしても、未来の出来事はいまだに変化に対して流動的で可能性を秘めているのではないでしょうか。きっとそうに違いないと私は思っています。

しかし何年も人生の選択について話を聞いていると、未来の選択肢が無限だとは思えなくなりました。人生の選択が無限である必要はないのです。私たちがレッスンを学ぶためにいくつかの可能性が必要であるにすぎないのです。例えば、ケース29で、図書室で過去世を振り返っていたエイミーが言ったのですが、彼女の自殺の選択肢がしばらくすると絵図から消えていったそうです。

立案者は人生の別の可能性に関わっています。タイムマスターは壮大な計画の今後起き得る可能性を知っています。私たちはリングで未来の可能性を調べるだけではなく、その出来事に立ち会う肉体としてどの候補が役に立つのかを調べるのです。それらの肉体はおおよそ同じ時間枠内に生まれています。検討中の肉体が関わる一連の場面を見ることは、ちょうど映画の予告編を見る感じです。最終目標に向けてどう駒を動かせばよいか分からないチェス盤のようだと言う被験者もいます。

一般的に魂は未来の人生の一部を、基本的なベースラインあるいはリングラインと呼ぶもので見ることになります。リングラインは検討中の肉体のもっともあり得る人生コースを示しますが、ほとんどの場合すべてを詳しく見せるわけではありません。転生の準備をする魂は見ているチェス盤の一つの駒の動きや一分間の変化で、結果が違ってくることを知っています。

正直なところ、これが多くの魂にとってゲームを面白くしているのです。人生の変化によって、私たちの自由意志に条件がつけられます。この因果関係もカルマの法則の一部です。カルマは機会をもたらしますが、忍耐もまた要求されます。なぜならゲームは個人に勝利だけでなく後退や敗北をももたらすからです。

被験者たちのリングについての報告は、きわめて一貫しています。彼らが見るものの共通性には唖然とするばかりです。とはいえリングにいるとき、検討中の肉体の寿命を超えた未来まで見ることはできません。明らかにそうさせないために魂の視野が曇ることもあります。

このスピリット世界の慣行に従って私も映写室以外では、催眠をあまり先まで進めないようにしています。ときどきリング以外の話題を話し合っているときに、被験者が未来の光景、例えば宇宙船に搭乗しているところをちらっと垣間見ることがありますが、それ以上は踏み込まないことにしています。

そうでなくてもこうした未来の一瞥はつかみにくいものなのです。なぜなら人々は一つの可能性しか見ませんが、実際にその時期が来ると、そこに至る歴史の時系列のありとあらゆる新しい状況や判断によって変わってくるかもしれないからです。

映写室は次の候補の選択を迷っている魂には有効です。多くの人は未来のいくつかの場面を見ることで自信がつくからです。でも一部の敏感な魂の中には困難を体験して、その人生を受け入れたくなくなると困るのでスクリーンに入ることを断る者もいるようです。

次の肉体を試すうえで印象的な例として、ホモセクシャルの肉体の選択があります。ゲイやレズビアンになる傾向は基本的に生物学的なもので、社会教育や境遇の影響ではありません。魂がそうした肉体を選ぶのには二つの理由があります。すでに述べたようにレベルⅠやⅡの魂の多くはおよそ七十五パーセントの確率で、どちらか一方の性を選びます。彼らは男性か女性でいることを好むのです。

ゲイやレズビアンの被験者は、より進歩した魂になる過程にあります。その肉体を選ぶことが次のレベルへの移行を促進する手段になるのです。このような人は現在の性に親しみがもてず、例えばゲイの男性なら自分が女性の肉体の中にいるように感じます。

もっと重要な第二の要素は、この生き方を選んだ魂は彼らが現在生きている人生に先行していることです。なぜなら、彼らは自分たちに偏見をもつ社会で生きることを意図的に選んだからです。彼らの多くは若くて経験の浅い魂で、男女の役割に固定観念をもつ社会のなかで、流れに逆らって生きようと決意したのです。彼らは自尊心とアイデンティティを見つけるために大衆の偏見を乗り越えなければなりません。それには勇気と決意が必要ですが、彼らをその決定が行われた人生選択の場へ連れ戻したとき、まさにその場面を目の当たりにします。

これに当てはまるいい例があります。かつて中国の女帝だったゲイの男性被験者は、贅沢と権力にまみれた人生の後に長い待機を強いられ、やっと今回の人生に転生しました。このジャモナという名の魂は、中国で、驚くほど美しい女性の肉体に宿り、たくさんの宝石を身につけ、家臣たちの追従に囲まれていました。現在の人生が始まる前の人生選択の場で三名の肉体候補が挙がりました。被験者はその決断について次のように語っています。

三人の候補のうち二人は女性で、もう一人はハンサムな男性でしたが、彼は「内側が女性」でした。女性の一人は献身的な妻と母親として穏やかな人生を送ることになっていました。もう一人の女性は上品ですが冷淡で派手好みで、社交界で華やかに生きる人生を歩むはずでした。

私が男性を選んだのは、同性愛者の人生につきまとう社会的な不名誉を克服できれば、愚かな女帝の人生を帳消しにできると思ったからです。

これらの選択肢は通常の選択範囲内のものでした。魅力的な社交界の女性は、自分本位だった前世の延長でした。家庭の主婦は悪くない選択で、ジャモナは貧しい境遇で謙虚さと人生の試練の受容を学ぶこともできました。とはいえその候補も女性でしたし、ジャモナは女性に生まれ続けるサイクルを破りたかったのです。ジャモナにとってゲイの人生を選ぶことは、庶民的な女性よりは経済的に恵まれていましたが、もっとも困難な選択でした。

候補の選択で指導はありませんが、年齢を重ねた魂なら、あまり成長には役立たないけれど魅力的な選択肢が必ず一つはあることを知っています。ジャモナはそれが社交界の女性だと分かりました。彼はゲイという第一候補を選ぶように迫られたのではなく、明らかにその試練がもっとも厳しかったから選んだのです。彼は次のように言いました。「私に嫌悪感や侮蔑の眼差しを向ける人がたくさんいました。私は不安定さと脆弱さを感じるために、この差別を経験する必要があったのです」。

肉体の選択で気がついたのですが、進歩した魂は与えられた時間内で候補の肉体を冷静に比較できます。一方それほど進歩していない魂は、自分が選ぼうとする肉体を最良の計画に沿ったものとして選びます。彼らは自分自身よりも選択のプロセスを信頼するのです。ある被験者が言っています。「私にとって新しい肉体を選ぶことは、買いたいと思う新しい衣服を寸法直しが必要ないと見込んで試着するようなものです」。

❖タイムマスター——時系列を調整する魂

数年に一度、タイムマスターの見習いが私のところにやって来ます。それさえ分かればすばらしい情報の宝庫を手に入れたも同然です。時系列にかかわる専門分野はほかにもありますから、催眠セッションで性急な判断を下さないよう気をつけています。

例えば記録管理者の魂は過去の履歴や、その出来事の代替的な時系列を探す魂を支援します。そのためタイムマスターとは違って、彼らには歴史家や年代記作者のような役割があります。タイムマスターは検討中の肉体候補が関係する、直近の未来の時系列を追跡します。

ほかの専門分野と同じように、この仕事も明らかにほかの専門職、例えば魂の必要に応じて時間を調整するマスターたちと部分的に重複しています。被験者たちがよく彼らを立案者という名前でひと括りにするのはそのためです。

タイムマスターの見習いにはまだ知らないことがたくさんあります。専門分野の秘密の側面を解明するときには、私が知るべきではない細部へのブロックと進歩した被験者でさえ知らないことを分けて考える必要があります。これまでのケースでも、どうしてもっと適切な質問をしないのだろうと、読者が疑問をもたれたこともあるでしょう。質問はしたのですが、答えがなかったのです。

ときどき専門分野の見習いと私とで、ふとした偶然から情報を探り当て、それが雪だるま式に大きくなっていくことがあります。次のオバイダムと呼ばれる魂のケースがそれで、彼は現在の人生では技術者をしています。私たちのセッションの印象的な場面から対話を始めることにしましょう。

ケース63

ニュートン　オバイダム、生の合間に何か大きなチャレンジをしますか。
被験者　私は地球で時間を学びます。
ニュートン　何の目的で?
被験者　私はタイムマスターになりたいんです……時系列を旅して……物質世界で暮らす人々の因果的連鎖《シーケンス》（因果的連鎖とは、ある一連の出来事が、それぞれ原因と結果でつながっていること）を理解したいのです。魂を支援する立案者の手伝いができるように。
ニュートン　あなたの学習プランは順調に進んでいますか。
被験者　（ため息をついて）とても遅いです。駆け出しですから、何名も指導者が必要なんです。
ニュートン　どうしてこのトレーニングを選んだのでしょうか。
被験者　説明するのは難しいです。私にこの技能を学ぶ十分な適性があるとは思えません。そもそもの始まりは、たぶん私がエネルギーの操作が好きでクラスの中でも上達が早かったからです。

ニュートン でも創造クラスの魂たちだってエネルギー操作が好きじゃないですか。

被験者 （私の質問に興奮して）それとは違いますよ。私たちは作らないですから……手順は似ていますが。

ニュートン あなたのワークはどこが違うのですか。

被験者 時間のワークには空間操作を学ばなければなりません。最初は模型から始めて、いずれ本物を扱うようになります。

ニュートン どんな模型ですか。

被験者 （夢見心地で）それは……蒸気が立ち上る巨大な……渦巻く流動的エネルギーのプールで……ミニチュアの景色が垣間見える隙間が閉じたり開いたりして……ネオンサインのように明滅し……やっと入れそうになると（止まりました）、うまく説明できないんです。

ニュートン 大丈夫ですよ。私が知りたいのは、あなたは今どこでワークをしているか、誰があなたに教えているか、タイムマスターになるために欠かせない技能とは何かということです。

被験者 （落ち着いて）トレーニングは時間の神殿と呼ばれる場所で行われます。教師たちはエネルギーの因果的連鎖を出来事に適用するやり方を教えているんです。

ニュートン 因果的連鎖とは何ですか。

被験者 時系列は出来事のエネルギーの因果的連鎖として存在し、それは絶えず変動しています。

ニュートン 時系列のエネルギーをどうやって操作するのか教えてもらえますか。

被験者 時間は統一場でエネルギー粒子の圧縮や拡張によって操作されます。

ニュートン 過去、現在、未来の出来事は変えられますか。それが操作なのでしょうか。

被験者　（長い間があって）いいえ、私はエネルギーの因果的連鎖を観察しているだけです。私たちの操作とは……馬に乗った追いはぎが因果的連鎖、この場合は街道ですが、そこに出たり入ったりするときに馬の速度を上げたり下げたりするようなものです。自分のエネルギーを圧縮すればスピードが上がるし、拡張すればスピードが落ちます。エネルギーの因果的連鎖上に見える出来事や人々が道路上の各地点に相当します。私たちは何も作りません。観察者として時系列を横切るだけです。

ニュートン　では、そもそも誰が時間の因果的連鎖を作るのですか。

被験者　どうして私が知っているんですか。私のレベルでは固定したシステムで試すのが精いっぱいです。

ニュートン　聞いてみただけですよ。トレーニングでは、何を目標にワークしますか。

被験者　私たちは一度に一つの出来事しか任されません……その出来事に関わる人間の選択にもすべて意味があります。操作を実際に適用するには、時間の川へと合流する人間の思考と行為が関係してきます。

ニュートン　私ならそのような出来事を行為の変遷とその行為の記憶と呼びたいですね。

被験者　そうですね。エネルギー粒子には記憶が関与しますから。

ニュートン　どんなふうにですか。

被験者　エネルギーは因果的連鎖の思考と記憶の運び手で、忘れ去られることはありません。時間が認知される経緯は思考つまり観念の形成から始まり、次に出来事が来て最後に出来事の記憶が残ります。

ニュートン　このすべてがどのように因果的連鎖上に記録されるのですか。

被験者　記録されたエネルギー粒子のバイブレーションの音調によってです。

ニュートン　因果的連鎖はすべての代替的リアリティの中にも存在しますか。

被験者　（間があって）ええ……重なり合い交錯し合って……それを見つけ出すスキルさえもっていれば探索

はより面白くなります。すべてのものが観察可能ですし、学習のために復元することもできます。

ニュートン そこをもう少し説明してもらいたいですね、オバイダム。

被験者 お話できないことがたくさんあります。時間の中で出来事を起こさせる原因の一つになるエネルギー粒子は、多くの選択肢をもつバイブレーションパターンと関わっています。私たちは人間の全歴史は未来の魂の転生に必ず役立つと考えています。

ニュートン 出来事の別の可能性についてはどうですか。

被験者 （長い間があって）私たちは何が生産的なのかを考えます。出来事――不十分なもの、次善のもの、最良のもの――が使い尽くされると、最後には何も生み出さなくなります。（深いため息をついて）とにかく私はここでは見習いです。すでに起こった過去の場面について学んでいるんです。

ニュートン あなたが言いたいのは、時間の中に存在できるすべては、人間が学びうるものが何もなくなったら、存在しなくなるかもしれないということですか。

被験者 （間があって）ええ……そうです。ほんのわずかの差異が違った結果を生みますが、その差もどんどん小さくなって、レッスンとしてはもはや生産的レベルの域を外れてしまうのです。

ニュートン これまでの話からすると、あなたはまだ未来の時間にあまり関わっていないようですね。

被験者 私は自分を時間の考古学者だと思っています。過去と現在の人々や出来事を学んでいるのです。

ニュートン この分野の学習は実際はどこから始まったのですか。

被験者 クラスの仲間がトレーニングのために神殿に集まったときからです。

ニュートン クラスには何名の魂がいますか。

被験者 全部で六名です……（間があって付け加えました）ここで初めて出会った仲間ばかりです。

ニュートン　初めてのトレーニングはどんなものでしたか。
被験者　私は地球によく似た物質世界ギャラスに送られました。この世界にはかつて高度な文明があり、ギャラス人はほかの惑星まで旅をすることができましたが、それが彼らの滅亡につながったのです。ギャラスには、今は高度に進歩した知的生物はいません。
ニュートン　どうしてあなたは死んだ世界に送られたのでしょうか。
被験者　何もいませんが死んではいませんよ。トレーニングで行ったとき、私たちは人間のような外見をもつギャラス人を模した透明な身体になりました。
ニュートン　彼らはどんな人たちだったのですか。
被験者　彼らは黄緑色の人々で背が高く関節らしきものはなく……目は大きな昆虫のような複眼でした。
ニュートン　彼らのどこが人間に似ているのでしょう。
被験者　ギャラス人は賢かったのですが、私たちと同じように愚かでした。彼らは自分たちは無敵だと信じるようになったのです。
ニュートン　でももう誰もいないのに、どうしてそこに行ったのですか。
被験者　分かりませんか。彼らの時系列はまだここにあるんですよ。私たちはこの古い歴史を垣間見るために行ったのです。ぼろぼろの宇宙基地が今でも惑星の周りを回っていて、地上には誰もいない朽ち果てた広大な居住区や学習ホールがあり……かつては偉大だった文明の痕跡が残っています。
ニュートン　あなたたち五名は何をするのですか。
被験者　私たちはエネルギーを投射し……彼らの過去の通廊を浮遊しながら進んでいきます。教師に助けられて、バイブレーションをギャラスの歴史の一時代と交差させようとします。私たちの技量が足りないので長続きはしません……しかし彼らの繁栄の一場面がはっきりと見えます。

ニュートン　では過去は、実際には何も失われていないのでしょうか。

被験者　ええ、ギャラス人はいなくなってしまいましたが、彼らが残したすべては、ある意味で、まだ生きています……彼らの栄華……彼らの衰退……彼らの失敗から学ぶことができます。人々の会話さえ復元できます……彼らが何を考えていたのかも……やがてほかの種族に征服され、その文化に同化吸収されいなくなってしまいました。ギャラス人は音楽的言語を使っていましたが、それが破壊された宇宙船や荒れ果てた街路の周辺に今も流れています。

ニュートン　あなたの最終的なゴールは何ですか、オバイダム？

被験者　もっと熟練したら立案者のアドバイザーをしたり……図書館の研究者の助手をしたり……リングで肉体選択の手助けをしたり、といったことですね。

ニュートン　オバイダム、個人的な質問をさせてください。私が魂になったら、生の合間に自分の故郷に戻ってこれるでしょうか。子どもだったころに……。そして過去と同じ場面の中で家族や友人たちと一緒にいる自分自身に再会することができるでしょうか。スピリット世界で再現するのではなく、あなたがギャラスに行ったときのように、肉体のない存在で実際に地球に戻ってきたいのです。

被験者　（ほほ笑んで）できますとも……そのコツを会得するには、有能な教師の助けが必要になるかもしれませんが。ただ元の場面を変えようとして、あちこちいじってはだめですよ。

❖自由意志と運命——運命とは何千年にもわたる転生と選択の結果である

バンクーバーで何度目かの講演をしたとき、ある女性が取り乱して言いました。「あなたのようなニューエイジの専門家は、私たちには人生の選択をする自由があると言い、一方で過去のカルマのせいで何かの計画に従う運命にあると言いますが、いったいどっちなんですか。私には自由意志はありません。抵抗できない力に翻弄されていますから。私の人生は悲しみでいっぱいです」。

講演が終わってこの女性の隣に座り話を聞いてみると、彼女の十九歳の息子が最近オートバイ事故で亡くなったということでした。

多くの人は自由意志と運命は反対のものだと考えます。運命とは何千年にも及ぶ無数の転生の総計だと分かっていないのです。そのすべての人生で私たちには選択の自由がありました。現在の人生は好ましいものも好ましくないものもすべて過去の経験の表れであり、これまでの選択の産物なのです。

これに加えて、私たちは現在の状況に意図して身を置いて、人生の出来事に対応すべく試練を受けていますが、自分がそれを選んだことを意識していません。これにも個人的な選択が関係しています。その若者は、母親も認めていますが、スピードを追い求め、執着し、その危険性から高揚感を得ていたのです。

前章では時間をテーマに未来の可能性と確率をお話ししましたが、この章では自由意志が意味するものについて探ってみることにしましょう。

人生のすべてが運命づけられていたら転生の意味はなくなってしまいます。未来の予感は正しいかもしれないし間違っているかもしれません。誰かがある場所である時間に自分が殺されるのを見たが、それが起こらなかったとしたら、その起こり得た結果が示唆するのは、それが多くの可能性の中で緊急の対応を必要としたものだったということです。

自由意志とは反対の決定論の立場からすると、地球上に病気、苦痛、飢餓、恐怖に苛まれる人間が満ち溢れている責任は、唯一の「源泉」、または複数のより小さな神々の集団にあります。私たちは地震、ハリケーン、洪水などのコントロールが及ばない自然災害のある世界に生きています。何度も言うように、地球は魂たちからは非常に難しい学校と見なされています。地球の重要なレッスンとは、人生で、世の中や自身の中にある否定的な力に打ち勝って、その努力によって強くなり、さらに前進していくことです。

私たちは自分を守るためにいろいろな対策を講じます。カルマはときに懲罰的に感じられますが、悲しみの中にも私たちの気づかない公正さやバランスがあるのでしょう。自分が霊的なパワーから切り離されたときに恐怖が起こってきます。

私たちは人生が始まる前から、自ら選んだ多くのチャレンジを知っていました。肉体が関与する事故も魂からすれば事故でないことは、すでに多くのケースで指摘してきました。例えばケース62の撃ち殺されたアマリロの女性がそうでした。私たちの真の自己には、逆境のときに自身の性格的弱さに打ち勝って乗り越えるパワーがあります。そして自分で責任を引き受けることができるなら、どんな大惨事の後でも人生を立て直す自由があるのです。

試練を与える出来事以上に重要なのが、それらの出来事に私たちがどう対応したかです。これが記憶喪失が起こる根本的な理由なのです。すでに指摘しましたが、魂は通常しかるべき理由があって、次の人生で起こるすべての選択肢を見せられません。一部の人は魂の記憶を自発的に思い出せますが、それは例外です。記憶喪失が自由意志と自発的決定を可能にし、映写室で見た光景の無意識のフラッシュバックに縛られなくなります。私たちが見る次の人生の光景は選別されたもので、紹介したケースでも分かるように、人生が終わった後にすべての起こり得た選択肢を振り返る機会を与えられます。

自由意志について典型的な例があります。

ゲティスバーグ近くに住んでいたジョンという被験者は、一八六三年にゲティスバーグの戦いで北軍の初年兵として出征し戦死しました。まだ十六歳でしたが、ジョンには恋人がおり、二人は将来の結婚を考えていました。

三日間の戦闘が始まる前夜、連邦軍の士官がジョンの地区に馬で乗り込んできました。彼は乗馬の上手な非戦闘員の伝令を探していたのです。ジョンは軍隊に入ることは考えていませんでしたが、北軍の士官はジョンに目をつけると、戦闘が終われば兵役期間は終了すると約束しました。ジョンは優れた馬の乗り手だったので、衝動的に連邦軍の騎手になることに同意しました。というのも、彼は大冒険ができるチャンスを逃したくなかったからです。彼は誰にも別れを告げずに出発し、翌日戦死したのです。

自分の身体の上に浮かんでいるときも、自分が死んで地面に横たわっているとは信じられませんでした。スピリット世界のグループに戻って、彼はローズが残したエネルギーのエッセンスと会うと、ローズはジョンを見た瞬間叫びました。「なぜここに戻ってきたの？　私たちは結婚するはずだったのに！」。

ソウルメイトたちはすぐに気づいたのですが、ジョンは本来の人生から外れる道を衝動的に選んでしまったのです。とはいえ、どんな道にも何らかのカルマ的な恩恵があります。ジョンの束の間の軍隊経験がそれなのかもしれません。

私はこの被験者に尋ねました。ゲティスバーグで何が起きるのか、映写室で見せられなかったのかと。彼は言いました。「いいえ、私は彼らが見せてくれた十六歳までの人生だけでこの肉体を選びました。人生が始まる前に、それ相応の理由があって、知る必要のある部分しか見せられないことがあることは知っていました。私はガイドの判断を信頼したんです」。ジョンはゲティスバーグで死んでしまう可能性を見せられなかったのですが、これはよくあることです。

では若くして死ぬ可能性がきわめて高いものの、その経験から個人的に得るものが大きいという理由で、立案者がその肉体を勧めるケースはどうなのでしょうか。

ナチスドイツのホロコーストの被害者になることを志願した英雄的な魂を手がけた退行催眠療法家を何人も知っていますが、私もその一人です。これは死のキャンプを経験した多くの魂が、今やアメリカで新たな人生を送っているという証しでしょう。

どんな惨事にも別の選択肢があります。過酷なケースの場合、魂が人生前のリハーサルでやがて起こることへの準備をしていることもあります。次の報告を見てみましょう。

円形劇場のような施設にたくさんの予習クラスの魂が集まっていて、そのそばを通り過ぎたときのことです。彼らはごく短期間の人生に備えて、生命の大切さに関する講師の話を熱心に聞いていました。彼らは何らかの災害でみな一緒に死んでしまう人生を志願したのです。心の準備を整えるように、与えられた時間を精いっぱい生かすように、そうすれば次の人生でもっと長生きできるでしょう、と諭されていました。

ケース64

これはサンディという名の被験者が関わった安楽死のケースです。彼女が話してくれたこの事例では死の光景が未来の人生の当事者たちに示されます。人生が始まる前に死の場面を見せられるケースでは、往々にしてその契約は自分から志願したものです。

初回の面接でサンディは大家族の長女で、弟のキースとは深い絆があることが分かりました。子ども時代にはよく母親代わりに弟の面倒を見ました。キースは短気で無謀な性格で、十代のころには車を猛スピードで飛ばしたり数え切れないほどの警察沙汰を起こしました。彼には死の願望があるような生き方だった、とサンディは言っています。キースはその奔放な生き方のせいで一部の人を傷つけましたが、本当は毎日を精一杯生きていたのです。サンディは弟の早い死を何となくいつも感じていました。

その後キースは二十七歳で筋萎縮性側索硬化症（ＡＬＳ）と診断され二年後に亡くなりました。ＡＬＳは運動機能が退化する病気で、筋肉の萎縮が進み数年以内に亡くなります。終末に向けて多くの患者は人工呼吸器を使わねばならず、耐え難い苦痛と闘うために大量のモルヒネを投与されます。

セッションでスピリット世界のグループに着くと、この姉と弟は仲間の魂だと分かりました。キースはグループでは遊び好きなやんちゃ坊主で、これまで何世紀にもわたって他者に対して無関心でした。ガイドやグループメンバーとの相談の結果、キースが進歩するには謙虚さを学ぶしかないと納得し理解しましたが、何生にもわたって続けるのではなく一度の人生で謙虚さを身につけられるチャレンジを求めたのです。

彼はスピードを上げる人生はとても厳しいことを警告されましたが、キースは準備はできていると答えたのです。そしてリングで、ＡＬＳのために身動きができないスポーツマンの肉体を提示され、愕然として、ほとんど断りそうになる場面もあったそうです。ではセッションのこの部分から始めることにしましょう。

ニュートン　キースが提案された肉体にどんな反応をしたのか、できるだけ詳しく話してください。

被験者　（重々しく）彼は最悪のものを見せられました。病に侵される前と後の肉体です。私たちに依存せざるを得ないように、彼の自立が奪われるのです。何一つ彼には隠されませんでした。病気初期には自己憐憫と後悔と……そして激しい怒り……でも闘えば何かを学べるかもしれません。

ニュートン　（現在とスピリット世界を行ったりきたりしながら）それで彼は学んだのですか。

被験者　ええ、もちろん。最期が近くなるとキースは穏やかになり、私たちに感謝するようになりました。

ニュートン　キースはあなたと一緒にこの人生のために、どんな準備をしたのか話してもらえますか。

被験者　（長い沈黙の後）お話しします。これは話しておいたほうがいいようです……今まで誰にも話していないのですが。（泣き出してしまったので、彼女が集中力を切らさないように気を配りました）

ニュートン　つらすぎるならやめてもいいんですよ。

被験者　いいえ、話したいんです。（深く息をして）私たちはこの人生に向けて準備をしていましたが、私は姉ですから先に生まれました。私が出発する前にキースと話し合い、最後に彼が言いました。「苦しみへの準備はできているが、もし自力呼吸ができなくなったら生命維持装置を外して自由にしてほしい」。

ニュートン　病院でそれをすることにしたのですか。

被験者　事前にはその計画を立てましたが、神のご加護で、彼は最後の七週間前に自宅に帰され、計画が実行しやすくなりました。

ニュートン　痛みが問題なのですか。確かキースは鎮痛剤を与えられていましたよね。

被験者　モルヒネの効き目には限界があります。最後の七週間は人工呼吸器と鎮痛剤があっても痛みは過酷でした。彼の肺はひどく侵されて、最期が近くなると動くことも話すこともできなくなりました。

ニュートン　分かりました。あなたとキースが立てた計画について話してもらえますか。

被験者　（ため息をついて）私たちはキースが映写室で見たベッドや生命維持装置を再現して練習をしました。彼は細部を心に刻みつけ、医師や看護師の目をかいくぐるための手順を確認しました。私は装置を確認し、病状が重くなるとどんな症状が表れるかも学びました。練習ではキースが出すサインを何回も確かめました。苦しみから解放される準備ができたというサインです。最後に彼は私に「気を強くもって、そして最後の瞬間にはためらわないと約束してほしい」と言いました。もちろん私は喜んで約束しました。

サンディが完全に記憶を取り戻してから、キースの死で彼女が果たした役割について話し合いました。キースの口の辺りから特有の匂いである「死臭」がしたとき、その時が来たことがはっきり分かった、と彼女は言いました。この肉体の兆候は必ずしもキースがすぐその場で死んでしまうことを意味しませんが、ほとんど考える間もなく、サンディはキースの耳に語りかけました。「キース、もうそろそろいいの？」。あらかじめ約束していた合図があったのです。キースは目を見開くと「イエス」のしるしに三回まばたきをしました。彼女は静かにキースの生命維持装置を外しました。後で医師が家に来たとき、生命維持装置は再び取り付けられていて、医師はキースの死を宣告しました。

その後一日中彼女は罪悪感を感じていました。その夜ベッドに横になると、自動的に反応してしまってよかったのか……心に疑問が生じてきて悶々としていると、ある瞬間ふと眠りに落ち、すぐにキースが彼女の夢に現れました。感謝のほほ笑みを浮かべて、何もかも完璧にうまくいったこと、彼女を愛していることを告げました。

数週間後、瞑想をしているとキースがベンチに座って、「二人の聖職者と話をしている」光景を見ました。キースは振り向くと彼女に笑いかけて、「くじけずに頑張れよ、姉貴！」と言ったのです。

信心深い人から見れば、この男性の命は彼自身ではなく神のものでしょう。一方、肉体が神の創造行為によって与えられたものであるにせよ、私たちの生命は究極的には私たち自身のものだ、とも言えます。

近年、死ぬ権利については法律関係者の間で議論の的になっています。とりわけ末期患者が医者の支援を受けて尊厳死を選ぶ場合、人生最期の一幕を社会の通念とは関係なく、自分自身の信念に基づいて選ぶ権利をもつべきではないかという意見と、一方で私たちは生命という贈り物を管理しているにすぎないのだから、自分の感情よりも倫理的な義務を全うすべきだという意見があります。

魂として人生を選び、自由意志によって人生に変化を引き起こすことができる、ということが分かっているなら、回復する見込みがなくなり、人生が生きるに値しなくなったのであるなら、私たちには間違いなく死を選ぶ権利があるのではないでしょうか。人間としての尊厳を保てなくなった状態が長く続くことは、誰も意図していません。

次のケースでは、十全に生きるための自由意志について、昔ながらの立場から語られています。

ケース65

エミリーは四十代後半の女性ですが、人生の目的に悩んで私のところに来ました。子どもたちを育てていた時期はパートの秘書として働いていましたが、仕事に満足できなくなり、学校に通って老人医療専門の看護師資格を得ました。訓練を受けているときに、老人たちが信仰について話したがっているのを知り、自身も興味があったので自分はこの仕事に向いていると感じました。

彼女は厳格で信心深い父親に育てられ、自身はあまり組織的ではない宗教に引かれるようになりました。私と会う二年前に看護師資格を取りましたが、自分の能力に自信がなかったので看護の仕事には就いていませんでした。協力的な夫と幸せな結婚生活を送っていたので、無給ですがプレッシャーがなく責任も問われないボランティアの仕事に携わったのです。

セッションの早い段階でエミリーは直近の過去世に移動し、シスター・グレースという名でニューイングランド地方の「慈悲の聖母修道女会」に属していたことが分かりました。修道女会は彼女に女子修道院長の座に就くことを求めましたが、指導者になることに自信がなく、断りました。結局ほかの過去世を概観したところ、世間と隔絶した環境の修道士や修道女としての人生が多いことが分かったのです。彼女は「世の中の喧騒に巻き込まれないで神に仕えることができた」と言いました。

立案者が何らかの理由から私たちに特定の人生を強いることはあるのか、とよく尋ねられます。このケースはより大きなチャレンジに本当に準備ができるまで、ガイドがとても寛大に見守るという好例です。この五百年間エミリーはすべての人生をどこかの修道会で過ごしました。その人生に満足していましたし、これを変えようとは思っていませんでした。この過去世が今日の迷いの決定的要因となっています。

このケースはシスター・グレースの人生が終わって、次の肉体を検討する二度目の評議会が開かれたところから始まります。つまり彼女は現在の人生の準備に入ったところです。二度目の評議会は、通常リングに行く直前で、次の人生が大きな転機になる可能性を予感させます。こうした二度目の評議会に臨席する長老のタイプや人数は、そこで提示される人生や肉体の内容によって決まります。

ニュートン　二度目の評議会には、一回目と同じ委員たちが出席していますか。

被験者　いいえ二名しかいません。議長と私の次の人生に特別な関心を寄せている評議員です。

ニュートン　そうですか。シスター・グレースの人生の後の評議会のことはお聞きしましたから、これから人生選択の場へ向かう前に、今目の前で起こっていることを少し話していただけますか。

被験者　彼らは、五百年間も同じ人生を繰り返してきたことを十分に認識しているか、そして社会に入っていく準備はできたのか、と尋ねています。

ニュートン　もう一度、宗教的な人生に戻りたいと言ったら、彼らはがっかりするでしょうか。

被験者　いいえ、私に新しい人生を引き受ける用意がなければ、彼らはすぐに分かります。私が言われたのは、私の修練と信仰は賞賛に値し多くを学んだことは確かだが、何生も同じことを繰り返していては停滞してしまうということです。

ニュートン　あなたはこのような宗教的人生の前に、たくさんのリスクを冒していたのですか。

被験者　（笑って）私は度を越した人生を歩んできて……禁欲など私の予定表にはありませんでした。

ニュートン　ではシスター・グレースの人生が終わり、バランスを回復すべき時期にきているのですね。

被験者　そうです。私はいつでも変われます、と言いました。

注：このケースで人生選択の場まで時間を進めるのはより有効なセラピー効果をエミリーにもたらすためです。続いて認識の再構成という手法を用いて、まず内部の葛藤を発散させ一体化させることから始めます。私はこの被験者にスピリット世界の立案者が、新たな冒険に向けてより大きな自覚とともに前進するように、彼女に機会を与えていることを認識してもらいたいのです。

ニュートン　今このリングで、あなたは現在のエミリーの肉体と初めて会い検討しています。あなたは一人ですか。ほかにも誰かいますか。

被験者　二人目の評議員が一緒にいます。ほかにも存在を感じますが……私には見えません。（おそらく調整役のタイムマスターでしょう）

ニュートン　（ほかの肉体の選択肢を話し合った後）あなたはどうしてエミリーに引かれるのですか。

被験者　私はこの頭脳の波長を感じ……バイブレーションの相性を確かめるためスクリーンに入りました。いいコンビでした……私たちは……彼女の才能と感性は私ととても合うのです。

ニュートン　（確認するように）では立案者があなたの好みを理解していたのですね。

被験者　ええ、そうです。

ニュートン　将来のエミリーとしての人生で、もっとも意義深い点は何だと思いますか。

被験者　（長い間があって）答えるのは難しいですね。私には彼女の葛藤がよく分かります。私自身のものでもあるので……。今やっていることと、別のキャリアを求める気持ちとに引き裂かれているんです。私は自分が看護師に向いているとは思えません。

ニュートン　看護師の資格はとったのですから、ひょっとしたらあなたが見たものはすべてではなく、現時点では記憶の細部がまだ浮かび上がっていないのかもしれません。先のことが見えないのは、立案者がこんなに重要な岐路で決断を下すあなたの自由意志に、干渉したくないからではないでしょうか。

被験者　そうかもしれませんね。（間があって）そうです……職業を見せられなくてもいいんです。今見ることができるのは……人生の各場面での気分や……態度や感情だけですが……それでもいいんです。

ニュートン　いいですね。ではそれらの感情を踏まえて、一人の人間としてどうやったら成長できるのか教えてください。

被験者　（また長い間があって）愛情深く人々の世話をすることです。

ニュートン　そしてそれがあなたにもたらすものは？

被験者　（考えていますが、応答がありません）

ニュートン　この人生選択の場で、エミリーを受け入れ前進する決意が固まったでしょうか。

被験者　はい。

この時点でエミリーは気がつきました。今回リングで過去を振り返り、自分の人生を変える自由意志をもちましたが、それには共時性《シンクロニシティ》の要素があったのだと……。

リングは私たちに未来の人生を見せてくれます。エミリーは自分が宗教的にとても厳格な家庭に生まれ、それが彼女を古いしきたりから新しい考え方へと気持ちを駆り立てたのですが、それはけっして偶然ではなかったことに気がついたのです。新しい選択をし直感を信じたとき、初めて探求に乗り出す勇気が生まれてきました。

人生の迷いはしばしばかつての人生パターンや思い込みの副産物なのです。自分に自信がないために、教会で責任ある地位を引き受けなかった負の記憶が、現在の人生での職業選択に再び浮上したのです。医療の深遠な分野への扉が開いていましたが、それがまた彼女を混乱させました。どうして正しくもあり間違ってもいると感じたのでしょうか。彼女は人生の方向転換をするときに、前世のシスター・グレースが陥っていた自己不信に再び陥り混乱してしまったのです。

半年後エミリーから手紙が来ました。療養所の仕事に就き、充実した日々を送っているとのことでした。その施設は宗教的な相談も含めて患者が訴える無力さや孤独、落ち込みといった感情に、うまく対応できる看護師を探していたのです。彼女はセッション前からすでに探求を始めていましたが、「そのまま前に進むように」と背中を押してくれる人間を必要とし、私がその役割を果たしたのです。五十歳を目前にしてようやく、彼女は自由になりました。

このケースは伝統宗教や修道会を中傷するために取り上げたのではありません。エミリーの魂が修道院での人生を繰り返したために五百年もの転生を無駄にしてしまった、と言っているのではないのです。それは有意義な歳月でした。今日ではその同じ使命感が異なる分野で発揮されています。

変化はカルマの明らかな特性なのです。私たちは自由意志を使って慣れない水域へと人生を軌道修正します。本当の自分を探すことは内なる自己に触れることです。そしてそれは人生での役割に情熱と意義をもたらしてくれるのです。

❖子どもの魂――早逝した子どもは同じ母親を選ぼうとする

リングは生命のサイクル、死と誕生の象徴です。魂から見ると、子どもは生命の再生で重要な役割を果たします。この活力に満ちた生命体がまだスタートも切らないうちに死んでしまうことは、スピリチュアル的にどのような意味合いがあるのでしょうか。

幼い子どもを失い、悲しみにくれる両親から、早すぎる死の意味を尋ねられることがありますが、これに答えるのはとても難しいものです。わが子を失った苦しみを経験したことがない者たちは、ただただ想像するしかありません。また子どもを失った親の中には、この受け入れがたい事実は前世で子どもを虐待した結果であり、今カルマの負債を支払っているのだ、という誤った考えにたどり着く人々もいます。

亡くした子どもが十代以上だったら、その死に至るカルマの力はその子どもと直接結びつき、両親とはあまり関係がありません。しかも幼い子どもの死が両親のカルマに関係している場合でも、このレッスンがすぐに前世の子どもへの虐待に結びつくとはかぎりません。そのレッスンは間接的にしてしまったことも含めて、ほかの多くの要素の結果なのかもしれないのです。

八歳の娘を亡くして、一年後に私のところにやって来た被験者は、セッションで次のように話しました。

私は十九世紀のロンドンの裕福な既婚女性でした。屋敷周辺の路上には若い浮浪者たちがたくさんいましたが、他人の子どもですし私には関係ないので無視していました。

私にはたくさんお金がありましたから、孤児院を支援したり未婚の母親を援助したり、しようと思えばできましたが、関心がありませんでした。こうした慈善活動は単なる帳尻合わせにしかすぎないと思ったのです。でも生と生の間に自分の心ないやり方を改める決心をし、愛する子どもを奪われる苦悩を体験することにしたのです。それは想像を絶する苦しみでしたが、私は思いやりを学ぶことができました。

何年かの間に魂と幼児の不滅性についての情報が集まってきました。これは中絶あるいは流産で胎児を失い自責の念に駆られる母親たちの慰めになるかもしれません。以下の内容を見ていくにあたって、親子関係には必ず過去世のカルマ的な因果関係が関与している点に留意してください。私はここで多くの報告から得られた若死にする魂に関する一般論を読者に示したいのです。

最初にお伝えしておきますが、三カ月目までに胎児に宿った魂は、私が扱ったケースでは一件もありませんでした。魂が胎児との複雑な融合を三カ月以前に始めない理由は簡単です。この段階では脳組織がまだ十分に発達していないのです。

オレゴンの大病院で産科看護師をしている友人がいます。私が上記内容を全国ネットのラジオ番組で話すと、彼女が電話をかけてきました。「マイケル、どうしてあの小さな命には魂がないの?」。彼女は明らかに混乱していました。生まれていない赤ちゃんに魂が宿っているのかいないのか? 私はまず最初に、自分がそのルールを作ったのではないから、どうか私に怒りの矛先を向けないでほしいと言いました。

私の推測では、この友人看護師はこれまで生き延びられなかった多くの生命を見てきたので、妊娠の瞬間から胎児には魂が宿っていると考えたほうが精神的な慰めになると思ったのでしょう。私は友人に言いました。すべての胎児は宇宙的な愛の意識によって包まれているのだ、と。

実在の創造的エネルギーが生命エネルギーから切り離されることはけっしてありません。胎児は不滅の魂のアイデンティティが宿っていなくても個体として生きています。母親が三カ月以内に中絶した場合、愛情深いスピリットが近くを浮かび、漂い、母親を慰めそして子どもを見守っています。四カ月から九カ月までの流産や中絶のケースでも、そこに宿った魂はエネルギーを通じて子どもと母親を支援するそうです。赤ちゃんが誕生するのかどうか、魂はあらかじめ知っているのです。

例えば妊娠七カ月の女性が階段から落ちて流産したとすると、彼女が落ちることは最初から決まっていたのではありません。そのまさに当日、その時間その最後の瞬間に階段を下りないという決断を彼女がした可能性もあるのです。しかし若い未婚の少女が望まない妊娠をし、その子どもを中絶する決心をしたなら、それが何らかの理由から意図的に選択された出来事である可能性はあります。

もちろんこの二種類の因果関係の解釈の仕方は仮定にすぎません。とはいえ、人生の重要な出来事の数々のシナリオは、私たちがリングで特定の肉体を選ぶときすでに分かっているのです。すべてのことにはカルマ的な意味と目的があります。魂は任意に赤ちゃんに割り振られるのではありません。

理由は何であれ母親が子どもを失ったとき、その赤ちゃんの魂が同じ母親の次の子どもとして戻ってくる確率はきわめて高いことが分かりました。この母親が次の子どもを授からないときは、魂は同じ家族の近親者のところに戻ってきます。最初の意図を果たしたいからです。人生が短いとき、魂はそれを穴埋めの人生と呼びますが、それも両親にとっては意味があるのです。ここにその好例があります。

私は三カ月だけの予定で四カ月目の胎児に宿りました。この期間私の母親は、生命を授かって失うというとても深遠な経験をするために、私のエネルギーを感じる必要があったのです。

この胎児が誕生しないことは分かっていましたが、私の後に二人目の子どもを授かる可能性が高かったので、そちらの親子関係に期待しました。彼女は私がかつての息子で、今は娘であることに気がつきませんでした。二度の妊娠の間にも、毎夜静寂の中で慰めの思考を送り、彼女の悲しみを和らげることができたと思います。

第七章で述べましたが赤ん坊や幼い子どもが死んだとき、彼らの魂は一人ではスピリット世界へ昇りません。通常ガイドか子どもの世話係、または子どもの魂グループのメンバーが地上で彼らと出会います。親が幼い子どもと殺されたときは、以下の引用にもあるように一緒に行動します。

息子と私は盗賊に殺されて（一八四二年スウェーデンで）、私は彼をかばいながら一緒に昇っていきました。息子はとても幼かったのでうろたえ戸惑っていましたが、私は彼を強く抱き寄せて、どんなに愛しているか、そしてもうすぐ家に帰って友達にも会えるから、と言い聞かせながら昇っていったのです。

❖新しい肉体と魂のパートナーシップ

魂が出生前の子どもと合体するプロセスは、この本で紹介してきた事例の最後を飾るにふさわしいでしょう。魂は今や人生の新しい役割に希望と期待を抱きながら、転生という冒険に乗り出そうとしています。肉体の心と魂の心の協力関係が、全体としての人間をこの世界へと送り出しますが、幼少期の早い調整段階ではスムーズにいくこともあれば、多くの障害に見舞われることもあります。いずれにせよもっとも大事なことは最終結果、そして私たちがどんなふうに旅をやり遂げるのかということです。

人生では魂と肉体が密接に絡み合っているので、その二面性が私たちを混乱させます。この肉体と魂の複雑な連携には、この惑星のヒト上科の動物が魂の入植にふさわしいと初めて認識された、おそらく石器時代後期までさかのぼる長い進化上の同盟関係が反映しています。私たち現代人の脳にも最古の部位には生存のメカニズムが備わっています。

ケース36のクリデイのように一部の魂は胎児に入るときに、その脳の原始的な部分に触れて確認をします。そこは私たちの本能的・肉体的反応をコントロールする部分で、知性的というよりは直感的で感情的です。何人かの被験者が言っていますが、彼らが合体した一部の脳はほかのものより原始的だったそうです。この心《サイキ》が魂を特徴づける自我《エゴ》は「自己《セルフ》」と定義され、経験が集積される霊魂の実体と見なされてきました。この心が魂を特徴づけますが、一方で脳に所属する自我があり、それは行為と反応を支配する五感を通じて外側の世界を経験します。魂が母親の中で合体しなければならないのは、魂が到来する前に作られたこの機能的な有機体です。ある意味でここでは二つの自我が働いていて、退行催眠を通じて被験者をリングへと誘導するときや彼らが胎児に入るときに、そのことが明確になってきます。魂と新しい赤ちゃんの脳は二つの別々の独立した存在として連携を始めるようです。

一部の人は肉体と魂の二重の存在を認める私の立場――魂の不滅の性質は生き続けるが、肉体の一時的な人格は死んでしまうという主張――に違和感を覚えます。しかし肉体の心と協力して、唯一の自己の独特な個性を作り出したのは魂だったのです。肉体の物質的な組織体は死んでしまいますが、肉体に宿っていた魂は人生の経験をさせてくれた宿主をけっして忘れません。魂が特定の時系列の自分自身を記憶し、再現できることはすでに見てきたとおりです。

肉体には独自の設計がなされていますが、人間の心の概念や理念、判断はその肉体に宿る魂と密接な関係にあります。生理学者は激しい感情が一方の人物には不合理な行動を引き起こし、他方には論理的で適正な行動を呼び覚ます理由を説明できていません。私の考えでは、答えは魂にあります。現在の肉体がまだ胎児の段階で魂との協力関係が構築されているとき、この新しい脳の回路は上質だとか、少し混乱ぎみだとか被験者がよく口にします。次のレベルⅤの魂が肉体に入る経験は、そういう観点からも参考になるでしょう。

まったく同じ頭脳はありません。母親の胎内に入ると赤ん坊の脳にそっと触れます。流入し……探し……確認し……調べるとすぐに分かるのは、その脳が魂と心の合体に安定した航海を約束してくれるか、波乱の多い船旅になるかということです。妊娠期間中、母親からは明晰な思考よりも感情や感覚を多く受け取ります。それで赤ん坊が歓迎されているかどうかが分かり、人生の船出の良し悪しが見えてくるのです。

望まれない赤ちゃんに入ったとき、その子にエネルギー的に働きかければ、何らかの好ましい効果を期待できます。私は何千年も赤ん坊に関わってきましたから、どんな子どもを任されても対応できますし、一体となれれば双方が満足します。人生でやりたいことが山ほどあっても自分と必ずしも相性のよくない赤ちゃんとうまく一体化できなかったら、人生のペースは落ちてしまうでしょう。

魂がレベルⅢに達すると、通常は胎児とすぐに折り合いがつきます。肉体と魂の組み合わせにはカルマ的な理由があります。また高い知能は進歩した魂の表れではありませんし、若い魂に問題を押しつけるのは低い知能ではなく、混乱した理性的でない心なのです。肉体と魂の組み合わせでは生命の多様性が尊重されるからこそ、私たちに多くの選択肢が示されます。

リングでの肉体選択において、私たちの進歩に貢献しないものが強制されることはなく、組み合わせの背後には必ず両方の自我の目的があります。肉体は身体的・心的な表現の手段となって魂を喜ばせますが、大きな苦しみをもたらすこともあるのです。この融合のレッスンとは、肉体と魂の調和と統合を促し一つのユニットとして機能させることです。

肉体との組み合わせが挫折や困難な人生を生み出すことは確かです。しかしこれまでに胎児の段階で適応が不可能であると判明して交代したケースはたった二例です。どちらも八カ月以前に別の魂に代わりました。不適合を理由にした胎児期の交代は、人生選択の存在意義に関わることできわめて異例です。第三章で間違った行いをする人々の原因として魂の自己が肉体と調和しない場合について述べました。また胎児に入った段階ですでにその本質が邪悪な魂などはいないとも言いました。しかし魂が完全な白紙の状態で入らないのも確かです。

魂の不滅の性質は脳の属性や気質から影響を受けて、それが魂の成長への試練となります。人生で負の影響を受けやすい魂があると言いましたが、本書の大多数のケースでは、魂は対立する肉体と闘ったり肉体とうまく調和したりします。支配欲と闘っている魂は、対立傾向の強い肉体の自我とはうまく融和しないかもしれませんし、一方で慎重でエネルギーの低い魂が受動的で内向的な肉体を選び、宿主と力を合わせ大胆さを育てていくこともあります。

魂が新たな肉体に宿るとき、その協力関係が魂の短所とその魂を必要とした心身に対応したものであることは間違いないでしょう。立案者は肉体を選ぶとき、私たちの性格的欠点と肉体的気質とを組み合わせて性格の全体像を作り出そうとします。私は医者と生理学者の二人の被験者から、魂が形成中の脳に入るときの簡単な解剖学的なイメージを教えてもらいました。ケース66がその実例です。

後催眠暗示によってこれらの専門職の被験者たちは、催眠下では伝えきれなかった両者の連携について、簡単な略図を描いてくれました。それが私の理解に大いに役立ったのです。

ケース66

ニュートン　あなたが胎児へ移行するプロセスはいつも同じですか。

被験者　いいえ、違います。たとえ私が肉体を選ぶときに、子どもの心をエックス線のように見通せたとしても、移行はなかなかスムーズにはいかないんです。

ニュートン　移行が困難だった最近の例を話してください。

被験者　三つ前の人生でとても硬直した非受容的な脳に当たりました。私を侵入者と感じたようです。

ニュートン　そのときの肉体はあなたを異質な存在と感じて拒絶したのですね。

被験者　いいえ、それは愚鈍なエネルギーをもつ動きの遅い心でした。そこでは脳の各部位が孤立していて……協力し合うことを拒んでいました。不活発な脳は変化に抵抗するのです。

ニュートン　何の変化ですか。

被験者　私がその空間に入ったことです。その事実に対応することさえ拒みます。私はこの心に思考するように強い刺激を与えましたが、私にそう求められることも嫌がりました。

ニュートン　あなたは何を期待したのですか。

被験者　リングで大人に成長した心は見ましたが、子どものときの心に問題があるとは思いもしませんでした。

ニュートン　つまり、この心はあなたの侵入を脅威と見なしたということですね。

被験者　ただうるさかったんです。最終的にその子どもと私はお互いに適応しましたが……。

ニュートン　強い刺激を与えたとおっしゃいましたが、普通と比べてどのように違ったのですか。

被験者　形成中の脳には四カ月前後に入ります。いつ入るかは自由です。強いエネルギーの赤ランプを作り、それを脊柱、脳に通じる神経回路に沿うようにして上下に移動させます。

ニュートン　なぜそんなことをするのですか。

被験者　それで思考伝達の、知覚経路の効率が分かります。

ニュートン　それからどうしますか。

被験者　赤ランプを硬膜、脳の外側の層の周辺を巡らせます……ゆっくりと……。

ニュートン　どうして赤いランプなのでしょうか。

被験者　それによって私は……この新たな肉体の感覚にとても敏感になれます。自分のエネルギーの温もりを脳の灰青色の組織に溶け込ませます。そこは私が入る前には灰色一色でした。そして中央に一本の木が立っている暗い部屋に灯りをともすのです。

ニュートン　あの……話についていけません。その木というのは何ですか。

被験者　（熱っぽく）この木は脳幹です。私は脳の真ん中にとどまって、このシステムがどう機能するのか観察します。次に木の枝の周囲を巡って回路構成を詳しく調べます。視床を取り巻く大脳皮質の周辺組織のエネルギー密度を知りたいのです……この脳がどれだけ考え、感じられるのかを調べたいのです。

ニュートン　脳のエネルギー密度、あるいはその不足が重要なのでしょうか。

被験者　特定部位の密度が高すぎるのは、そこにブロックがあり効率的なニューロン活動を妨げているからです。脳の形成中の段階でこれらの障害物を、できれば自分のエネルギーで何とかしたいのです。

ニュートン　脳の発達を左右できるのですか。

被験者　（私に笑いかけて）もちろんですよ！　魂は列車の乗客にすぎないとでも思ったんですか。私はこのような部位をほんの少しですが刺激するんです。

ニュートン　つまり脳波の働きを改善できるということですね。

被験者　それを期待しています。要するに自分の波動レベルと能力を、子どもの脳波の自然なリズムに合わせます。宿主は私に感謝しているはずですよ。経路を通過する思考スピードを改善したんですから。

ニュートン　脳がさらに進化して魂から刺激を受け続けたら、未来はどんなことになるでしょうか。

被験者　テレパシーが可能になるでしょう。

確かに若い魂が肉体に入った後、ケース66のように不活発だった例がいくつもあります。熱心すぎる経験の浅い魂が、その未熟さゆえに子どもを引っかき回すよりはずっとましでしょう。普通の魂も新しい宿主の情報を探ることがありますが、それは「子どもをくすぐって喜ばせる」といった程度のものです。基本的に肉体と魂が統合される大切な時期であり、母親もこのお互いに慣れるプロセスに精神的に参加しています。

魂は脳だけに宿っているのではありません。魂のエネルギーは子どもの全身から発散しているのです。次のケースではとても思慮深い、進歩した魂がたどった融合そして誕生の経緯が示されています。

ケース67

ニュートン　赤ん坊の心に入るとはどんなことなのでしょう。いつもどのようにしますか。
被験者　最初は婚約者のような感じでしょうか。現在の肉体には八カ月のときに入りました。私は遅い時期に入りますが、それは脳が十分に大きくなると結合のときに都合がよいからです。
ニュートン　遅く入るデメリットはありますか。より自立した存在を相手にすることになりますが……。
被験者　そう感じる友人もいますが、私はないですね。お互いにきちんと対話したいんです。
ニュートン　（答えの意味が分からず）対話と言いますが、胎児とどうやって……？
被験者　（私に笑いかけて）もちろん、子どもと相互に交流するんですよ。
ニュートン　相互に交流と言っても、そもそも誰が、何を言うのですか。
被験者　子どもが「君は誰？」と言ったら「友達さ、遊びに来たよ。君と一緒になるんだ」と答えます。
ニュートン　でもあなたは遊びに来たわけではないですよね。
被験者　今まで十分に説明したはずですよ。この心と私の魂は一体になるために作られたんですよ。私は古くからの知り合いのように歓迎され、赤ちゃんと一体になるんです。
ニュートン　違う経験をした魂もいますよ。
被験者　確かに不器用な魂がいて、彼らは強引に進めようとするあまり、大きな抵抗にあいます。
ニュートン　この人生では、子どもはあなたの受け入れに不安を感じたでしょうか。
被験者　いいえ、彼らはまだ不安を知りません。私は脳に優しく触れ、同時に愛と仲間意識の思考を投射します。現在の肉体のように多少躊躇する者もいますが、ほとんどは自分の一部として受け入れます。

ニュートン　そうでしたね。この胎児は何か違っていたのでしょうか。

被験者　大したことではありません。胎児は「君が来て、自分は何になるのだろうか?」と考えたんです。

ニュートン　大したことですよ。基本的に子どもは魂が自分のアイデンティティだと考えているんです。

被験者　（粘り強く）子どもは自問し始めます。「自分は誰だろう?」と。もっと意識的な子どももいます。抵抗する者もいますが、それは私たちが彼らの中の不活発な核の部分を刺激するからです。

ニュートン　ではあなたの感じでは、子どもは自分の個性の一部を放棄させられたとは思わないのですか。

被験者　感じません。私たちは魂としてやって来て……子どもの人格に深みを与えます。私たちがいることで豊かになるのです。私たちがいなかったら、彼らは未熟な果実のままでしょう。

ニュートン　でも子どもは誕生前から、こうしたことを理解できるのですか。

被験者　何かを一緒に行うために友達になりたがっている、ということは分かります。最初は母親の胎内で体の位置がよくないとか、そんな些細なことからコミュニケーションをとっていきます。

ニュートン　どうぞもっと続けてください。

被験者　出産時のショックに備え、子どもを準備させます。子どもは居心地のよい安全な胎内から追い出され、病院の明るい光……騒音……呼吸しなければ……という混乱に襲われます。その子どもをなだめ安心させることが私の第一の目標となり、子どもは私の助けに感謝することでしょう。

ニュートン　魂が肉体に入る前は、子どもはどんなだったでしょうか。

被験者　当時の頭脳はとても原始的だったので、誕生のトラウマを予測できなかったでしょう。ほとんど気づきがなかったんです。

ニュートン　不安な母親をなだめることはできますか。

被験者　熟練が必要です。私の浅い経験では母親の恐れや悲しみにほとんど対応できません。母親を落ち着かせるには、自分のエネルギーと子どもと母親の波長レベルを調和させなければならないんです。

ニュートン　そして誕生したら、この融合という大変な仕事は終わるのですか。

被験者　正直を言うと、私はまだ融合を終えていません。完璧な融和を実現するために、自分の肉体に支援者の立場で六歳までは話しかけてコミュニケーションをとり続けます。

ニュートン　そういえば幼い子どもがまるで空想の遊び相手がいるかのように話すことがありますが、その相手が彼らの魂なんでしょうか。

被験者　（にやっと笑って）そのとおりです。幼いときはガイドも一緒に遊んでくれます。また老人がよく独り言を言うのも気づいていますか。彼らはもう一方の端で自分なりに別れの準備をしているんです。

ニュートン　何度も地球の人間に戻ってくることを、あなたはどう感じていますか。

被験者　贈り物だと感じています。この惑星には多くの苦しみもありますが、それに勝る喜びがあります。私は毎回生まれるたびに人間という肉体に驚異と感嘆を覚えないことがありません。さまざまな形で自分自身を表現できることは素晴らしく、特に大切なのは愛ですね。

第十章　私たちが歩む永遠の道すじ

「永遠の王国に再び復活する」という概念は古代に起源があります。人類が誕生した早い時期から、人生と死後の生は唯一の神聖なる知性によって維持されている、と信じられてきました。こうした感情は私が石器時代まで退行させた多くの人々の記憶にも見られました。その時代から私たちは魂の世界を抽象的な場所というよりも意識の別の状態と考えてきました。死後の生は私たちの肉体を伴った生の延長にすぎないと見なしたのです。

私は世界がこうした概念に回帰しようとしていると確信しています。哲学者のスピノザは、それを次のような美しい言葉で表現しました。「宇宙のすべては、私たちもその一部である唯一の実体からできている。神は外側の顕れではなく、あらゆるものが神なのだ」。

アトランティスやシャングリラのような伝説は、かつて存在し今は失われてしまったユートピアを取り戻したいという永遠の願望から生まれたのでしょう。被験者たちの超意識にはユートピア的な故郷の記憶があります。

本来、ユートピアの概念は社会ではなく理念《イデア》を表していました。被験者たちはスピリット世界を理念の共同体と見ています。その意味では、死後の生には思考の自己浄化が不可欠です。いまだに転生を繰り返す存在は、私のケースにも描かれているように、完璧からはほど遠いのです。にもかかわらず、私たちが当然のようにスピリット世界をユートピア的なものとして思い描くのは、そこにスピリットの普遍的な調和があるからです。正義、率直さ、ユーモア、愛が、私たちの死後の生の根本的な基盤なのです。

この本を読んだ後で、ユートピアが心の中にあるのに記憶喪失によってブロックされていると知るのはとても残念だと思われるかもしれません。このブロックのいくつかが、催眠やチャネリング、夢などを通じて解かれたとき、そこには独自のエンパワーメント（力の獲得）があることに気づきます。二千四百年前にプラトンは輪廻転生について次のように記しました。「魂は、新たな生に向かう前に忘却の川レーテーを渡らねばならない。そしてその水を飲みすべての記憶を喪失してから次なる生に向かうのだ」と。

人間の聖なる真理は今や回復することができます。というのも意識的な心を回避し、忘却の川の水に浸っていない無意識へと到達できるからです。過去の栄華や退廃を記憶している高次の自己《ハイヤーセルフ》は、時間と空間を超えて私たちに語りかけます。ガイドは精神物質両面から最良のものを私たちに与えようと全力を尽くします。赤ん坊はみな未来に開かれた新たなスタートを与えられます。スピリットのマスターたちは、私たちが過去世で経験した落とし穴を思い出さないよう制約を加えて、カルマの機会を与えてくれます。それが私たちが英知に到達する最良の道なのです。

❖なぜ今、スピリット世界の扉が開いたのか

記憶喪失のブロックが緩んで、スピリット世界の研究が可能となったのはどうしてなのか、という疑問が生じるのももっともなことです。私は若い世代の催眠療法家たちに、私が成し得たことをはるかに超える領域へと前進してほしいと思い、この疑問について深く考えました。死後の生に関する数多くの発見は、私た

ちが二十世紀に生きたことの直接的な副産物なのだと思います。

催眠の革新的な技法の発達も考慮に入れるべきでしょう。しかしこの三十年間で、私たちの記憶喪失がその効力を失うに至ったもっと決定的な理由があるのではないでしょうか。人間にこれほど多様な薬物が普及したことはかつてありませんでした。こうした精神を変容させる化学物質は、その心に霧をかける作用によって魂を肉体に閉じ込めてしまいます。魂のエッセンスは、化学物質の中毒になった心を通じては自分自身を表現できません。向こう側の立案者たちは人間社会のこの局面に我慢できなくなったのではないでしょうか。

ほかにも理由はあります。二十世紀も終わりに近づき、私たちはあらゆる面で激動の時代に生きています。この百年間の地球に対する大規模な破壊は人類史に類を見ません。だからといって未来に暗い見通しをもっているわけではありません。私たちはこの百年間で、文化的にも政治的にも経済的にも大きな発展を遂げました。一九五〇年よりも現在のほうが世界ははるかに安全な場所になっています。私たちが二十一世紀に直面しているのは、物質主義に支配される人口過密な社会での個人主義と、人間の尊厳の形骸化です。グローバル化や都市の肥大化が孤独と孤立を促進しています。多くの人が生き延びるだけで精いっぱいなのです。

不滅性への扉が開いているのは、それを知ることが逆に悪い効果をもたらすという偏見を否定するためではないか、と私は考えています。私の経験では、地球上の何かがうまくいっていないときには、スピリット世界でそれを変えることができます。

記憶喪失のブロックが人間の中に設けられたのは、一定のカルマの出来事への先入観的な反応を抑止するためでした。しかし記憶喪失の利点はもはや、薬物に誘発される負の側面を上回ることができなくなってしまったのです。多くの人が現実から逃れようとするのは、自分のアイデンティティに目的や意味があると思えないからです。麻薬やアルコールはさておいても、この人口過密なハイテク社会で物質的エゴに支配され、人々は精神の空虚さを感じています。自分の真の自己にほとんど、あるいはまったくつながりがなくなっているのです。

私たちはそれぞれが唯一の存在でほかの誰とも違いますから、自分の精神性を見つけようと内面の安らぎを求めている人に、それが重くのしかかっているのです。他人の信念体系に自分を合わせようとすれば、それは個性の一部を失うことになります。自己を発見し自身の哲学を打ち立てる道は努力を要しますが、得るところは大きいのです。まず自分自身を信頼するところから始め、ゴールへの道はたくさんありますが、カミュはこう言っています。「合理も非合理も同じ理解へと到達する。まさしく、旅した道が問題なのではなく、到達しようとする意志だけで十分なのだ」。

地球の迷路を旅していても死後の世界の光景が、私たち一人一人の中に聖域として存在します。私たちの永遠の故郷を断片的であれ明らかにすることは容易ではなく、けっして人生の気晴らしでやっているのではありません。人生に疑問を抱かず、起こるべきことは起きるのだと達観して、あるがままを受け入れることは悪いことではないのです。もっと知りたいという欲求がある者にとっては、人生をそのまま受け入れることには納得がいかないかもしれません。これらの旅人に対して、人生の神秘が「生きていることには意味があるのだ」と大きな声で叫んでいます。

自身の精神のあり方を考えるにあたって、「私はどんな行動規範を信じているのか?」と自分に尋ねてみることは大事です。無信仰な人々は権威的宗教が押しつける倫理的な責任から逃れようとしている、と言う神学者たちもいます。しかし私たちは死後に宗教組織によって審査されるのではなく、自分の振舞いと真価によって評価を受けるのです。しかも魂は自分のために何をしたかよりも、他人のために何をしたかで評価されるのです。

もし伝統的な宗教活動があなたの目的に合っており、精神的に満たされているのなら、あなたはたぶん教典の信仰から刺激を受けているのでしょうし、仲間と一緒に礼拝をしたいのでしょう。形而上派のグループに参加し、同じような考え方の人たちと決められたスピリチュアルな文献の理念に従うことで満足を得ている人たちも、やはり同じものに引かれているのでしょう。これらがその人の精神的成長に寄与したとしても、それが誰にでも合うわけではないのです。

内面の安らぎが得られないなら宗教的なグループに属する意味がありません。高所から聞いてくれる存在がいないとなれば、私たちはみな孤独になり、導きも得られず、内なるパワーからも切り離され人生からの離脱が起こってきます。

私は人生の多くを研究に費やしてきましたが、特定の宗教的基盤をもたなかったので、変わらぬ信仰心をもっている人には深い尊敬の念を抱きます。宗教的・スピリチュアル的な知識には根拠がないので受け入れないという無神論者や懐疑論者がいます。彼らにとって、ただ信仰をもっているだけでは何かを知っていることにはなりません。私がこうした人たちに共感するのは、自分自身もその一人だったからです。催眠療法を続けるうちにその副産物として、私はだんだんと死後の世界を信じるようになりました。私自身の精神的な気づきもまた、この研究にかかわる何年にも及ぶ個人的な瞑想と内省の賜物だったのです。

霊的な気づきは個人的な探求であるべきで、そうでないと意味がありません。私たちは身近な現実から大きな影響を受けながら一歩ずつ行動します。間違った方向に一歩踏み出すことさえも、私たちには多くの道があるのだと教えるために意図されているのです。

魂の自己を物質的な環境と調和させようとするとき、私たちには「自分はなぜここにいるのか」という探究につながる自由意志が、選択する自由が与えられています。私たちは人生の不幸を他人のせいにすることなく、すべての責任を負わなければなりません。

前にも述べましたが、自分の使命を果たすためには他者をも助けなければならないし、他者を助けることが結果として自分をも助けることになります。私たちは自然のいたずらで肉体を与えられたのではなく、スピリット世界の立案者が候補を選び検討し、私たち自身がその受け入れに同意したのです。ですからあなたは偶然の犠牲者ではないのです。あなたは傍観者ではなく人生の積極的な参加者としてこの肉体を任されたのです。そしてこの聖なる契約という視点を失うべきではなく、私たちが地球上で果たす役割は事実上、私たち自身よりも大きいということを意味するのです。

魂のエネルギーは、私たちでは知りえない高次元の存在によって作られました。そのため内なる神性の断片を見つけるには、一人の人間としての自分に焦点を当てなければなりません。個人的な洞察を得る唯一の条件は自主性です。自分がこのような人間としてここに存在するということ、それが人生の重要な真理なのです。

❖本当の自分を見つける

基本的に私たちの魂は一人で満ち足りていますが、孤独感に苛まれる人たちは本当の自分を見つけていないのです。魂の自己発見は自己の確立に関わっています。自分の本質を把握することは恋に似ています。自分の中で眠っていたものがある瞬間、ふとした刺激によって目覚めるのです。

自己発見は無意識の心が意識的な心に軽く触れることから始まります。内なる自己を完全に掌握しようとする欲求が増していくと、より奥深くへと否応なしに引き込まれていきます。魂を知ることが自己との本当の結婚になるのです。

自己発見の魅力的な点は、耳を澄ませば内なる声が聞こえてくることです。私はこれまでの経験から、この地球上の誰にも個人的なスピリットのガイドがいると信じています。私たちが受容的なら、スピリットのガイドは私たちの内なる心に話しかけてきます。また私たちがガイドに呼びかければ、ほかの誰よりもすばやく答えてくれるガイドもいます。

人生に偶然はありませんが、多くの人は確率という概念によって混乱してしまいます。精神的な秩序という考え方の足を引っ張るのがこの理論です。そこから「人生はコントロールできないのだから、何をしても無駄だ」という自暴自棄な考え方に陥ってしまうのです。すべては偶然であると決めてしまえば、私たちはなぜその状況が起きたのか、どうすれば回避できるのかなどを考えなくなります。人生は運命で決まっているなら、そこには努力も希望もなくなってしまい、ただ怠惰や目的の喪失感が助長されるだけです。

人生の意義は断片的にやってくることもあれば、大きな塊で押し寄せることもあります。自己認識は最初の目的地よりも奥深くへと私たちを誘導していきます。カルマは私たちの学びを促進させるための仕掛けで、「源泉」がこのすべてを指揮しているという概念はけっして大げさでも偽りでもないのです。

宗教的な形式主義者は死後に創造主と再統合されるのを待ちますが、精神の内在を信じる人は日々自分が「全体《ワンネス》」の一部であることを感じているのです。スピリチュアルな洞察は静かに内省的に、そして気づかないうちにやって来て、力強い思考となって表われます。

人生は成就へと向かう絶えざる変化です。私たちの立場も明日には変わっているかもしれません。それらの異なる人生の視点に適応することも学ばなければなりません。なぜなら、それもまた成長へのプランの一部だからです。

人間の心を高揚させるには意識を拡大させるとともに、自分の犯した過ちを許さねばなりません。私たちの心の健康には、自分自身や人生途上で出会った窮地を笑い飛ばすことが欠かせないと思っています。人生は葛藤や苦闘、痛みそして幸せにあふれており、それこそが私たちの存在理由なのです。毎日が新たな始まりなのです。

最後の引用は、スピリット世界から地球の新たな人生に向けて旅立とうとする被験者が語ったものです。彼の言葉が、この本を閉じるにふさわしい結語となることでしょう。

地球に来ることは、故郷を離れて外国に行くようなものです。なじみ深いものもありますが、大部分は、特に受け入れがたい境遇は、慣れるまでは違和感が感じられます。私たちの本当の故郷は絶対的な安らぎ、全面的な受容、完全な愛の場所なのです。

故郷を離れた魂は、もはやこうした美しさを身の回りに期待することはできません。地球で私たちは喜びと愛を探求するなかで、不寛容や怒り、悲しみに対処しなければなりません。途中で生き延びるために善良さを犠牲にし、周囲の人たちを見下したり逆に卑屈になったりして、自分の本質を見失ってはいけません。

私たちは不完全な世界に生きてこそ、完全であることの真の意味を理解できるのだと分かっています。新たな人生へ旅立つにあたっては、勇気と謙虚さが必要です。気づきが育っていくにつれて、私たちの実在の質も高まっていくのです。

このようにして、私たちは試練を受けます。この試練を通過することが私たちの運命なのです。

■著者紹介

マイケル・ニュートン（Michael Newton）

カウンセリング心理学の博士号をもつ公認催眠療法修士であり、アメリカ・カウンセリング協会の会員でもある。高等教育機関で教師をつとめ、ロサンゼルスで開業医として活動を行ってきた。最初の著書『死後の世界が教える「人生はなんのためにあるのか」（パンローリング）はベストセラーとなり、現在では10カ国語に翻訳されている。スピリチュアルな退行催眠療法のパイオニアとして国際的な名声を得て、数多くのラジオやテレビのトークショーに出演、講演を行っている。1998年には、心、肉体、精神の橋渡しに「もっともユニークな（すばらしい）貢献をした」として、全米トランスパーソナル催眠療法士協会から賞を授与された。歴史研究家、アマチュア天文学者、世界旅行家でもある。現在、妻のペギーとともに北カリフォルニアのシエラネバダ山中に自宅をかまえている。

■訳者紹介

澤西康史（さわにし やすふみ）

翻訳家。現代人が新しい時代を生き抜くための手がかりになる本の紹介に努めている。主な訳書は『死後の世界が教える「人生はなんのためにあるのか」（パンローリング）、『英知の辞典』（めるくまーる）、『エマソン入門』（日本教文社）、『音楽の霊性』（工作舎）、『クリスタル・ヒーリング』（OEJ）、『スピリチュアル・エボリューション』（アルテ）などがある。

2014年 5 月 2 日 初版第 1 刷発行
2019年 4 月 1 日 第 2 刷発行

フェニックスシリーズ ⑲

死後の世界を知ると人生は深く癒される
――退行催眠67ケースから分かった魂の誕生、記憶、そして運命

著　者　マイケル・ニュートン
訳　者　澤西康史
発行者　後藤康徳
発行所　パンローリング株式会社
〒160-0023　東京都新宿区西新宿7-9-18-6F
TEL 03-5386-7391　FAX 03-5386-7393
http://www.panrolling.com/
E-mail　info@panrolling.com
編　集　中村千砂子
装　丁　パンローリング装丁室
印刷・製本　株式会社シナノ

ISBN978-4-7759-4123-2